普通话
职业能力培训教程

姜 爽 任小平 段宜杉
主 编

清华大学出版社
北京

内容简介

本书作为学习普通话、提高岗位语言表达技能及参加国家普通话水平测试培训的综合应用教材，可在多方面弥补以往教学中职业表达能力综合培训的不足。

全书共分普通话水平测试常识、普通话基础知识、普通话字词训练、普通话表达训练、岗位专项语言训练五个部分，比较详细地介绍了普通话语音基础知识，并针对部分地区的方音提示语音偏误，讲解纠正方法。针对读者的普通话问题，本书在帮助读者全面掌握普通话基础知识的基础上进行朗读、交谈、演讲、辩论训练，并培养岗位专项表达及命题说话的语言技巧。

本书内容清晰，训练方法生动，同时配有循序渐进的训练材料、应试朗读作品、教学资源库等。本书的教学培训资料丰富，将学习背景架设在特定的职业场景中，强化训练的专业融入度，既可用于日常规范训练，也可用于课后学习提高，有较强的可操作性和实用性。

本书可作为普通话课堂教学、职业能力训练及国家普通话水平测试培训用书。

本书封面贴有清华大学出版社防伪标签，无标签者不得销售。
版权所有，侵权必究。侵权举报电话：010-62782989 13701121933

图书在版编目（CIP）数据

普通话职业能力培训教程/姜爽，任小平，段宜杉 主编.—北京：清华大学出版社，2020.1
ISBN 978-7-302-54623-8

Ⅰ.①普… Ⅱ.①姜… ②任… ③段… Ⅲ.①普通话—职业培训—教材 Ⅳ.①H102

中国版本图书馆 CIP 数据核字（2019）第 292706 号

责任编辑：施　猛
封面设计：常雪影
版式设计：方加青
责任校对：牛艳敏
责任印制：丛怀宇

出版发行：清华大学出版社
网　　址：http://www.tup.com.cn，http://www.wqbook.com
地　　址：北京清华大学学研大厦 A 座　　　邮　　编：100084
社 总 机：010-62770175　　　　　　　　　邮　　购：010-62786544
投稿与读者服务：010-62776969，c-service@tup.tsinghua.edu.cn
质量反馈：010-62772015，zhiliang@tup.tsinghua.edu.cn
印 装 者：三河市君旺印务有限公司
经　　销：全国新华书店
开　　本：185mm×260mm　　　印　　张：16　　　字　　数：350 千字
版　　次：2020 年 3 月第 1 版　　印　　次：2020 年 3 月第 1 次印刷
定　　价：39.80 元

产品编号：084825-01

前 言

信息时代，人们的活动空间越来越大，人与人之间的交往也比过去任何时候都更加需要精准表达。随着计算机的广泛应用，人机对话成为一种新的信息传递与交流方式，语言和文字的标准化、规范化也成为提高计算机中文信息处理水平的先决条件，标准、规范的口语表达能力对人的发展具有越来越重要的作用。普通话表达能力已成为社会、企业、学校和学生个人都很重视的一项基本技能，也是国民素质提高的体现。

本书比较系统地阐述了普通话职业能力培训的基础知识、训练目标及训练方案，介绍了国家普通话水平测试的流程，以及普通话水平提升技巧。本书注重语音基础知识讲授与语音训练的结合，将知识学习与职业能力提升训练紧密融合，力求基础知识简明、准确，语音训练的目的性、针对性强，内容完整，角度新颖，难度适中。本书实用性较强，能够满足不同专业学生全面提高语言表达能力的一般要求，可帮助学生实现普通话水平测试取得较好成绩的目标。使用本书作为学习普通话、提高专业口语表达技能及参加国家普通话水平测试培训的综合应用教材，可弥补以往教学中缺少职业表达能力综合培训的不足。全书共分普通话水平测试常识、普通话基础知识、普通话字词训练、普通话表达训练、岗位专项语言训练五个部分，比较详细地介绍了普通话语音基础知识，并针对部分地区的方音提示语音偏误，讲解纠正方法。本书在帮助读者全面掌握普通话基础知识的基础上进行朗读、交谈、演讲、辩论训练，并培养岗位专项表达及命题说话的语言技巧。本书内容清晰，训练方法生动，同时配有循序渐进的训练材料、应试朗读作品、教学资源库。本书的教学培训资料丰富，既可用于日常规范训练，也可用于课后学习提高，有较强的可操作性。本书可作为普通话课堂教学、职业能力训练及国家普通话水平测试培训用书。

本书是在校内外普通话教学和培训需求日益突显的情况下组织编写的，三位编者均为相关课程的主讲教师，其中两位为省级普通话测试员，有较丰富的普通话语音教学经验、普通话水平测试经验和职业表达能力培训经验。在以往的教学和培训中，怎样更好地对接各专业特色提升学生的职业表达能力，一直是一个热议的话题。经过多年的实践，本书编写团队决定脱离传统训练模式，将具有岗位特色的普通话职业能力培训内容融入教程，采用多种手段，进行立体训练，将学习背景架设在特定的职业场景中，在真实的职场工作场景中进行普通话职业能力培训，师生共同完善岗位业务表达内容，强化训练的专业融入度，提升学生的岗位自信。

《普通话职业能力培训教程》突出以下四个特点：

第一，适用范围广。学院多个专业开设普通话课程，每年两次校内普通话等级考证参与人数众多，可满足不同专业的学生全面提高语言表达能力的一般要求。

第二，内容实用。突出实用性、针对性、自主性，力求淡化理论、强化实践、重视能力，实现课堂教学内容与实际应用需要的无缝对接，可有效提升学生普通话表达能力。

第三，结构清晰。全书精准涵盖国家普通话水平测试内容，并设专项技能训练，有针对性地进行能力提升训练及备考培训，目标明确。

第四，资料丰富。基础训练素材完整，模拟训练内容齐全，课内外结合，训练资料有利于课后冲刺提升，便于学生及自学者理解。本书配有课件，可以扫描封底二维码下载。

在此特向多年来大力支持学院普通话推广工作的辽宁省语言文字工作委员会全体工作人员表示感谢，对为此次编写工作提出宝贵意见和建议的各位专家表示敬意。本书在编撰过程中借鉴了大量的专业书籍，参考了部分国内学者的研究成果及经典文萃（附主要参考文献），在此对相关学者和作者表示感谢。此外，我们还得到了学院多位专业负责人的指导，在此一并表示感谢！

姜　爽

2019年6月20日

目 录

第一章 普通话水平测试常识 ... 1

第一节 什么是普通话 ... 1
第二节 普通话水平测试 ... 2
一、普通话水平测试等级 ... 2
二、普通话水平测试对象 ... 3
三、普通话水平测试内容 ... 4
四、普通话水平测试流程 ... 6

第二章 普通话基础知识 ... 9

第一节 普通话语音常识 ... 9
一、语音的要素 ... 9
二、语音的基本概念 ... 10
第二节 普通话声母 ... 11
一、声母的分类 ... 11
二、声母主要问题辨正 ... 13
第三节 普通话韵母 ... 15
一、韵母的分类 ... 15
二、韵母的"四呼" ... 15
三、韵母主要问题辨正 ... 16
第四节 普通话声调 ... 18
一、调值 ... 18

二、调类 19
　　三、声调 19
　　四、声调主要问题辨正 19

第三章　普通话字词训练 24

第一节　单音节字词 24
　　一、形声字造成的误读 24
　　二、形近字造成的误读 26
　　三、多音字造成的误读 29

第二节　双音节词语 34
　　一、轻重音 34
　　二、变调 35
　　三、轻声 36
　　四、儿化 38
　　五、语气词"啊"的音变 41

第四章　普通话表达训练 46

第一节　朗读训练 46
　　一、普通话语音朗读 46
　　二、分析作品层次 48
　　三、调动感情朗读 52
　　四、朗读技巧运用 54
　　五、文章朗读测试指导 62

第二节　交谈训练 79
　　一、交谈准备 80
　　二、交谈原则 81
　　三、交谈技巧 84
　　四、交谈禁忌 86
　　五、专项交谈——电话交谈 87

第三节　演讲训练 93
　　一、演讲的特点 93
　　二、演讲稿的写作 94

　　　　三、演讲的技巧 ··· 108
　　　　四、专项演讲——即兴演讲 ··· 113
　　　　五、演讲篇目赏析 ··· 119
　　第四节　辩论训练 ·· 129
　　　　一、辩论的特色 ·· 130
　　　　二、辩论的战术技巧 ·· 132
　　　　三、辩论例文片断及点评 ·· 136

第五章　岗位专项语言训练 ·· 145

　　第一节　导游讲解语言 ·· 145
　　　　一、导游讲解语言技巧 ··· 145
　　　　二、导游讲解语言实训 ··· 149
　　第二节　乘务服务语言 ·· 150
　　　　一、乘务服务语言技巧 ··· 150
　　　　二、乘务服务语言实训 ··· 152
　　第三节　营销语言 ·· 154
　　　　一、营销语言技巧 ··· 154
　　　　二、营销语言实训 ··· 157
　　第四节　管理语言 ·· 158
　　　　一、管理语言的功能 ·· 158
　　　　二、管理语言运用技巧 ··· 159
　　　　三、管理语言实训 ··· 161
　　第五节　谈判语言 ·· 162
　　　　一、谈判语言的功能 ·· 162
　　　　二、谈判语言运用技巧 ··· 162
　　　　三、谈判语言实训 ··· 166
　　第六节　命题说话 ·· 166
　　　　一、命题说话的评分标准 ·· 166
　　　　二、命题说话的特点 ·· 167
　　　　三、话题的类型及命题内容 ·· 168
　　　　四、命题说话的要求 ·· 169
　　　　五、命题说话的准备 ·· 171

六、命题说话参考文稿 172

七、命题说话实训 174

附录A　中华人民共和国国家通用语言文字法 179

附录B　朗读作品 182

附录C　普通话水平测试模拟训练试题 238

参考文献 247

第一章

普通话水平测试常识

第一节 什么是普通话

普通话是以北京语音为标准音，以北方话为基础方言，以典范的现代白话文著作为语法规范的现代汉民族共同语。

普通话是一个民族通用的语言，具有超方言的性质。我国是多民族、多语言、多方言的人口大国，现有七大方言区，即北方方言、吴方言、湘方言、赣方言、闽方言、客家方言、粤方言。方言隔阂阻碍社会交流，影响现代经济、政治、文化等各项事业的发展。因此，推广、普及全国通用的普通话有利于现代社会的发展，有利于提高人的综合素质，有利于促进国际交流与合作。

普通话是以汉语授课的各级各类学校的教学语言和校园语言，是以汉语传送的各级广播电台、电视台的宣传语言，是汉语电影、电视、话剧必须使用的规范语言，是党政机关、团体、企事业单位的工作语言，是不同方言区的人们进行沟通和交流的通用语言。掌握和使用一定水平的普通话，是进行现代化建设的各行各业人员，特别是教师、播音员、节目主持人、演员、国家公务员等工作人员必备的职业素质。

我国政府一向十分重视普通话的推广工作，《中华人民共和国宪法》第十九条规定："国家推广全国通用的普通话。"广大语言文字工作者也积极参与普通话推广工作，"大力推行，重点普及，逐步提高"的普通话推广方针已深入人心。围绕"以城市为中心，以学校为基础，以党政机关为龙头，以广播电视等新闻媒体为榜样，以公共服务行业为窗口，带动全社会推广普通话"的普通话推广工作思路，各大、中城市广泛开展了"普通话水平测试""推广普通话宣传周"和"普通话形象大使"等推广活动，为扩大汉语在国内外的影响奠定基础。

在实际生活中，人们掌握普通话的水平是有差异的，但从人际交往的实际需求出发，有必要对特定岗位的工作人员提出普通话掌握水平的不同要求，必须对担负语言示范责任的工作人员提出较高的要求。1994年10月，国家语言文字工作委员会、国家教育委员会、广播电影电视部联合下发了《关于开展普通话水平测试工作的决定》，明确规定："从1995年起，在一定范围内对某些岗位的人员进行普通话水平测试，逐步实行持普通话等级证书上岗制度。"2001年1月1日实施的《中华人民共和国国家通用语言文字法》第十九条规定："凡以普通话作为工作语言的岗位，其工作人员应当具备说普通话的能力。以普通话作为工作语言的播音员、节目主持人和影视话剧演员、教师、国家机关工作人员的普通话水平，应当分别达到国家规定的等级标准；对尚未达到国家规定的普通话等级标准的，分别情况进行培训。"《中华人民共和国国家通用语言文字法》确立了普通话作为国家通用语言的法定地位。

普通话水平测试测查应试人的普通话规范程度、熟练程度，认定其普通话水平等级，是对应试人运用普通话所达到的标准程度的检测和评定，属于标准参照性考试。普通话水平测试不是普通话系统知识的考试，不是文化水平的考核，也不是口才的评估。个人的普通话水平等级是通过普通话水平测试得以确认的。经过多年的研究和实践，国家语言文字工作委员会先后颁布了《普通话水平测试大纲》和《普通话水平测试等级标准（试行）》，2003年10月又颁布了修订后的《普通话水平测试大纲》。普通话水平测试作为推广普通话的重要途径之一，必将进一步推动普通话普及工作的深入开展，充分展示汉语的文化价值和审美价值，促进现代社会各领域的交流与发展。

第二节　普通话水平测试

普通话水平测试是对应试人运用普通话的规范程度进行考查的口语测试，按规范标准认定应试人的普通话水平，属于标准参照性考试。除报名参加一级甲等测试的应试人及视障人士外，普通话水平测试一般采用计算机智能辅助测试方式。

一、普通话水平测试等级

根据国家语言文字工作委员会于1997年12月5日颁布的《普通话水平测试等级标准（试行）》，普通话水平测试等级标准通常分为三个级别，每个级别划分甲、乙两个等次，共六等。级和等实行量化评分，满分为100分，具体标准和要求如下。

（1）一级：相当标准的普通话，语音、词汇、语法极少出错。

甲等：朗读和自由交谈时，语音标准，词汇、语法正确无误，语调自然，表达流畅。测试总失分率在3%以内（得分为97～100分）。

乙等：朗读和自由交谈时，语音标准，词汇、语法正确无误，语调自然，表达流畅。偶尔有字音、字调失误。测试总失分率在8%以内（得分为92～96.9分）。

（2）二级：比较标准的普通话，方言不重，词汇、语法较少出错。

甲等：朗读和自由交谈时，声韵母发音基本标准，语调自然，表达流畅，少数难点音（平翘舌音、前后鼻尾音、边鼻音等）有时出现失误。词汇、语法极少有误。测试总失分率在13%以内（得分为87～91.9分）。

乙等：朗读和自由交谈时，个别调值不准，声韵母发音有不到位现象，难点音（平翘舌音，前后鼻尾音，边鼻音，fu、hu不分，i、ü不分，保留浊塞音，浊塞擦音，丢介音，复韵母单音化等）较多，失误较多。方言语调不明显。有使用方言词、方言语法的情况。测试总失分率在20%以内（得分为80～86.9分）。

（3）三级：一般标准的普通话，不同方言区的人能听懂。

甲等：朗读和自由交谈时，声韵母发音失误较多，难点音超出常见范围，声调调值多不准。方言语调较明显。词汇、语法有失误。测试总失分率在30%以内（得分为70～79.9分）。

乙等：朗读和自由交谈时，声韵母发音失误较多，方言特征突出，方言语调明显。词汇、语法失误较多。外地人听其谈话有听不懂的情况。测试总失分率在40%以内（得分为60～69.9分）。

二、普通话水平测试对象

2000年10月31日，第九届人民代表大会常务委员会第十八次会议通过的《中华人民共和国国家通用语言文字法》第十九条规定："凡以普通话作为工作语言的岗位，其工作人员应当具备说普通话的能力。"《普通话水平测试管理规定》指出，下列人员应接受测试：

（1）教师和申请教师资格的人员；

（2）广播电台、电视台的播音员、节目主持人；

（3）影视话剧演员；

（4）国家机关工作人员；

（5）师范类专业、播音与主持艺术专业、影视话剧表演专业，以及其他与口语表达密切相关的专业的学生；

（6）行业主管部门规定的其他应该接受测试的人员；

（7）在高等学校注册的我国港澳台学生和外国留学生可随所在学校学生接受测试；

（8）社会自愿参加测试的人员不受限制。

国家对部分人员的普通话水平的具体要求如表1-1所示。

表1-1 国家对部分人员的普通话水平的具体要求

对象	等级要求
教师和申请教师资格的人员	一般不低于二级乙等。语文教师不低于二级甲等，教授现代汉语语音（含对外汉语）课程的教师不低于一级乙等
广播电台、电视台的播音员、节目主持人	省级（以上）台达到一级甲等；市级台不低于一级乙等；县级台不低于二级甲等
影视话剧演员（含配音演员）	不低于一级乙等
国家机关工作人员	不低于三级甲等
师范类学生、其他与口语表达密切相关的专业的学生	一般不低于二级乙等；中文专业不低于二级甲等
播音与主持艺术专业、影视话剧表演专业的学生	不低于一级乙等
行业主管部门规定的其他应该接受测试的人员	执行行业主管部门规定的要求（如铁路系统的站、车广播员不低于二级甲等）

三、普通话水平测试内容

普通话水平测试包括4项测试内容，总分100分。

（1）读单音节字词：100个音节，不含轻声、儿化音节，共10分，限时3.5分钟。

（2）读多音节字词：100个音节，共20分，限时2.5分钟。

（3）朗读短文：400个音节，共30分，限时4分钟。

（4）命题说话：共40分，时间不少于3分钟。

测试围绕语音标准程度、词汇语法规范程度、自然流畅程度、说话时间4个方面评定成绩。

普通话水平测试模拟示例

一、读单音节字词（100个音节，共10分，限时3.5分钟）

捐　让　舟　旅　她　断　拉
穷　摸　垮　君　决　擦　怀
优　叠　抓　捆　压　床　堆
蓄　催　勤　向　扔　放　酸
鸟　被　暖　现　丧　前　拆
迷　松　震　轰　停　仗　飘
报　筐　骨　脱　残　扫　射
粗　乘　伤　赢　揍　酸　霜

绒 稍 从 水 存 追 犬
兄 云 拽 揪 列 准 怯
音 酿 燃 封 散 叼 费
冰 配 奇 土 公 趁 抬
聪 砸 某 缸 宛 播 晃
越 翻 碎 款 喷 胡 糟
鬼 德

二、读多音节字词（100个音节，共20分，限时2.5分钟）

窘迫　内地　恰好　中用　寡妇　留学
群体　洒脱　森林　干活儿　衰退　当选
你们　嘴巴　受制　本领　晚婚　常数
袜子　老头儿　作怪　政法　结合　抢修
宰割　章法　区别　深入　彩色　差点儿
专心　生字　产品　比价　光亮　遵循
轻快　元旦　农民　一会儿　表示　关注
厕所　进化　冗长　计算机　自然界　目不转睛

三、朗读短文（共30分，限时4分钟）

作品12号

夕阳落山不久，西方的天空，还燃烧着一片橘红色的晚霞。大海，也被这霞光染成了红色，而且比天空的景色更要壮观。因为它是活动的，每当一排排波浪涌起的时候，那映照在浪峰上的霞光，又红又亮，简直就像一片片霍霍燃烧着的火焰，闪烁着，消失了。而后面的一排，又闪烁着，滚动着，涌了过来。

天空的霞光渐渐地淡下去了，深红的颜色变成了绯红，绯红又变为浅红。最后，当这一切红光都消失了的时候，那突然显得高而远了的天空，则呈现出一片肃穆的神色。最早出现的启明星，在这蓝色的天幕上闪烁起来了。它是那么大，那么亮，整个广漠的天幕上只有它在那里放射着令人注目的光辉，活像一盏悬挂在高空的明灯。

夜色加浓，苍空中的"明灯"越来越多了。而城市各处的真的灯火也次第亮了起来，尤其是围绕在海港周围山坡上的那一片灯光，从半空倒映在乌蓝的海面上，随着波浪，晃动着，闪烁着，像一串流动着的珍珠，和那一片片密布在苍穹里的星斗互相辉映，煞是好看。

在这幽美的夜色中，我踏着软绵绵的沙滩，沿着海边，慢慢地向前走去。海水，轻轻地抚摸着细软的沙滩，发出温柔的刷刷声。晚来的海风，清新而又凉爽。我的心里，有着说不出的兴奋和愉快。

夜风轻飘飘地吹拂着，空气中飘荡着一种大海和田禾相混合的香味儿，柔软的沙滩上还残留着白天太阳炙晒的余温。那些在各个工作岗位上劳动了一天的人们，三三两两地来到这软绵绵的沙滩上，他们浴着凉爽的海风，望着那缀满了星星的夜空，尽情地说笑，尽情地休憩。

节选自峻青《海滨仲夏夜》

四、命题说明——任选其一（共40分，时间不少于3分钟）
（1）我和体育。
（2）我尊敬的人。

四、普通话水平测试流程

1. 报名

（1）普通话水平测试原则上实行属地化管理，申请接受普通话水平测试的各类人员应持有效身份证件到各测试机构报名，亦可由所在单位集体报名。

（2）报名时，应试人须携带身份证或其他有效证件，提交100×115像素的JPG格式的照片，填写报名表（如由所在单位集体报名，则还应填写集体报名表），领取准考证。

（3）大多数地区一年有两次普通话水平测试，报名时间多在每年的3月、9月，具体报名、考试时间由测试机构决定。

2. 培训

培训是快速、高效提高普通话水平的途径，应试人应当积极参加有关培训。实践证明，对于同等普通话水平的考生来说，参加过培训的考生比没有参加过培训的考生的考试成绩好很多。不同培训机构采用的培训方法也不同，大家应当选择能够有针对性地帮助自己发现和克服语音问题的培训机构。

3. 考试

考生应当按照准考证标明的时间和地点参加测试。考场中有候考室、备考室、考室三种房间，考生一般要提前10分钟左右到达候考室。

（1）候考室工作流程：
①考务人员按照考号顺序查验应试人的准考证、报名表和有效证件。
②对确认到位的应试人进行分组。
③应试人拿到分组号码后直接到备考室备考。

（2）备考室工作流程：
①应试人主动将自己的准考证交考务人员查验。

② 抽签选取应试题号。
③ 应试人开始备考，备考时间不少于10分钟。
④ 备考结束后，考务人员将应试人带入指定考室。
（3）考室工作流程：
① 应试人主动将自己的准考证交给考室内的测试员，由其确认并保存。
② 应试人根据自己的考号登录考试系统，核对试卷号码、姓名无误后即可开始考试。
③ 应试人进入测试程序，同步录音开始，测试评分程序启动。
④ 测试结束，应试人提交试卷，退出考室。

目前，辽宁省已开始采用计算机自动评分系统进行普通话水平测试。与传统测试方法不同的是，应试人不是面对测试员，而是面对计算机来完成测试内容。应试人在考务人员指导下戴上耳机，输入姓名及考号，然后开始试音，即朗读计算机屏幕上的短文。试音成功，则开始答题。若试音不成功，则需再次试音，否则无法答题。

4. 颁证

测试成绩合格者，由各省语言文字工作委员会（以下简称省语委）颁发国家统一印制的普通话等级证书，并加盖省语委钢印，统一编号。一级甲等人员的录音资料报送国家测试中心复审，合格后，省语委向其颁发由国家语言文字工作委员会普通话培训测试中心核准的一级甲等证书，并在国家语言文字工作委员会普通话培训测试中心备案。

普通话等级证书丢失者，可持测试机构出具的成绩证明、原证书编号等材料，到相关部门补办证书。

专项训练

1. 汉字语音水平基础测试。

稀薄	复辟	骁勇	场院	创伤
骨碌	冠状	巷道	教诲	侦缉
混合	嫉妒	痉挛	脊梁	矩形
克扣	勒令	优劣	棕榈	萎靡
宁可	喷香	马匹	症结	潜水
强迫	翘首	暂时	浑厚	拖沓
拍卖	间接	而且	束缚	菲薄
文娱	鲫鱼	挨打	曲折	讨债
龇牙	似的	相似	骨髓	速度
轻佻	混淆	洞穴	徇私	筵席
友谊	良莠	火焰	愚蠢	装载

确凿　憎恨　号召　脂肪　质量
属望　作坊　柜柳　埋怨　炮制
包扎　佣金　与会　驻扎　雇佣
挣扎　病症　内疚　因为　木讷
违章　享受　仍然　混沌　呆板

2. 家乡方言呈现。

第二章 普通话基础知识

第一节　普通话语音常识

一、语音的要素

语音是语言的物质外壳,是由人的发音器官发出的、能够表达一定意义的声音。发音体振动所产生的音波作用于人的耳朵,刺激听觉神经,使人产生声音的感觉。语音具有音高、音强、音长和音色4种要素。

1. 音高

音高指声音的高低,由发音体在一定时间内振动次数的多少,即频率来决定。发音体在一定时间内振动的次数多,声音就高;振动次数少,声音就低。语音的高低与发音人声带的长短、厚薄、松紧有关。汉语里的不同声调、语调的变化,主要是音高的变化造成的。

2. 音强

音强指声音的强弱,又称音量、音重,由发音体在一定时间内声波振动幅度的大小来决定。振幅大,声音就强;振幅小,声音就弱。声波振幅的大小取决于发音时用力的大小。语言中的轻重音就是由于音强不同而形成的。

3. 音长

音长指声音的长短,由发音体振动时间的长短决定。发音体振动时间持久,声音就长;发音体振动时间短暂,声音就短。

4. 音色

音色指声音的特色，又称音质，由发音体振动所形成的音波波纹的不同形式决定。一般来说，发音体不同、发音方法不同、发音时共鸣器的形状不同均是形成不同音色的原因。音色是区别不同声音的最重要的因素。

二、语音的基本概念

1. 音素

音素是从音色的角度划分出来的、最小的语音单位。

普通话中，语音一共有32个音素。这32个音素又可以分为元音和辅音两大类。

1) 元音

元音指发音时气流振动声带，在口腔、咽头不受阻碍所形成的音，又称母音。普通话语音共有a、o、e、ê、i、u、ü、-i（前）、-i（后）、er共10个元音。

2) 辅音

辅音指发音时气流在口腔或咽头受到某个部位的阻碍所形成的音，又称子音。普通话语音共有b、p、m、f、d、t、n、l、g、k、h、j、q、x、zh、ch、sh、r、z、c、s、ng共22个辅音。

3) 元音和辅音的区别

（1）发元音时，气流通过口腔或咽头时不受阻碍；发辅音时，气流通过口腔或咽头时，一般要受到某个部位的阻碍。这是元音和辅音最主要的区别。

（2）发元音时，发音器官各部位保持均衡的紧张状态；发辅音时，发音器官成阻的部位特别紧张。

（3）发元音时，气流较弱；发辅音时，气流较强。

（4）发元音时，声带振动，声音响亮；发辅音时，除了少数的几个音外，一般声带不振动，声音不响亮。

2. 音节

音节是语音的基本结构单位，是听觉上自然感觉到的最小的语音单位。例如，"美"是一个音节，"美丽"是两个音节。一个汉字发出的音通常就是一个音节，只有少数例外，如"花儿"两个汉字，但却读成一个音节"huār"。

普通话语音中，音节的构成有三个要素：声母、韵母、声调。

1) 声母

声母是音节开头的辅音，如"xiàn"（线）这个音节中的x。有的音节不用辅音开头，称为零声母，如"áng"（昂）这个音节中的ng。

普通话语音中的声母（不含零声母）一共有21个：b、p、m、f、d、t、n、l、g、k、h、j、q、x、zh、ch、sh、r、z、c、s。

普通话语音中的声母和辅音的区别：一是声母都是由辅音充当的，但有的辅音不能作声母，如辅音ng，只能作韵尾（辅音n既可以作声母，又可以作韵尾）；二是声母和辅音的数量不一样，声母（不含零声母）有21个，而辅音则有22个。

2）韵母

韵母是音节中除去声母后剩下的音素，如"dà"（大）这个音节中的a。

普通话语音中的韵母一共有39个：a、o、e、ê、i、u、ü、-i（前）、-i（后）、er、ia、ie、ua、uo、üe、ai、ei、ao、ou、iao、iou、uai、uei、an、en、in、un、ang、eng、ing、ian、iang、uan、uen、uang、ueng、ong、üan、iong。

普通话的韵母和元音的区别：一是韵母主要由单元音或复元音构成，有的韵母由元音带鼻辅音构成；二是韵母和元音的数量不一样，韵母有39个，而元音只有10个。

3）声调

声调指音节中具有区别意义的音高的变化。

第二节　普通话声母

声母是音节开头的辅音。普通话语音中，一共有21个辅音和22个声母（含1个零声母）。

一、声母的分类

1. 按照声母发音部位分类

按照声母发音部位的不同，声母可分为3大类。

1）唇音

唇音可分为双唇音、唇齿音两种。

（1）双唇音。双唇音指发音时上唇和下唇闭合阻碍气流而形成的音。双唇音一共有3个：b、p、m。

（2）唇齿音。唇齿音指发音时下唇靠近上齿阻碍气流而形成的音。唇齿音只有一个：f。

2）舌尖音

舌尖音可分为舌尖前音、舌尖中音、舌尖后音3种。

（1）舌尖前音。舌尖前音指发音时舌尖抵住或接近上齿背阻碍气流而形成的音，也称为平舌音。舌尖前音一共有3个：z、c、s。

（2）舌尖中音。舌尖中音指发音时舌尖抵住上齿龈阻碍气流而形成的音。舌尖中音一共有4个：d、t、n、l。

（3）舌尖后音。舌尖后音指发音时舌尖抵住或接近硬腭前部阻碍气流而形成的音，也称为翘舌音。舌尖后音一共有4个：zh、ch、sh、r。

3）舌面音

舌面音可以分为舌面前音、舌面后音两种。

（1）舌面前音。舌面前音指发音时舌面前部抵住或接近硬腭前部阻碍气流而形成的音。舌面前音一共有3个：j、q、x。

（2）舌面后音。舌面后音指发音时舌面后部抵住或接近硬腭与软腭的交界处阻碍气流而形成的音，也称为舌根音。舌面后音一共有3个：g、k、h。

2. 按照阻碍气流的方式分类

按照阻碍气流的方式，声母可分为塞音、擦音、塞擦音、鼻音、边音5类。

1）塞音

塞音成阻时，发音部位完全闭塞；持阻时，气流积蓄在阻碍部位之后；除阻时，受阻部位气流冲出阻碍，爆发成声。塞音一共有6个：b、p、d、t、g、k。

2）擦音

擦音成阻时，发音部位接近，形成窄缝；持阻时，气流从窄缝中挤出摩擦成声；除阻时，发音结束。擦音一共有6个：f、h、x、sh、r、s。

3）塞擦音

塞擦音发音时，以塞音开始，以擦音结束。塞音的除阻阶段和擦音的成阻阶段要融为一体。塞擦音一共有6个：j、q、zh、ch、z、c。

4）鼻音

鼻音成阻时，发音部位完全闭塞，关闭口腔通路；持阻时，软腭下垂，打开鼻腔通路，声带振动，气流由鼻腔透出成声；除阻时，口腔阻碍解除。鼻音一共有2个：m、n。

另外，在普通话语音中，不作声母、只作韵尾用的辅音ng也是鼻音。

5）边音

边音发音时，舌尖抵住上齿龈稍后的部位；持阻时，声带振动，气流从舌头两边流出；除阻时，发音结束。边音只有一个：l。

3. 按照发音时呼出气流的强弱分类

按照发音时呼出气流的强弱，塞音和塞擦音可以分为不送气音和送气音两类。

1）不送气音

不送气音指发音时呼出的气流比较弱的音。不送气音一共有6个：b、d、g、j、zh、z。

2）送气音

送气音指发音时呼出的气流比较强的音。送气音一共有6个：p、t、k、q、ch、c。

4. 按照发音时声带是否振动分类

按照发音时声带是否振动，声母可分为清音和浊音两类。

1）清音

清音指发音时声带不振动，发出的音不响亮。清音一共有17个：b、p、f、d、t、g、k、h、j、q、x、zh、ch、sh、z、c、s。

2）浊音

浊音指发音时声带振动，发出的音比较响亮。浊音一共有4个：m、n、l、r。

二、声母主要问题辨正

1. zh、ch、sh和z、c、s混淆

zh、ch、sh和z、c、s这两套声母领属的字，辽宁省除朝阳一些地区的发音与普通话语音系统相同外，其他地区的发音与普通话都有差异，具体的差别如下所述。

（1）沈阳、铁岭、抚顺、本溪、丹东（凤城除外）、辽阳、鞍山、营口一带等地区没有zh、ch、sh这组翘舌音。在这些地区，普通话zh、ch、sh领属的字多数读成了平舌音z、c、s。辽阳、海城、抚顺等地区把一部分zh、ch、sh或z、c、s领属的字读成了介于平舌音和翘舌音之间的音。

（2）辽西渤海沿岸的锦州、葫芦岛一带，有的地区只有翘舌音zh、ch、sh，而没有平舌音z、c、s，普通话中z、c、s领属的字都读成zh、ch、sh。有的地区，普通话中j、q、x领属的部分音节也读成zh、ch、sh领属。例如，"捐""权""宣"就分别读成了zhuan、chuan、shuan。

（3）阜新、彰武、康平、昌图、盘锦、凤城和锦州的部分地区有些zh、ch、sh和z、c、s是混读的。有时以zh、ch、sh作声母，有时以z、c、s作声母。

（4）大连（包括市内四区、旅顺口区、金州区西南部、普兰店市西部、瓦房店市）、岫岩一带，将部分zh、ch、sh领属的字读成z、c、s。

（5）黄河沿岸地区，普通话中zh、ch、sh领属的字读成由j、q、x领属的字。例如，"知"读成ji、"猪"读成ju、"这"读成jie、"吃"读成qi、"出"读成qu、"车"读成qie、"石"读成xi、"书"读成xu、"社"读成xie等。

实际上，zh、ch、sh和z、c、s这两套声母的发音是有明显区别的：发zh、ch、sh等舌尖后音时，舌尖要翘起来，对准硬腭前部；而发z、c、s等舌尖前音时，舌尖平伸，对准上齿背。学习这两组声母一定要按发音部位与发音方法念准每一个音，也可根据汉字声旁进行类推，或依声韵拼合规律来分辨。例如，ua、uai、uang三个韵母只与zh、ch、sh组合，ong这个韵母只与s组合而不与sh组合，普通话语音中z、c、s和en组合的字极少，只有"怎""参""涔""森""噌"几个字，此时可以采取记少不记多分辨法等。即在3500多个常用汉字中，平翘舌音一共有1000多个，平舌音（z、c、s）只有300

多个，翘舌音（zh、ch、sh）占三分之二，重点记牢平舌音，其余就是翘舌音了。

2. r声母读成零声母和l声母打头的音节

辽宁省除朝阳、阜新部分地区，r声母领属的字与普通话的读音基本一致外，其他地区的读音与普通话都有差别。

（1）锦州部分地区，普通话语音系统中r声母领属的字仍读r声母，但是，普通话自成音节的üɑn、ün、iong却读成了r声母打头的音节。例如"元"读成ruán、"云"读成rún、"拥"读成rōng。

（2）盘锦、新民、康平、昌图地区有r声母，但领属的字少于普通话。例如"人"读成零声母"yín"，"日""如""锐"等音节与普通话读音一致，仍以r声母打头。

（3）铁岭、法库、开原、西丰等地区也有r声母，但领属的字比盘锦、新民、康平、昌图地区还要少。例如"人""日"都读成i打头的零声母音节，而"如""锐"等音节则与普通话读音一致，以r声母打头。

（4）沈阳、抚顺、本溪、丹东、辽阳、鞍山、营口、大连等地区没有r声母。这些地区，普通话r声母领属的字，有的读成i打头的零声母音节，如"然"读成yan、"壤"读成yang、"饶"读成yao、"热"读成ye、"人"读成yin、"日"读成yi、"容"读成yong、"揉"读成you等；有的读成ü打头的零声母音节，如"褥"读成yu、"软"读成yuan、"润"读成yun、"弱"读成yue等；有的读成l声母打头的音节，如"扔"读成leng、"瑞"读成lui等。

3. 部分零声母音节前加n

在辽宁省，有许多地区韵母自成音节的零声母音节读音上与普通话有差异，现分述如下。

（1）开口呼的多数零声母音节，在朝阳、锦州部分地区、盘锦、台安、阜新、新民、康平、昌图等地区，前面都加上了前鼻音n声母，如"饿"读成nè、"爱"读成nài、"袄"读成nǎo、"安"读成nān、"恩"读成nēn等。

（2）开口呼的多数零声母音节，在北票、法库、开原等地区，前面都加上了后鼻音ng作声母，如"鹅"读成ngé、"爱"读成ngài、"袄"读成ngǎo、"岸"读成ngàn、"恩"读成ngēn等。在普通话语音中，后鼻音ng只作韵尾，不能作声母。要克服这些问题，只要把该读零声母的字记熟，去掉前面的n或ng就可以了。

（3）合口呼的多数零声母音节，在沈阳、辽阳、大连等地区，把前面的舌面、后、高、圆唇元音u丢掉，换读成唇齿、浊、擦音[v]，如"歪"读成vāi、"威"读成vēi、"湾"读成vān、"温"读成vēn、"汪"读成vāng等。这些地区在发这些音节时，只要在发音时注意把双唇拢圆，不要让上齿和下唇接触，就可以纠正不准确的发音。

第三节　普通话韵母

韵母是音节中除去声母后剩下的音素。普通话语音中，韵母一共有39个，主要是元音或以元音为主要成分。其中，由元音构成的韵母有23个，由元音带鼻辅音韵尾构成的韵母有16个。

一、韵母的分类

根据韵母构成情况的不同，可把韵母分为以下三大类。

1. 单韵母

单韵母又称单元音韵母，指由一个元音充当的韵母。

普通话语音中，一共有10个单韵母：a、o、e、ê、i、u、ü、-i（前）、-i（后）、er。可分为舌面单韵母i、ü→e、o→ê→a，舌尖单韵母-i（前）、-i（后），以及卷舌单韵母er。

2. 复韵母

复韵母又称复元音韵母，指由两个或两个以上的元音构成的韵母。普通话语音中，一共有ai、ei、ao、ou、ia、ie、ua、uo、üe、iao、iou、uai、uei共13个复韵母。

复韵母发音有以下两个特点：一是发音时从一个元音到另一个元音是逐渐过渡的，不是跳跃的，中间气流不中断，发出的音有机地形成一个整体。二是各元音的响度不同：响度大的在前的，叫前响复韵母，有ai、ei、ao、ou；响度大的在后的，叫后响复韵母，有ia、ie、ua、uo、üe；响度大的在中间的，叫中响复韵母，有iao、iou、uai、uei。

3. 鼻韵母

鼻韵母是由一个或两个元音带上鼻辅音韵尾而构成的韵母。普通话语音中，一共有an、en、in、ün、ian、uan、üan、uen、ang、eng、ing、ong、iang、iong、uang、ueng16个鼻韵母。其中，前鼻韵母有an、en、in、ün、ian、uan、üan、uen，后鼻韵母有ang、eng、ing、ong、iang、iong、uang、ueng。

二、韵母的"四呼"

按韵母开头元音发音的口形，韵母分为开口呼、齐齿呼、合口呼、撮口呼四类，即"四呼"。

1. 开口呼

开口呼指没有韵头而韵腹又不是i、u、ü的韵母，一共有-i（前）、-i（后）、a、o、e、ê、er、ai、ei、ao、ou、an、en、ang、eng共15个。

2. 齐齿呼

齐齿呼指用i作为韵头或韵腹的韵母，一共有i、ia、ie、iao、iou、ian、in、iang、ing9个。

3. 合口呼

合口呼指用u作为韵头或韵腹的韵母，一共有u、ua、uo、uai、uei、uan、uen、uang、ueng、ong10个。其中，ong是根据它的实际读音而划归于此的。

4. 撮口呼

撮口呼指用ü作为韵头或韵腹的韵母，一共有üe、üan、ün、iong等5个。其中，iong是根据它的实际读音而划归于此的。

三、韵母主要问题辨正

1. 分辨o和e

辽宁省除锦州少数地区语音系统中韵母o与普通话发音一致外，其他地区都把韵母o读成e。

（1）普通话语音中，韵母o只出现在唇音声母b、p、m、f的后面，如播、坡、摸、佛这些字音，辽宁省的绝大多数地区的人都读成了be、pe、me、fe。把o读成e的主要原因是这两个元音的发音相近，都是舌面后、半高元音，发元音e时，与口形的自然状态接近，而发元音o时，需要把双唇拢圆，省掉了圆唇的过程，就把o读成了e。掌握了这两个韵母的发音方法与主要区别，可以用唇形变化的办法来练习o和e的发音。

（2）普通话语音中，韵母o与声母组合有个规律，就是它只与唇音声母b、p、m、f这4个声母组合，不跟其他声母组合；韵母e则相反，不与唇音声母组合（普通话语音中只有一个字音例外，就是"什么"的"么"，读me音），还可以根据相应的类推字进行类推。

学习普通话时，辽宁人要注意掌握这些规律。

2. 克服鼻化音

普通话语音中共有16个鼻韵母，其中8个前鼻韵母，8个后鼻韵母。这16个鼻韵母发音时，先发前面的元音，元音都是在口腔中产生共鸣的音，接着向鼻辅音n或ng过渡，n或ng都是在鼻腔中产生共鸣的音。普通话语音系统发这两组音的时候，一定是由口音向鼻音过渡，有一个由口腔音向鼻腔音逐渐滑动的动程。而辽宁省西部地区，主要是朝阳地区的人在发这两组音的时候，省掉了由口腔共鸣音向鼻腔共鸣音滑动的过程，把鼻韵母的尾韵母发成鼻化音，即发音时口腔和鼻腔同时共鸣。

可采取把鼻韵母的口音和鼻音分开进行发音练习的方法，来克服鼻化音。练习时，发音中间不要有停顿，首先练习过渡音发的时间较长，再练习过渡音发的时间较短,最后练习瞬间完成一个鼻韵母的发音。例如,发an这个韵母音时,可先拖长了发口音a和鼻音n之间的过渡音a——n,接着再练习缩短发这两个音的过渡音a—n,最后练习瞬间完成发an。

3. 把握u介音

辽宁省南部的大连地区、丹东地区(凤城除外),普通话语音中的舌尖前音声母z、c、s和舌尖中音声母d、t、n、l在与合口呼韵母uei、uan、uen相组合的音节中,读音中都无u介音,读成开口呼韵母ei、an、en。

辽南地区的人要读准普通话的上述字音,须记住u介音撮唇的发音动程不能省掉。纠正的方法:一是学好有韵头的韵母的发音;二是掌握声韵母组合细节规律,如普通话唇音声母和n、l声母是与ei韵母组合的,其他声母则与uei韵母组合(只有极个别字例外),以及掌握普通话舌尖前音声母只与uei韵母组合,不与ei韵母组合等。例如,"萃"读成cei、"团"读成tan、"碎"读成sei、"炖"读成den、"嘴"读成zei。

4. 读准ai、uai、ao、iao韵母

普通话语音中的ai、uai、ao、iao都是由两个或三个元音构成的复韵母,发这些音时,要先发打头的元音,然后快速向第二个元音、第三个元音过渡。

辽西、辽南地区的多数人发不准这些韵母,把ai这个由a向i滑动的过渡音发成了开口度较小,近似单元音的ê音。例如,楷kai、海hai,发成了楷kê、海hê;乖guai、快kuai发成了乖guê、快kuê。把ao这个由a向o(u)滑动的过渡音,发成了介于a和o之间的音。

辽西、辽南地区的人要克服上述韵母发音不准的现象,应把握这几个复韵母的发音特点,注意起始元音与结尾元音之间的动程,每个元音的开门度都发到位,就能读准这几个复韵母。

5. 注意i、ei韵母与声母l的搭配

辽南一些地区把l声母领属的i、ei两组字,一律读成lei音节,如"李"读成lei。纠正这种方言发音可采取记少不记多的办法,因为在普通话语音系统中,lei音节领属的字数量较少。

i与ei的区别在于前者是个舌面前、高、不圆唇的单元音,发i的时候,舌位和口型始终不动;而ei是个复元音,发这个音有一个由舌面前、半高、不圆唇元音e引向舌面高、不圆唇元音i的滑动过程。从开口度来看,ei要比i开口度大。辽南地区的人要读准普通话的li音节,只要把lei音中的"e"去掉就可以了。

6. 注意由声母变读带来的韵母变异

辽宁省的北部、中部、南部、东部地区,翘舌音或全部读成平舌音声母,或部分读成平舌音声母,这种声母变读连带着有些韵母也跟着发生变化,与普通话语音中的韵母

不一致。例如，"纸"读成zi、"齿"读成ci、"史"读成si、"褥"读成yu等。

辽西的锦州、葫芦岛等地区，翘舌音声母变读也连带着有些韵母跟着发生变化，与普通话语音中的韵母不一致。例如，"资"读成zhi、"次"读成chi、"私"读成shi、"鹃"读成zhuan、"选"读成shuan、"君"读成zhun等。

沿黄海西海岸的东港、庄河、普兰店市东部、金州区东北部地区，因一部分zh、ch、sh声母变读为j、q、x声母，也连带着有些韵母跟着发生变化，与普通话语音中的韵母不一致。例如，"知"读成ji、"吃"读成qi、"石"读成xi、"猪"读成ju、"处"读成qu、"书"读成xu；"遮"读成jie、"车"读成qie、"说"读成xue等。

7. 读准个别韵母差异字

辽宁省各地区都有一些没有规律的与普通话读音不一致的个别韵母差异字，这些较零散的韵母差异字须下一定的功夫逐个纠正。

例如，辽南地区把"白"读成be、"麦"读成me、"摘"读成ze、"努"读成nou、"窄"读成ze、"某"读成mu、"怯"读成que、"脚"读成jue、"剖"读成pao、"割"读成ga、"黑"读成he、"粽"读成zeng等。

辽宁省其他地区也和辽南地区一样，都有一些个别韵母差异字。例如，有的地区把"约"读成yao、"农"读成neng、"弄"读成neng、"学"读成xiao、"否"读成fao、"街"读成gai、"豁"读成he、"角"读成jia、"津"读成jing或jun、"耕"读成jing、"扭"读成ning、"乓"读成pa、"抛"读成pie、"取"读成qiu、"客"读成qie、"朽"读成qiu、"挟"读成xia、"岳"读成yao、"液"读成yi、"责"读成zai等。

第四节 普通话声调

声调是音节中具有区别意义的音高的变化。

一、调值

调值指声调的实际读法，是音节高低升降变化的具体形式。调值是由相对音高决定的。普通话语音系统中，采用五度标记法来表示调值。即先用一条竖线作为音高的标记杆，然后将此竖线四等分，得到五个点，称为五度，表示调值的相对音高：1度是低音，2度是半低音，3度是中音，4度是半高音，5度是高音。在竖线左侧用一条线表示音节音高升降变化的形式，如图2-1所示。

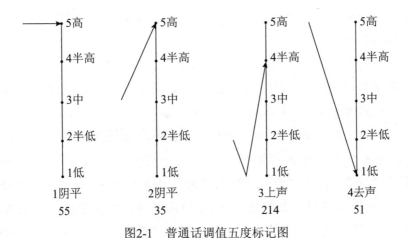

图2-1　普通话调值五度标记图

二、调类

调类是按照调值的实际情况归纳出来的声调的种类，也就是把调值相同的字归纳在一起所形成的类。普通话可以归纳为阴平、阳平、上声、去声4种调类。

三、声调

普通话的阴平、阳平、上声和去声4种调类统称"四声"，它们的音高变化如下。

1. 阴平（第一声）

阴平发音时，发出的音高而平，由5度到5度。从调型上看，阴平是高平调；从调值上看，阴平是55调。

2. 阳平（第二声）

阳平发音时，发出的音从中音升到高音，由3度升到5度。从调型上看，阳平是中升调；从调值上看，阳平是35调。

3. 上声（第三声）

上声发音时，发出的音由半低音降到低音，再升到半高音，由2度降到1度，再升到4度。从调型上看，上声是降升调；从调值上看，上声是214调。

4. 去声（第四声）

去声发音时，发出的音由高音降到低音，由5度降到1度。从调型上看，去声是全降调；从调值上看，去声是51调。

四、声调主要问题辨正

普通话语音系统中，声调上可能出现的问题主要有以下几种情况：第一，阴平相对音高不够高平；第二，阳平上升的高度不够；第三，上声降升不明显；第四，去声降幅不够大。尽管地区方言声调与普通话的声调有一定的差别，但两者还是有对应规律可循的。在把普通话四个声调的调值读准的前提下，找出当地方言声调和普通话声调的对应关系，以便准确把握。

1. 读准阴平调值

普通话阴平是55调值，发音特点是既高又平，辽宁人普遍发不好这个声调。与普通话阴平调值不一致的地区情况大体如下。

大连、丹东、营口地区，鞍山的部分地区，本溪的部分地区（主要是桓仁），这些地区的人把普通话阴平声领属的字绝大多数读成了312曲折调，如"班""兵""呆""吨""灯""他""街""京"等。有些地区（主要是大连）把普通话阴平声领属字的一小部分读成了213曲折调，类似普通话的上声调值，如"八""憋""发""接""哭""七""桌""吃""说"等。这些地区的人要说好普通话，需做到以下两点：一是学会发55调值；二是记住普通话阴平调领属的字。学发55调的要点是使字音读得又高又平，注意维持其在5度高度上始终不变，不要下滑。

锦州、盘锦、朝阳、阜新、北票、铁岭等所属的多数地区阴平调值是44，高度略低于普通话阴平声。沈阳、辽阳、鞍山、抚顺、本溪等所属的多数地区阴平调值是33，高度比普通话低两度。上述地区在调型平这一点上与普通话基本一致，但由于发音时高度不够，仍显现出与普通话的明显差异。上述地区的人要说好普通话，克服发阴平音时高度不够的问题，须着力练习控制拉紧声带的基本功，提高在单位时间内声带震动的频率。

2. 读准阳平调值

辽宁省绝大多数地区阳平是35调值，与普通话读音相同；台安、盘山、凌海、北宁、黑山等少数几个方言点阳平是24调值，调型与普通话读音相类似，但是高度不够；大连非黄海沿岸地区，丹东、阜新、义县等地区阳平是34调值，尾音升得不够高，与普通话也有差异。辽东半岛黄海沿岸，东起东港市，中经庄河、普兰店市东部，西至大连市金州区东北部，加上长海县的王家岛、大长山岛、小长山岛、广鹿岛等岛屿，都没有阳平声。在这些地区，普通话阳平声字一部分读成312调值，如"牛""羊""牙""油""门""忙""人""来"等；还有一部分读成213调值，与普通话的上声类似，如"福""国""结""职""惩""违"等；大部分读成41调值，与普通话的去声相类似，如"脖""别""排""朋""迷""眉""肥""辽""刘""胡""河""活""旗""钱""辞"等。这些地区的人学习普通话声调，要下功夫学会发阳平35调值。

3. 读准上声调值

辽宁省各地区都有上声调类，但与普通话不同的是，全省各地的上声调值都是213，尾音没有升到4度，普通话上声调值是214。

4. 读准去声调值

辽宁省各地区都有去声调类，而且调型都是降调，这一点与普通话相类似。而普通话的去声调值是51，辽宁省多数地区的去声调值是42或41。例如瓦房店、岫岩、辽阳、辽中、西丰、康平、开原、铁岭、凌原、建平、喀左等地去声调值是42，始发音不够高，结尾音不够低。要常听标准普通话广播，留心纠正不规范的方音。

专项训练

1. 声母、韵母、声调纠错训练。
2. 普通话发音专项技能提升实训。

唇音：
八百标兵奔北坡，
北坡炮兵并排跑，
炮兵怕把标兵碰，
标兵怕碰炮兵炮。

舌尖音：
三山屹四水，
四水绕三山，
三山四水春常在，
四水三山四时春。

调到敌岛打特盗，
特盗太刁投短刀，
挡推顶打短刀掉，
踏盗夺刀盗打倒。

舌面音：
哥挎瓜筐过宽沟，
过沟筐漏瓜滚沟。
瓜滚宽沟瓜筐空，
筐空沟宽哥怪沟。

3. 普通话绕口令挑战训练。

A.
白石塔,白石搭,
白石搭白塔,
白塔白石搭,
搭好白石塔,
白又白来滑又滑。

B.
坡上立着一只鹅,
坡下流着一条河。
宽宽的河,肥肥的鹅,
鹅要过河,河要渡鹅,
不知是鹅过河,还是河渡鹅。

C.
三哥三嫂子,
借我三斗三升酸枣子。
等我明年收了酸枣子,
就如数还给三哥三嫂子,
这三斗三升酸枣子。

D.
人是人,银是银,
人银要分清。
银不是人,
人不是银。
分不清人银,
弄不清语音。

E.
四是四,十是十,
十四是十四,

四十是四十。
谁能说准四十、十四、四十四,
谁来试一试。
谁说四十是细席,
就打谁四十四。
谁说四十四是是是是,
就打谁四百四十四。

F.
四位老师姓石斯施史,
石老师让我大公无私,
斯老师给我精神粮食,
施老师教我遇事三思。
史老师送我知识钥匙,
我感谢石斯施史四老师。

G.
老龙恼怒闹老农,
老农恼怒闹老龙,
农怒龙恼农更怒,
龙恼农怒龙怕农。

第三章

普通话字词训练

普通话水平测试的第一个项目是"读单音节字词",第二个项目是"读多音节词语"。第一个项目中的单字实际上大都是词,之所以与第二个项目分开,是因为该项目主要测查应试人普通话声母、韵母、声调的标准程度,而完全排除词语的音变。第二个项目也是测查应试人普通话声母、韵母、声调的标准程度,但主要是测查在词语音变的情况下,应试人普通话声母、韵母、声调的标准程度。普通话水平测试的第二个项目"读多音节词语"主要考查双音节词语的读音,所以本章仅介绍单音节字词和双音节词语。

第一节 单音节字词

读准单音节字词的声母、韵母、声调,是学好普通话语音的最基本要求。单音节字词训练的目的就是解决字词的误读问题,即正音问题。造成字词误读的原因有很多,除方言的因素外,形声字声旁不准、形近字字形干扰、多音字一形多音等因素也是造成误读的重要原因。

一、形声字造成的误读

汉字最主要的造字方式是形声字,一边表形(形旁),另一边表声(声旁)。据统计,殷商时代,形声字只占当时汉字的20%左右;东汉的《说文解字》中,形声字占所收9353个字的80%以上;清代的《康熙字典》中,形声字约占90%。但是,在语言的长期演变过程中,许多字的读音发生了变化。据统计,像"清""城""洋"这样声符与形声字的声母、韵母、声调完全相同的,大约占全部现代形声字的四分之一。如果盲目地按照声旁读汉字就会出错,常见的错误可以归纳为以下6种类型。

（1）形声字与声符的声母、韵母相同，声调错读。例如：
- 庇（bì），因声符"比"（bǐ）而误读为上声；
- 摈（bìn），因声符"宾"（bīn）而误读阴平；
- 梵（fàn），因声符"凡"（fán）而误读阳平；
- 斐（fěi），因声符"非"（fēi）而误读阴平；
- 孵（fū），因声符"孚"（fú）而误读阳平；
- 缟（gǎo），因声符"高"（gāo）而误读阴平；
- 疚（jiù），因声符"久"（jiǔ）而误读上声；
- 梃（tǐng），因声符"廷"（tíng）而误读阳平；
- 狩（shòu），因声符"守"（shǒu）而误读上声；
- 汶（wèn），因声符"文"（wén）而误读阳平。

（2）形声字与声符的声母相同，或者声母、声调相同（即双声），韵母错读。例如：
- 铂（bó），由于声符"白"（bái）而误读"bái"；
- 浜（bāng），由于声符"兵"（bīng）而误读"bīng"；
- 钗（chāi），由于声符"叉"（chā）而误读"chā"；
- 踱（duó），由于声符"度"（dù）而误读"dù"；
- 徊（huái），由于声符"回"（huí）而误读"huí"；
- 讷（nè），由于声符"内"（nèi）而误读"nèi"；
- 弦（xián），由于声符"玄"（xuán）而误读"xuán"。

（3）形声字与声符的韵母相同，或韵母、声调相同（即叠韵），声母错读。这类字很多，因为现代所指的叠韵比较宽泛，可以不管韵头是否相同，只要韵腹和韵尾相同就算一韵，如an、ian、uan、üan就归为一韵，有时邻近韵也可以相通，如eng、ing、ueng与ong、iong就可以相通。因此，这一类是纠正由于形声字声符表音度不高而导致误读的重点。例如：
- 迸（bèng），因声符"并"（bìng）而误读"bìng"；
- 窜（cuàn），因声符"串"（chuàn）而误读"chuàn"；
- 皓（hào），因声符"告"（gào）而误读"gào"；
- 酵（jiào），因声符"孝"（xiào）而误读"xiào"；
- 恪（kè），因声符"各"（gè）而误读"gè"；
- 畔（pàn），因声符"半"（bàn）而误读"bàn"；
- 嗔（chēn），因声符"真"（zhēn）而误读"zhēn"；
- 恃（shì），因声符"寺"（sì）而误读"sì"；
- 娆（ráo），因声符"尧"（yáo）而误读"yáo"；

涎（xián），因声符"延"（yán）而误读"yán"。

（4）形声字与声符的声调相同，声母、韵母错读。这类字虽然不少，但不是重点。例如：

- 咄（duō），由声符"出"（chū）类推而误读"chū"；
- 蹴（cù），由声符"就"（jiù）类推而误读"jiù"；
- 靛（diàn），由声符"定"（dìng）类推而误读"dìng"；
- 绽（zhàn），由声符"定"（dìng）类推而误读"dìng"。

（5）形声字与声符的声母、韵母、声调都不同，也就是说声符对形声字完全没有表音作用。例如：

- 笞（chī），由"台"（tái）类推而误读"tái"；
- 岑（cén），由"今"（jīn）类推而误读"jīn"；
- 彤（tóng），由"丹"（dān）类推而误读"dān"；
- 臀（tún），由"殿"（diàn）类推而误读"diàn"；
- 唾（tuò），由"垂"（chuí）类推而误读"chuí"；
- 垠（yín），由"艮"（gèn）类推而误读"gèn"。

（6）有些形声字在造字的时候使用了某个声符，造字方法为双声或叠韵，后来汉字的使用频度发生变化，后来流行的形声字成了常用字，而作为声符的字反而成了生僻字。人们在遇到这个声符字时，都按常用的形声字去逆推声符字的读音，就造成了误读。例如：

- 兑（duì），由"脱"（tuō）逆推而误读"tuō"；
- 癸（guǐ），由"葵"（kuí）逆推而误读"kuí"；
- 鬲（lì），由"隔"（gé）逆推而误读"gé"；
- 丕（pī），由"胚"（pēi）逆推而误读"pēi"；
- 韦（wéi），由"伟"（wěi）逆推而误读"wěi"；
- 胥（xū），由"婿"（xù）逆推而误读"xù"；

由以上6种错误类型可见，形声字的读音情况十分复杂，大部分形声字的声符表音不准确，所以，学习时要注意积累，多练习，不要轻易相信声符的表音作用。

二、形近字造成的误读

现代汉字中，有些汉字的外观很相似，除了像"卡—卞""风—凤""乌—鸟"一类的形近独体字外，更多的是因含有相同或相近的部件而形成的形近合体字，要注意它们的细微差别，以防读错。容易读错的形近字举例如下。

$\begin{cases}已（yǐ）：已经\\己（jǐ）：自己\\巳（sì）：巳时\end{cases}$ $\begin{cases}戊（wù）：戊戌变法\\戌（xū）：戌时\\戍（shù）：戍边\end{cases}$

$\begin{cases}湍（tuān）：湍急\\惴（zhuì）：惴惴不安\\瑞（ruì）：瑞雪\end{cases}$ $\begin{cases}聘（pìn）：聘请\\骋（chěng）：驰骋\\娉（pīng）：娉婷\end{cases}$

$\begin{cases}激（jī）：激动\\檄（xí）：檄文\\缴（jiǎo）：缴纳\end{cases}$ $\begin{cases}赢（yíng）：输赢\\嬴（yíng）：姓嬴\\羸（léi）：羸弱\end{cases}$

$\begin{cases}爪（zhǎo）：爪牙\\瓜（guā）：瓜分\end{cases}$ $\begin{cases}戎（róng）：戎马生涯\\戒（jiè）：戒心\end{cases}$

$\begin{cases}片（piān）：唱片；（piàn）：片面\\爿（pán）：一爿商店\end{cases}$ $\begin{cases}胃（wèi）：肠胃、胃口\\胄（zhòu）：甲胄\end{cases}$

$\begin{cases}卞（biàn）：卞急\\卡（kǎ）：卡车；（qiǎ），关卡\end{cases}$ $\begin{cases}失（shī）：失败\\矢（shǐ）：矢志\end{cases}$

$\begin{cases}折（zhē）：折腾；（zhé），曲折；（shé），折本\\拆（chāi）：拆开\end{cases}$

$\begin{cases}呜（wū）：呜咽\\鸣（míng）：鸣叫\end{cases}$ $\begin{cases}囱（cōng）：烟囱\\囟（xìn）：囟门\end{cases}$

$\begin{cases}彻（chè）：彻底、彻头彻尾\\沏（qī）：沏茶\end{cases}$ $\begin{cases}余（yú）：余地\\佘（shé）：姓佘\end{cases}$

$\begin{cases}库（kù）：仓库、库存\\库（shè）：姓库\end{cases}$ $\begin{cases}冷（lěng）：寒冷\\泠（líng）：泠然\end{cases}$

冶（yě）：冶金、冶炼、冶艳
治（zhì）：统治

汩（gǔ）：汩汩
汨（mì）：汨罗江

坠（zhuì）：坠落、坠毁、耳坠
堕（duò）：堕落、堕马

拔（bá）：海拔、拔刀相助
拨（bō）：拨款、拨云见日

拙（zhuō）：拙劣、弄巧成拙
绌（chù）：相形见绌、左支右绌

茸（róng）：鹿茸、茸毛
葺（qì）：修葺

茄（qié）：茄子
笳（jiā）：胡笳

味（wèi）：味道、香味
昧（mèi）：愚昧、拾金不昧

券（quàn）：债券、入场券
卷（juàn）：试卷；（juǎn），卷烟

享（xiǎng）：享受、享福、享年
亨（hēng）：亨通、亨利

盲（máng）：盲目、夜盲
肓（huāng）：病入膏肓

毫（háo）：毫米
亳（bó）：亳州

孟（mèng）：孟子
盂（yú）：痰盂、水盂

妹（mèi）：姐妹
姝（shū）：姝女

枢（shū）：中枢
抠（kōu）：抠洞、抠字眼

桓（huán）：齐桓公
恒（héng）：永恒

偶（ǒu）：偶像、偶然
隅（yú）：墙隅、城隅

瞠（chēng）：瞠目结舌、瞠乎其后
膛（táng）：胸膛、枪膛

揖（yī）：作揖
楫（jí）：舟楫

敞（chǎng）：敞开
敝（bì）：敝帚自珍

晴（qíng）：晴天
腈（jīng）：腈纶

蒿（hāo）：蒿子
嵩（sōng）：嵩山

| 楷（kǎi）：楷书 | 肆（sì）：肆虐 |
| 揩（kāi）：揩油 | 肄（yì）：肄业 |

| 暗（àn）：黑暗、暗淡 | 誉（yù）：荣誉、名誉 |
| 喑（yīn）：喑哑、万马齐喑 | 誊（téng）：誊写 |

| 箕（jī）：簸箕、箕踞 | 管（guǎn）：管理 |
| 萁（qí）：豆萁 | 菅（jiān）：草菅人命 |

| 瘦（shòu）：瘦弱 | 撒（sā）：撒谎；（sǎ），撒种 |
| 瘐（yǔ）：瘐死 | 撤（chè）：撤退 |

| 撬（qiào）：撬开 | 擅（shàn）：擅长 |
| 橇（qiāo）：雪橇 | 檀（tán）：檀木 |

| 赝（yàn）：赝品、赝币 | 瞻（zhān）：瞻仰 |
| 膺（yīng）：义愤填膺 | 赡（shàn）：赡养 |

| 辍（chuò）：辍学、辍笔 | 慨（kǎi）：慷慨 |
| 掇（duō）：拾掇 | 概（gài）：大概 |

| 烁（shuò）：闪烁、烁烁 | 盅（zhōng）：酒盅 |
| 砾（lì）：砂砾、砾石 | 蛊（gǔ）：蛊惑 |

| 彬（bīn）：彬彬有礼、文质彬彬 | 崇（chóng）：崇高、崇敬 |
| 郴（chēn）：郴州 | 祟（suì）：鬼鬼祟祟 |

三、多音字造成的误读

  多音字又称异读字，以一字两音居多，也有四五个音的。孤立地看，同一形体有多个读音的字是多音字，但在它们参与造词以后就不再有多个读音了，每个字在词语中的读音都只有一个。例如，"发"字有两个读音，在"发展"中只读"fā"，在"理发"中只读"fà"。现代汉字中，多音字很多，仅常用字范围内就有约400个，占11.4%，准确地判断这类字在不同的词语中应该读哪个音是有一定难度的。

多音字有两种：多音同义字和多音多义字。

1. 多音同义字

有的字在不同词里字音不同，但字义相同，这称为多音同义字。有的独立成词和在复合词里读音不同，有的在个别词语中的读音和一般读音不同，有的在书面语和口语里读音不同。例如：

薄：独立成词读báo，纸很薄；在复合词里读bó，单薄、薄弱。

臂：一般读bì，臂膀、螳臂当车；个别词语中读bei，胳臂。

巷：一般读xiàng，大街小巷；个别词语中读hàng，巷道。

吓：在书面语中读hè，恫吓、恐吓；在口语中读xià，吓唬、吓一跳。

2. 多音多义字

一个字的字音不同，字义也不同，这称为多音多义字。例如，"长"，读cháng是形容词，如长短；读zhǎng是动词，如长大。学习多音字的重点是多音多义字。这里介绍两种方法帮助辨别。

1）从词义和词性上区别

一部分多音多义字的词义、词性不同，记住不同词性的不同读音，有利于掌握这类字。常用多音多义字示例如表3-1所示。

表3-1　常用多音多义字示例

字	读音和词性意义	例词
处	读"chù"时用于名物义	处所、好处、住处、教务处
	读"chǔ"时用于动作义	处理、处分、处罚、处方、处事
冲	读"chōng"时用于动作义和名物义	冲锋、冲撞、冲洗、要冲、首当其冲
	读"chóng"时用于性状义	冲床、冲模、冲压
	读"chòng"时用于动作义变名词	味道挺冲、脾气挺冲
荷	读"hè"时用于动作义	负荷、荷枪实弹
	读"hé"时用于名物义	荷花、荷包、荷塘
好	读"hào"时用于动作义	爱好、好恶、喜好
	读"hǎo"时用于性状义	好人、很好、较好
卷	读"juǎn"时用于动作义和性状义	卷起来、卷舌音、卷轴，卷心菜
	读"juàn"时用于名物义	卷宗、试卷
担	读"dān"时用于动作义	承担、担负
	读"dàn"时用于名物义	扁担、担子
都	读"dū"时用于名物义	首都、都市
	读"dōu"时用于副词	都去、都是
宁	读"níng"时用于性状义和动作义	宁静，安宁
	读"nìng"时用于副词	宁可、宁愿、宁死不屈
泥	读"ní"时用于名物义	泥坑、泥垢、泥鳅、泥牛入海
	读"nì"时用于动作义和性状义	泥墙、拘泥

续表

字	读音和词性意义	例词
丧	读"sāng"时用于名物义	丧葬、丧钟、治丧
	读"sàng"时用于动作义	丧失、丧胆、灰心丧气
煞	读"shā"时用于动作义	煞车、煞风景
	读"shà"时用于性状义	煞白、煞气、煞费苦心
鲜	读"xiān"时用于性状义	新鲜、鲜花、鲜明、尝鲜
	读"xiǎn"时表示少的意思	鲜见、鲜有、鲜为人知
与	读"yǔ"时表示介词、连词和动作义	与共、与人为善、赠与
	读"yù"时表示与义的动词	与会、参与
度	读"dù"时表示计量和名物义	度量、一年一度、浓度、风度、国度
	读"duó"时用于动作义	测度、揣度、度德量力
劲	读"jìn"时用于名物义	用劲、冲劲儿、劲头
	读"jìng"时用于性状义	强劲、刚劲、劲敌
咽	读"yān"时用于名物义	咽喉、咽头、咽腔
	读"yàn"时用于动作义	咽唾沫、狼吞虎咽、细嚼慢咽、咽气
	读"yè"时用于性状义	哽咽、呜咽
弹	读"dàn"时用于名物义	弹丸、枪弹、炮弹、炸弹
	读"tán"时用于动作义	弹指、弹钢琴、弹劾
调	读"diào"时用于名物义和一部分动作义	曲调、声调、调值、调查
	读"tiáo"时用于动作义和性状义	调解、调停、风调雨顺、失调
屏	读"píng"时主要用于名物义	屏风、彩屏、荧光屏、屏幕
	读"bǐng"时只用于动作义	屏除、屏弃、屏气、屏住呼吸
泊	读"pō"时只用于名物义	湖泊、水泊、血泊
	读"bó"时主要用于动作义和性状义	停泊、漂泊、淡泊
吭	读"kēng"时只用于动作义	不吭声、吭气
	读"háng"时用于名物义	引吭高歌

2)记住特殊读音

有的多音多义字除通常读音外,另一个读音只有一个义项,用于地名、姓氏或某个专有名词。对于这类多音字,可以采用记少不记多的方法,记住这些特殊义项的读音,另一个读音也就自然掌握。

(1)特殊义项用于姓氏的多音多义字列举如下。

区:除做姓氏读"ōu"外都读"qū",如区长。

查:除做姓氏读"zhā"外都读"chá",如检查。

仇:除做姓氏读"qiú"外都读"chóu",如仇敌。

肖：除做姓氏读"xiāo"外都读"xiào"，如肖像。
纪：除做姓氏读"jǐ"外都读"jì"，如纪律。
贾：除做姓氏读"jiǎ"外都读"gǔ"，如商贾。
任：除做姓氏读"rén"外都读"rèn"，如任务。
单：除"单（chán）于"和做姓氏读"shàn"外都读"dān"，如单独。

（2）特殊义项用于地名的多音多义字列举如下。

镐：除"镐（hào）山"外都读"gǎo"，如镐头。
铅：除"铅（yán）山"外都读"qiān"，如铅笔。
棱：除"穆棱（líng）"外都读"léng"，如棱角。
厦：除"厦（xià）门"外都读"shà"，如高楼大厦。
番：除"番（pān）禺"外都读"fān"，如翻一番。
牟：除"牟（mù）平"和做姓氏外都读"móu"，如牟取。
燕：除"燕（yān）山"和做姓氏外都读"yàn"，如海燕。

（3）特殊义项用于专有名词的多音多义字列举如下。

卜：除在"萝卜"中读"bō"外都读"bǔ"，如占卜。
车：除在象棋棋子中读"jū"外都读"chē"，如汽车。
茄：除在"雪茄"中读"jiā"外都读"qié"，如茄子。
巷：除在"巷道"中读"hàng"外都读"xiàng"，如大街小巷。
稍：除在"稍息"中读"shào"外都读"shāo"，如稍微。
论：除在"论语"中读"lún"外都读"lùn"，如议论。
作：除在"作坊"中读"zuō"外都读"zuò"，如作业。
迫：除在"迫击炮"中读"pǎi"外都读"pò"，如压迫。

单音节字词读音测试实练

1.

兵 段 蹲 听 涂 退 略 怪 管 快 捆 或 灰 混 降 雄 祝 左 醉 臭
长 伸 认 让 扔 层 酒 二 爱 被 没 变 骗 妙 发 方 逗 扭 七 且
幕 旅 论 拱 筐 瘸 权 穴 旋 专 众 匀 产 舍 梢 奏 测 操 腮 叁
思 品 耐 娘 季 虾 懈 爽 甲 谍 女 庸 良 黄 区 龄 崛 究 丢 黏
民 潭 婆 国 软 随 财 职 枕 佛 卡 闯 铿 扣 贺 炮 下 俏 劣 军

2.

摆 潘 盆 队 塌 镖 补 配 颇 某 门 灭 免 磨 发 扉 防 俯 逮 淡
吊 点 屉 停 跎 吞 挠 捏 酿 努 礼 旅 略 告 赶 刮 拱 克 扣 枯

亏 喝 害 哼 坏 昏 极 颇 碱 仅 迥 秦 蛆 缺 券 萧 刑 穴 旬 痔
蒸 朱 浊 茶 吃 尝 踹 世 笙 栓 霜 惹 纫 日 溶 贼 邹 葬 册 猜
催 存 肆 臊 蒜 宋 矮 荫 映 剡 御 下 留 秋 向 怪 框 倦 群 兄

3.
八 察 阿 德 哥 热 十 字 肆 儿 白 凯 挨 背 玫 内 抱 吵 遭 谋
口 柔 凡 竿 参 分 审 仁 唐 厂 藏 笔 批 眯 嘉 下 哑 捏 接 页
尿 娇 药 溜 秋 游 偏 点 钱 频 临 信 娘 枪 样 订 挺 境 铺 剥
磨 夸 画 刷 梭 槐 拽 外 腿 亏 虽 段 撰 钻 轮 村 文 光 荒 网
垄 中 虑 序 玉 缺 学 约 劝 选 袁 旬 晕 迥 琼 胸 朦 封 更 促

4.
拔 败 崩 背 并 跑 漂 偏 谋 盲 民 明 摸 飞 分 峰 复 得 抵 掸
东 踏 贴 团 推 难 农 扭 拧 女 乐 压 柳 脸 令 吕 给 干 关 光
公 恳 落 快 空 获 怀 欢 黄 基 奸 今 江 决 绢 恰 枪 屈 圈 穷
西 虾 些 相 寻 雄 抓 促 准 庄 吃 超 禅 穿 筛 伸 生 摔 谁 饶
如 锐 软 自 邹 足 尊 擦 草 错 缩 桑 虽 额 而 暗 娃 翁 云 月

5.
碑 胞 蚌 判 撒 瞟 拼 镁 蜜 棉 非 份 房 幅 沓 逮 档 敌 苔 梯
艇 纳 闹 蝻 拈 您 女 聊 溜 梁 令 落 够 干 跟 瓜 乖 逛 供 克
拷 槛 夸 厚 画 环 红 假 节 揪 姜 精 绝 捐 均 俏 秦 瘸 群 锡
夏 先 许 悬 胸 遮 值 睁 追 撞 中 插 常 踹 船 啥 笙 顺 惹 纫
扔 如 润 灾 字 咱 脏 坐 罪 钻 猜 草 层 腮 栗 索 鸥 握 剡 涌

6.
碑 翁 绑 二 擦 粽 拨 李 滑 贡 柳 蚊 盆 任 歪 瞟 烟 抿 塑 幕
闸 贬 绰 否 蹲 撒 拍 选 搜 防 轴 鹅 孔 撇 萨 雄 操 疼 嵩 填
诅 优 囊 渧 渺 泉 捺 兑 仍 聂 妻 蓬 渐 刁 染 率 羊 铝 驰 略
丞 匪 根 怪 伤 字 凛 抓 疆 饶 德 卷 暖 直 页 猜 豁 穷 帻 犀
弘 挺 记 许 伞 喂 汗 渠 凉 拷 拧 括 亏 军 刷 丢 鸭 广 偏 群

7.
北 饱 奔 编 并 畔 片 品 颇 马 某 密 面 目 发 饭 方 服 爹 丢

定 吨 桃 推 糖 同 内 鸟 牛 酿 耕 归 光 开 肯 夸 宽 困 黑 怀
唤 荒 虹 极 假 绝 捐 君 翁 车 吃 秤 冲 小 学 悬 寻 兄 上 声
刷 帅 顺 双 肉 人 让 仍 字 走 最 侧 菜 洒 四 素 锁 而 雨 沧
切 桥 亲 清 穷 扎 知 章 助 专 女 来 理 俩 流 良 绿 格 高 根

8.
表 排 满 米 懂 塔 头 铁 女 暖 类 俩 练 临 亮 井 国 关 光 快
九 响 雄 追 吃 创 冲 闪 上 日 忍 仍 弱 则 钻 采 色 云 用 纯
诽 謦 评 复 垮 唤 荒 搅 俊 掐 史 荣 暂 租 尊 辞 操 蹲 似 散
俗 筇 挨 袄 温 呀 烟 瓦 畏 源 蚌 啪 碑 沓 裆 淌 佟 逆 妞 宁
虐 铐 鹤 表 俏 秦 曲 确 习 宣 浙 赵 郑 朱 踹 佘 勺 囙 挠 逮

9.
涌 穷 俊 全 寻 挽 阅 宋 绝 徐 隋 魏 存 荒 孔 广 童 女 略 区
尊 催 涮 追 唤 团 破 夸 伙 抓 索 乳 邢 骨 丙 伏 偏 凉 面 响
仅 碾 丢 秒 六 挑 界 萧 聂 米 憨 敌 嘣 尼 郑 舱 呈 刚 分 裆
膀 枕 谈 纫 槛 否 扇 抽 奏 绕 偶 考 非 恼 胞 雷 黑 才 晒 二
辞 苔 日 买 志 白 啪 增 沓 则 克 哈 乖 色 踹 舌 银 鸡 俩 柳

10.
飞 份 丢 喝 装 仲 宽 酸 抽 白 别 田 停 穷 雄 狼 米 可 俩 嘴
加 捆 来 冷 抢 使 庙 面 定 略 统 后 下 矿 借 进 靠 自 刺 而
赶 謦 刁 均 瓜 播 娘 悬 权 寻 良 雷 池 容 品 女 梢 广 笋 怎
惨 耍 饼 采 毁 泛 挖 恋 就 票 拽 嘣 苔 梯 胞 欧 苏 囊 肖 薛
朱 揣 蛹 囊 尼 汀 舌 徐 脑 槛 哑 褶 蚌 纳 懦 臊 涩 拓 纫 郑

第二节 双音节词语

双音节词语训练主要解决词语中每个音节的发音问题，也就是解决双音节词语的轻重音、变调、轻声、儿化等问题。

一、轻重音

在双音节和多音节词语中，每个音节的读音分量、强弱等级是不相同的，也就是说每个音节在音量强度上有差别。重音和轻音是相对而言的，一般把读音明显加重的音节叫重音，重音大多数在非轻声词的后音节，如拼音、暖壶、声调、课本、朗读等；把读音明显变轻的音节叫轻音；介于两者之间的叫中音，中音多数在双音节词语的前音节，如语法、电话、汽车、出版、诞生等。因为普通话水平测试的读音节词语项目只考查双音节词语的读音，所以，此处先介绍非轻声双音节词语里的轻重音格式。

1. 中重式

中重式词语的中心语素在后音节，但前音节并不是修饰类语素，习惯上把前音节读中音，后音节读重音。偏正、动宾、主谓结构和部分补充结构的词多为这种格式。例如，国家、汽车、军舰、忠诚、讲话、行动、音乐、关于、身体、美丽、伟大、师范、热爱、蝴蝶、海军、雷锋、教程、住所。

2. 重轻式

重轻式词语就是后面将要提到的轻音词，这里了解一下即可。例如，爱人、帮手、凑合、扁担、豆腐、胳膊、公公、哥哥、棉花、护士、火候、姐姐、姑姑、休息、衣服、月亮、嘴巴。

3. 重中（次轻）式

重中（次轻）式词语的内部结构一般是后音节表示属概念，前音节表示种概念，为了显示区别意义，往往把前音节重读，而后音节读得轻些，声母、韵母一般没有变化，原调值仍依稀可辨但不够稳定，书面上仍标声调符号，不是固定的轻声调。多见于联合结构，部分补充结构也属此类。例如，党员、手艺、分析、新鲜、逻辑、女士、情况、母亲、娇气、精神、思想、干净、因为、心情、夜间、主人、看法。

二、变调

普通话语音中，单个音节一般都有固定的声调，但在语流中，有些音节的声调起了一定的变化，与单读时调值不同，这种变化称为变调。较为常见的变调主要表现为上声变调、"一"的变调、"不"的变调。

1. 上声变调

（1）上声音节在阴平、阳平、去声、轻声（非上声音节形成的轻声）等音节前，上声变成半上，调值为211。

上声在阴平前的词语如马车、摆脱、酒精、指标、首先、老师、海军、纺织、采摘、北方、北京、警钟、考生、打车。

上声在阳平前的词语如改革、语言、朗读、紧急、解决、讲台、祖国、火柴、储存、偶然、口型、曲牌、简洁、体形。

上声在去声前的词语如骨干、努力、典范、感动、板凳、榜样、掌握、妥善、翡翠、稿件、请假、诡辩、拐杖、美术。

上声在轻声前（非上声音节形成的轻声）的词语如老婆、耳朵、伙计、口袋、镐头、扁担、里头、尾巴、眼睛、妥当、打扮、计算、祖宗、委屈。

（2）两个上声相连时，前一个上声音节变为近似阳平，调值为35，这个规律可以概括为"两上相连前变阳"。例如，组长、保险、勇敢、理想、友好、选举、场景、了解、领导、演讲、管理、美好、粉笔、简短。

另外，前一个上声在原为上声改读轻声的音节前，有的调值为35，如捧起、等等、打点、讲讲、想起；有的调值为21，如嫂子、毯子、奶奶、姐姐、马虎。

2. "一"的变调和"不"的变调

（1）"一""不"单读或用在词语末尾，以及"一"在序数中，声调不变，读原调。"一"读阴平，调值为55；"不"读去声，调值为51。例如，一、二、三，十一，第一，偏不。

（2）在去声前，"一""不"变读为阴平，调值为35。例如，一件、一定、一个、一切、一向、一致、一概、不断、不看、不够、不对、不去、不会、不要。

（3）在非去声（阴平、阳平、上声）前，"一"变读去声，调值为51；"不"仍读去声，调值为51。例如：

在阴平前：一天、一生、一周、一张、一般、不酸、不吃、不真、不花、不开。

在阳平前：一年、一直、一回、一人、一台、不同、不详、不圆、不白、不难。

在上声前：一米、一手、一场、一组、一桶、不好、不想、不灵、不走、不止。

需要注意的是，"一"嵌入重叠动词之间，"不"夹在词语之间，读轻声，属于"中（次）轻音"，如想一想、管一管、谈一谈、来不来、巴不得、来不及等。本部分主要讲述双音节词语，不再赘述。

三、轻声

1. 轻声的特色

轻声是一种特殊的音变现象，在普通话里，它没有固定的调值，并不是四声之外的第五声调，即在一定的条件下读得又短又轻的调子。一般来说，在一定的条件下，四种声调的字都可以失去原来的声调，变读轻声。例如，"毛"原是阳平，但是在"眉毛"一词中，它就失去了阳平调值，成了轻声。轻声音节的特点是音量小、音长短，音高也比较低，听感上显得轻短、模糊。

轻声在音高上不固定，受前音节声调的影响，一般来说，大致情况如下。

（1）在阴平调的音节后面念轻而短的降调，听起来仿佛是轻短的模糊去声，调值大致为较短的31。例如，帮手、先生、妈妈、溜达、桌子、折腾、衣裳。

（2）在阳平调的音节后面念轻而短的好像3度的模糊调子，调值大致为较短的31。例如，和尚、篱笆、粮食、活泼、琢磨、舌头、萝卜。

（3）在上声调（实际是半上）的音节后面念轻而短的半高平调，调值大致为较短的44，听起来好像是模糊的阴平调子。例如，扁担、本事、早上、怎么、尾巴、耳朵、姐姐。

（4）在去声调的音节后面念轻而短的最低调，调值大致为31，听起来仿佛是很低的模糊去声。例如，豆腐、队伍、木头、故事、爸爸、丈夫、客气。

由以上四种情况可以得出这样一个规律：上声字后面的轻声字的音高比较高，阴平、阳平字后面的轻声字的音高偏低，去声字后面的轻声字音高最低。

轻声的变调还有一种特殊的效果，就是会引起韵母的弱化，主要表现在：①有的轻声音节的韵母变成了另外的音，例如，词缀"子（zi）"的读音变得近似"ze"；②有的轻声音节的韵母仿佛脱落了，例如，豆腐的"腐（fu）"的读音只剩下一个"f"，意思的"思（si）"的读音只剩下一个"s"。③韵母是前响复合元音的容易变成单元音，例如，妹妹的后音节"mei"变成了"me"。

2. 轻声的功能

（1）大部分轻声具有区别词义和词性的作用。例如：

{ 不对头啊，做错了吧？
  他们俩是死对头。

其中，上句的"对头"读原音时是正确、合适的意思，是形容词；下句的"对头"的"头"读轻声时是仇敌、对手的意思，变成了名词。又如：

生气："气"读原音时是动词，指不高兴的意思；"气"读轻声时是名词，指有朝气、有活力的样子。

风流："流"读原音时是名词，指有功勋，有文采；"流"读轻声时是形容词，常指性格外向或行为不端。

大意："意"读原音时是名词，指一段文字的主要意思；"意"读轻声时是形容词，不细心、疏忽的意思。

（2）一部分双音节词的后音节习惯上读轻声，但没有区别词义或词性的作用，它能使语音活泼，语义明显，例如，胳膊、商量、多么、白天、尺寸。

3. 轻声词的规律

普通话的轻声词较多。一般来说，新词、科学术语没有轻声读音，口语中的常用词才有读轻声的。在普通话里，以下成分通常读轻声。

（1）构词后缀"子"字的词。例如，辫子、鸽子、燕子、脑子、桌子、车子。但是，分子、男子、女子、瓜子、原子、公子、棋子、天子、王子、仙子、幼子、蚕子、金龟子等词的"子"都是实语素，不读轻声。

（2）名词、代词后面表示方位、时间和处所的语素或词都读轻声。例如，前边、下边、后边、前面、里面、外面、早上、心上、晚上、山下、眼下、放下、头里、心里。

（3）助词着、了、过、的、得和语气词吧、么、呢、啊、嘛等虚词素构成的词基本都读轻声。例如，笑着、随着、为了、活了、看过、到过、似的、了得、好吧、怎么、他呢、谁啊、命啊、好嘛。

（4）表示称谓的叠音词的后音节读轻声。例如，姐姐、姑姑、舅舅、妈妈、爷爷、星星、姥姥。

不是叠音的表示称谓的词也有一些读轻声。例如，先生、少爷、爱人、老婆、师父、大夫、姑娘、闺女、伙计、舅母、老爷、小姐、兄弟、姐夫。

（5）动词、形容词后面用"来""去"做词尾，表示趋向的动词都读轻声。例如，出来、送来、起来、进来、过去、进去、出去。

（6）用"家""匠""手""性""头""气""巴""处""们""个"等词素做词尾构成的名词，大多数读轻声。例如，行家、公家、冤家、石匠、画匠、瓦匠、扒手、帮手、扶手、气性、忘性、悟性、骨头、丫头、跟头、脾气、阔气、节气、尾巴、结巴、哑巴、好处、苦处、长处、我们、他们、这个、那个。

（7）有一批常用的双音节词，第二个音节习惯上读轻声。例如，云彩、蘑菇、护士、事情、麻烦、胳膊、脑袋、东西、买卖、交情、窗户、消息、体面、应付、招呼、衣裳、清楚、稀罕、石榴、力气、吩咐、便宜、客气、精神、关系、行李、包袱、舒服、动静、扎实、困难、机灵、膏药、耽误、巴掌。

这里使用了大多数读轻声、习惯上读轻声等比较模糊的说法，表示读不读轻声很难一概而论。例如，以"头"字为词尾的山头、墙头、词头、窝头、案头、街头、报头、磁头、桥头、额头、钻头、箭头、刊头、葱头、蒜头、龙头、肩头、喉头、眉头、咽头、镜头等词不读轻声。所以，很难从词性或词义等方面确定音节是否轻读，这里只能大致提供一个参考范围，学习时要灵活掌握。

四、儿化

1. 儿化的特色

儿化又称小字眼儿，指一个音节中的韵母带上卷舌动作的一种特殊音变现象。例如，"花儿"的"花"这个字音的末尾加上一个卷舌动作，使韵母带上卷舌音"儿"的音色。这种卷舌化的韵母就称为儿化韵，带上儿化色彩的词称为儿化词。用汉语拼音字母拼写儿化音节，不管词的实际读音发生什么样的变化，也不改变原音节的拼写形式，只在原来的音节之后加上卷舌符号"r"。例如，"芽儿"读"yár"。

2. 儿化的功能

儿化不仅仅是语音现象，而且与词汇、语法有密切的关系，具有区别词义，区分词性，表示细小、轻微或时间短暂和表达感情色彩的作用。

（1）有的词儿化后具有不同的意义。例如：

- 头（脑袋）——头儿（领头的）。

- 眼（眼睛）——眼儿（小孔）。
- 火星（行星）——火星儿（极小的火）。
- 顶（支撑、拱起）——顶儿（最高处）。

（2）兼动词、名词两类的词或形容词，儿化后就固定为名词；有的名词、动词儿化后借用为量词；有的量词儿化后变成名词。例如：

- 画是动词，用笔作画形；画儿是名词，指画成的艺术品。
- 忙是形容词，不得空闲的意思；忙儿是名词，帮别人做的事。
- 个是量词；个儿是名词，指身体的高度。

（3）有些词加上儿化以后，能达到表示细小、轻微或时间短暂的效果。

名词和量词加上儿尾，都能达到细小、轻微或时间短暂的效果。例如，小门儿、墨水儿、瓶盖儿、丁点儿、一会儿等。同样一种量，用儿化和不用儿化给人在听感上的效果明显不一样。例如，1000米的距离，说成"1公里儿"，从说话人的心理来看表示不远；说成"1公里"，听感上就觉得很远了。

（4）有些儿化词能够表达亲切、喜爱的感情色彩。

同样一个名词，附加儿尾和附加子尾语感明显不同，如面条儿和面条子、老头儿和老头子、脸儿和脸子、心眼儿和心眼子、河沟儿和河沟子等。附加儿尾的词听起来使人感到亲切、喜爱，如小王儿、白兔儿、宝贝儿、好玩儿、鲜花儿、伴儿等。

3. 儿化韵的音变规律

儿化音变的基本性质是使一个音节的主要元音带上卷舌色彩。"-r"只是儿化的形容性符号，不能把它作为一个音素看待。儿化音变是从后向前使韵尾乃至韵腹发生变化，对声母和韵头没有影响，因此，儿化韵的音变规律的主要研究对象是韵母。

普通话语音系统中，一共有39个韵母，除了"er"本身已是卷舌韵母不能再儿化，"ê"不单独构成音节以外，理论上来讲，其余的韵母都可以儿化。

韵母数量虽然不少，但把儿化音变效果相同的加以归类分析，可分出以下6种情况。为了通俗易懂，这里直接用汉语拼音来描述实际发音的变化。

（1）韵腹或韵尾是a、o、e、u、ê（ê只做ie、üe的韵尾时）的，即a、ia、ua、o、uo、ao、iao、e、ie、üe、ou、iu共12个韵母，儿化时不发生显著变化，原韵母形式不变，只在词尾加一个儿化符号"r"。例如，树杈儿（shù chàr）、鲜花儿（xiān huār）、小鸟儿（xiǎo niǎor）、小车儿（xiǎo chēr）、气泡儿（qì pàor）、红包儿（hóng bāor）、禾苗儿（hé miáor）、唱歌儿（chàng gēr）、小街儿（xiǎo jiēr）、小猴儿（xiǎo hóur）。

（2）韵母是i、ü的，儿化时韵母不变，但在词尾加"er"。例如，小鸡儿（xiǎo jiēr）、手艺儿（shǒu yièr）、小驴儿（xiǎo lüèr）、金鱼儿（jīn yuér）。

（3）韵母是舌尖元音-i（前）和-i（后）的，把"-i"丢掉，加上"er"。例如，瓜子儿（guā zěr）、小吃儿（xiǎo chēr）、一丝儿（yī sēr）、树枝儿（shù zhēr）、汤匙（tāng chér）、小事儿（xiǎo shèr）。

（4）韵尾是i、n的，包括ai、uai、ei、an、ian、uan、üan、en共8个，儿化时丢掉韵尾的i或n，加上儿化符号"r"。例如，小孩儿（xiǎo hár）、一块儿（yí kuàr）、拔尖儿（bá jiār）、大款儿（dà kuǎr）、画圆儿（huà yuár）、小门儿（xiǎo měr）。

（5）韵母是ui、in、un、ün的，把韵尾的i或n丢掉，加上"er"。例如，麦穗儿（mài suèr）、干劲儿（gàn jièr）、海豚儿（hǎi tuér）、成群儿（chéng quér）。

（6）后鼻尾音韵母包括ang、iang、uang、eng、ing、ueng、ong、iong共8个，儿化时韵尾"ng"消失，韵腹变为鼻化元音，加上卷舌动作，实际上为了便于描述，把韵尾融化在鼻化元音中就在鼻化元音的上面标上符号"～"。例如，帮忙儿（bāng m̃ar）、水平儿（shuǐ p̃ir）、亮光儿（liàng guãr）、小葱儿（xiǎo cõr）。

4. 儿化词举例

常用的双音节儿化词列举如下。

八哥儿	白班儿	白醭儿	白干儿	摆摊儿	板擦儿	半截儿	饱嗝儿	爆肚儿
被窝儿	本色儿	奔头儿	鼻梁儿	冰棍儿	病号儿	包干儿	车把儿	背心儿
差点儿	岔道儿	唱片儿	出圈儿	串门儿	唱歌儿	唱腔儿	丑角儿	茶馆儿
抽空儿	大伙儿	答茬儿	打盹儿	打嗝儿	打鸣儿	打杂儿	单弦儿	旦角儿
刀把儿	刀片儿	调门儿	顶牛儿	顶事儿	豆角儿	豆芽儿	电影儿	垫底儿
肚脐儿	蛋清儿	逗乐儿	大褂儿	干活儿	光棍儿	个头儿	够本儿	够劲儿
蝈蝈儿	锅贴儿	好好儿	好玩儿	号码儿	壶盖儿	火罐儿	花样儿	合群儿
金鱼儿	脚丫儿	加塞儿	夹缝儿	脚印儿	记事儿	加油儿	开刃儿	坎肩儿
口哨儿	裤衩儿	裤兜儿	快报儿	口罩儿	老头儿	老伴儿	老本儿	愣神儿
脸蛋儿	泪珠儿	梨核儿	面条儿	墨水儿	没事儿	美味儿	没准儿	木橛儿
煤球儿	哪会儿	那会儿	纳闷儿	年头儿	纽扣儿	泥人儿	脑瓜儿	胖墩儿
刨根儿	跑腿儿	皮板儿	蒲墩儿	胖墩儿	跑调儿	起名儿	枪子儿	窍门儿
蛐蛐儿	绕远儿	人影儿	肉馅儿	桑葚儿	嗓门儿	傻劲儿	扇面儿	上座儿
说头儿	砂轮儿	死扣儿	送信儿	花瓣儿	碎步儿	树杈儿	收摊儿	手绢儿
铜子儿	头头儿	透亮儿	图钉儿	提成儿	痰盂儿	跳高儿	围脖儿	围嘴儿
忘词儿	玩意儿	娃娃儿	瓦块儿	倭瓜儿	小孩儿	心眼儿	线轴儿	相片儿
小辫儿	小曲儿	邪门儿	一会儿	一块儿	一下儿	一点儿	一溜儿	沿边儿
腰板儿	咬字儿	爷们儿	影片儿	有点儿	有门儿	衣兜儿	邮戳儿	这会儿
玷阄儿	杂拌儿	早早儿	掌勺儿	找茬儿	照面儿	照片儿	走道儿	走调儿
走神儿	走味儿	做活儿	在这儿					

五、语气词"啊"的音变

"啊"单独读"ā",用在句子末尾时,往往受前一个字读音的影响而产生音变,具体音变规律如表3-2所示。

表3-2 语气词"啊"的音变规律

前一个字韵尾或韵腹+a	"啊"的音变	规范写法	举例
a、e、ê、i、ü、o（单韵母及复韵母uo）+a	ya	呀	花啊（呀）、渴啊（呀）、鸡啊（呀）、鱼啊（呀）
u、o（包括ao、iao）+a	wa	哇	走啊（哇）、路啊（哇）、好啊（哇）、妙啊（哇）
n+a	na	哪	难啊（哪）、新啊（哪）、看啊（哪）、弯啊（哪）
ng+a	nga	啊	娘啊、香啊
-i[后]、er+a	ra	啊	是啊、吃啊、纸啊
-i[前]+a	[zA]	啊	字啊、词啊、自私啊

"啊"的音变试读训练:

鸡啊鸭啊,猫啊狗啊,一块水里游啊。

牛啊羊啊,马啊骡啊,一块进鸡窝啊。

狼啊虫啊,虎啊豹啊,一块上街跑啊。

兔啊鹿啊,鼠啊孩儿啊,一块上窗台儿啊。

双音节词语读音测试实练

1.

变相	菠菜	朋友	撒嘴	贫穷	玫瑰	否定	方案	奉劝	冰棍儿
夫人	他们	团圆	同学	女儿	虐待	雷雨	凉快	轮船	面条儿
歌曲	挂号	靠近	口诀	火车	婚礼	红茶	几乎	骄傲	春卷儿
久仰	军师	恰当	下课	选择	迅速	雄壮	治丧	战局	一点儿
爪子	钟头	尺度	创新	少年	率领	仍然	作业	草丛	撕破

2.

日报	后边	挑拨	赔偿	快跑	品种	灭亡	充分	月饼	有门儿
脂肪	虐待	斗争	尸体	餐厅	通讯	酿造	儿女	迥然	差点儿
辛劳	留学	乘凉	混乱	哑巴	掌管	光泽	可以	挖苦	大伙儿
玫瑰	亏损	爱护	危急	人家	法子	衰竭	耍奸	案卷	好玩儿

| 乔装 | 情愿 | 穷酸 | 允许 | 东西 | 创伤 | 存在 | 错误 | 思索 | 多少 |

3.
摆设	保证	反抗	便条	漂泊	贫嘴	美学	灭绝	转向	刨根儿
发泄	导游	土地	能耐	牛犊	懒散	旅馆	家境	痈疽	快板儿
卷宗	军事	气性	穷困	训斥	雄姿	墨汁	抓瞎	粗粮	冰棍儿
装点	查获	揣测	床单	柔顺	人们	荣誉	贼心	凑合	打嗝儿
存放	送命	儿戏	安全	昂贵	外貌	丧服	春饼	日后	说头儿

4.
便宜	棉花	玻璃	粉笔	迅速	运输	愿望	熊猫	儿童	巧劲儿
测验	地球	出发	车站	工程	开始	能够	思想	节约	哪会儿
学习	破坏	讲究	穷人	灿烂	刊登	空白	定点	品质	被窝儿
偶然	商讨	增援	滋长	权威	爽快	零碎	佛教	洒脱	做活儿
晓得	软骨	矩尺	草拟	昆曲	平川	暴虐	春假	贴切	抓瞎

5.
堡垒	本领	手表	飘落	产品	铺床	窘迫	美容	杂拌儿	扇面儿
聪明	放松	全副	草地	打量	耳朵	推广	处理	老头儿	墨水儿
扭转	旅馆	掠取	国王	可贵	书刊	喜欢	损坏	走调儿	差点儿
合作	滑雪	厂家	瓦解	锐角	专奖	洽谈	外省	小孩儿	傻劲儿
上算	认为	歪斜	恶心	质朴	勋章	勇敢	能耐	好玩儿	括阄儿

6.
雪白	此后	所有	否认	加强	民俗	色盲	发作	缺漏	纳闷儿
起草	举动	检讨	撤退	开始	虐杀	绕嘴	圈子	荒僻	冰棍儿
水果	公债	叛变	花园	防空	宽容	咏赞	璀璨	欢快	抓阄儿
率领	损坏	姑娘	漂亮	状态	下等	军队	足球	尿床	心眼儿
处理	证明	热烈	非常	耳朵	许配	挑逗	训斥	兄弟	饱嗝儿

7.
请帖	所有	勇敢	学者	穷苦	女人	网球	冷门	揣测	豆角儿
损害	羞耻	商品	热烈	开眼	偏转	生殖	捐赠	公路	绕远儿
香肠	山区	飞溅	风华	雄厚	塑造	临床	皮肤	桥梁	奶嘴儿

| 轮船 | 盘剥 | 霉菌 | 扩大 | 发挥 | 阅读 | 存在 | 洽谈 | 儿戏 | 刀把儿 |
| 蔑视 | 疼痛 | 群众 | 从前 | 坏死 | 困难 | 错误 | 家伙 | 爪子 | 规矩 |

8.

品种	扭转	卷尺	脑袋	财主	饥荒	反对	海员	勾引	拔尖儿
女墙	窘迫	揣测	旅游	粉丝	风景	提升	个人	棉花	走调儿
没错	上马	区别	坑道	入托	自由	蛔虫	方便	跨越	干活儿
胸怀	散步	恰当	供词	儿童	开幕	军营	阑尾	创新	一溜儿
飘洒	抹杀	断绝	下列	敦促	燃料	勋章	偷闲	湿润	暂行

9.

赔偿	灵敏	飞跃	宁可	穷苦	誓言	捐款	谦逊	协作	哥俩儿
层次	元素	运算	白菜	身边	名胜	军队	全体	汉字	聊天儿
球网	思想	剖析	佛门	红娘	虐杀	归拢	抓住	行话	打盹儿
倔强	邮船	家族	衰落	肉松	仍然	产品	旅馆	而且	墨水儿
保存	女皇	否认	讨论	挑战	炮仗	忙乎	能耐	勤快	汹涌

10.

考究	活泛	风水	把守	触感	可取	配合	黑板	军队	岔道儿
乳胶	雪山	扫雷	左面	本子	马路	日程	而且	屡次	顶事儿
皮肤	夏天	加工	进行	钻研	光辉	缺少	宣传	调换	刨根儿
训练	院长	胸怀	穷人	控诉	农村	热心	猛烈	逆流	透亮儿
宁肯	夸奖	花朵	波浪	陌生	拐弯	虽然	纯粹	尊重	窗台

专项训练

1. 同音词的朗读训练。

富裕——馥郁　订金——定金　法治——法制　权力——权利
报复——抱负　报到——报道　变换——变幻　优雅——幽雅
暴发——爆发　本义——本意　厉害——利害　心酸——辛酸

2. 四声音调的朗读训练。

"阴、阳、上、去"顺向四声练习：

花团锦簇　山穷水尽　心直口快　千锤百炼　风调雨顺　心怀巨测

山清水秀　窗明几净　思前想后　身强体健　阴谋诡计　呼朋引伴
妖魔鬼怪　瓜田李下　光明磊落　山盟海誓　兵强马壮　优柔寡断

"去、上、阳、阴"逆向四声练习：

四海为家　妙手回春　热火朝天　破釜沉舟　耀武扬威　信以为真
背井离乡　步履维艰　刻骨铭心　异口同声　万古流芳　袖手旁观
遍体鳞伤　逆水行舟　调虎离山　痛改前非　视死如归　弄假成真

3. 儿化韵练习。

民俗儿歌

小小子儿，坐门墩儿。哭着嚷着要媳妇儿。要媳妇儿干什么？说话、逗笑、解解闷儿。

小小子儿，坐门墩儿。哭着嚷着要媳妇儿。要媳妇儿干什么？蒸饭、炒菜、包饺子儿。

小小子儿，坐门墩儿。哭着嚷着要媳妇儿。要媳妇儿干什么？铺炕、叠被、穿袜子儿。

小小子儿，坐门墩儿。哭着喊着要媳妇儿。要媳妇干嘛？点灯、说话儿；吹灯、作伴儿，早上起来梳小辫儿。

4. "一""不"的变调练习。

花鸟草虫，凡是上得画的，那原物往往也叫人喜爱。蜜蜂是画家的爱物，我却总不大喜欢。说起来可笑，小时候有一回上树掐海棠花，不想叫蜜蜂蜇了一下，痛得我差点儿跌下来。大人告诉我，蜜蜂轻易不蜇人，准是误以为你要伤害它，才蜇；一蜇，它自己就耗尽了生命，也活不久了。我听了，觉得那蜜蜂可怜，原谅它了。可是从此以后，每逢看见蜜蜂，感情上疙疙瘩瘩的，总不怎么舒服。

今年四月，我到广东从化温泉小住了几天。那里四围是山，环抱着一潭春水。那又浓又翠的景色，简直是一幅青绿山水画。刚去的当晚是个阴天，偶尔倚着楼窗一望，奇怪啊，怎么楼前凭空涌起那么多黑黝黝的小山，一重一重的，起伏不断？记得楼前是一片园林，不是山。这到底是什么幻景呢？赶到天明一看，忍不住笑了。原来是满野的荔枝树，一棵连一棵，每棵的叶子都密得不透缝，黑夜看去，可不就像小山似的！

节选自杨朔《荔枝蜜》

5. "啊"的变调练习。

（1）这朵花真漂亮啊！
（2）声音很洪亮啊。
（3）祖国啊，我亲爱的祖国！
（4）桂林的山真奇啊！

（5）这个产品质量好啊。
（6）加油干啊!
（7）这个老中医真是妙手回春啊!
（8）龙井虾仁真好吃啊。
（9）古代建筑的榫卯设计真巧妙啊。
（10）真难啊。

第四章 普通话表达训练

第一节 朗读训练

朗读就是朗声读书，即使用普通话把书面语言清晰、响亮、富有感情地读出来，变文字这个视觉形象为听觉形象。朗读是一门口头语言艺术，需要创造性地还原语气，使无声的书面语言变成有声的口头语言。如果说写文章是一种创造，朗读则是一种再创造。

朗读是一种语言创作活动，是普通话正音训练的重要方式，循序渐进地进行字、词、句、篇的综合训练，能够有效地提高普通话水平和口语表达能力。朗读是口语交际能力训练的基础，说话、演讲、论辩、解说、导游、洽谈、节目主持等都离不开朗读基本功。朗读的基本要求是熟练地掌握普通话，吐字准确、清晰，语调自然、流畅，速度适中。朗读的高层次要求是恰当的思想感情与尽可能完美的语言技巧的统一，体裁风格与声音形式的统一，准确、鲜明、生动地传达作品的精神实质。

一、普通话语音朗读

和说话不同，朗读除了要求忠于作品原貌，不添字、不漏字、不改字、不回读之外，还要求在声母、韵母、声调、轻声、儿化、音变及语句的表达方式等方面都符合普通话的语音规范，同时还要做到发音准确、吐字清晰、自然流畅、声情并茂。

1. 注意普通话和方言在语音上的差异

大多数情况下，普通话和方言在语音上的差异是有规律的。这种规律有大的方面和小的方面，规律之中往往又包含一些例外，要在生活中去发现、总结和练习。要在总结的基础上，多查字典和词典，加强记忆，反复练习。在练习中，不仅要注意声韵、声调方面的差异，还要学习语言发展中的新知识。熟练掌握普通话，避免误读字，不读错字、别字。发音要清晰，避免口齿不清、吐字含糊。

2. 注意由字形相近或由偏旁类推引起的误读

中国汉字中很大一部分是形声字，所以在朗读的时候，常常由于字形相近的缘故，将甲字张冠李戴地读成乙字（如"撑chēng"读成"掌zhǎng"等），这种误读十分常见。由偏旁本身的读音或者由偏旁组成的较常用字的读音，去类推一个生字的读音而引起的误读（如"草菅jiān人命"读成"草管guǎn人命"）也很常见。这种误读是非常可怕的，不仅会引起歧义，重要场合还会使人非常尴尬。所以，需要在日常生活中多加积累，加强练习。

3. 注意多音字的读音

普通话词汇中，有一部分词（或词中的语素）音义相同或基本相同，但在习惯上有两个或几个不同的读法，被称为多音字或异读字。多音字是产生误读的重要原因之一，必须十分注意。可以将多音字分为两类。

第一类是含义不同的多音字即异义多音字，要着重弄清不同读音的不同含义，根据含义记住读音。

第二类是含义相同的多音字即同义多音字，要着重弄清不同读音的不同使用场合。

为了使读音更加规范，国家于20世纪50年代组织成立了普通话审音委员会，对普通话异读词的读音进行了审定，发布了《普通话异读词审音表》（以下简称《审音表》），历经几十年，几易其稿，要求全国文教、出版、广播及其他部门、行业所涉及的普通话异读词的读音均以最新版《审音表》为准。《审音表》与工具书（如《新华字典》《现代汉语词典》等）有冲突的地方，一律以《审音表》为准，这样就达到了规范读音的目的。

4. 掌握必读变调、轻声、儿化和"啊"的朗读方法

朗读过程中，上声和"一""不"的变调要读准，否则会造成表达者语音的不顺畅。"啊"作为语气词，是感情自然而然的抒发和表达，需要在日常生活中对发音方法进行总结，不需要刻意去表现，遵循语音规律练习即可顺畅表达。准确的朗读是表意的需要。

除了识记规定的必读轻声词之外，还要掌握一般的轻声词的运用规律，以帮助自己判别语意。例如，轻声词一般是历史比较久的词，如耳朵、马虎、先生、压抑、萝卜，新生词语如冰箱、空调、传真、光盘、构想都不读轻声。现代汉语中的轻声现象也呈现逐渐减少的趋势，例如，白菜、老虎、苹果、西瓜等传统轻声词也趋于不读轻声了。

普通话水平测试规定了必读的儿化词，要努力学习儿化韵的正确读音，掌握其朗读规则，否则朗读时容易造成歧义。

在朗读"啊"时，常常因为前面音节末尾音素的影响而使音调等发生变化，表示语气缓和或增加，便于表达感情。

示例1

最妙的是下点儿小雪呀。看吧，山上的矮松越发的青黑，树尖儿上顶着一髻儿白花，好像日本看护妇。山尖儿全白了，给蓝天镶上一道银边。山坡上，有的地方雪厚点儿，有的地方草色还露着；这样，一道儿白，一道儿暗黄，给山们穿上一件带水纹儿的花衣；看着看着，这件花衣好像被风儿吹动，叫你希望看见一点儿更美的山的肌肤。等到快日落的时候，微黄的阳光斜射在山腰上，那点儿薄雪好像忽然害了羞，微微露出点儿粉色。就是下小雪吧，济南是受不住大雪的，那些小山太秀气！

节选自老舍《济南的冬天》

朗读提示：
（1）注意"一""不"的变调和儿化韵的朗读。
（2）老舍以轻快、自然的笔调表达了对济南冬天的喜爱之情，对济南的热爱之情，以及对生活的热爱之情。

示例2

然而，火光啊……毕竟……毕竟就在前头！……

节选自〔俄〕柯罗连科《火光》，张铁夫译

是的。我想，不光是叔叔，我们每个人都是风筝，在妈妈手中牵着，从小放到大，再从家乡放到祖国最需要的地方去啊！

节选自李恒瑞《风筝畅想曲》

我心中涌动的河水，激荡起甜美的浪花。我仰望一碧蓝天，心底轻声呼喊：家乡的桥啊，我梦中的桥。

节选自郑莹《家乡的桥》

朗读提示： 语气词"啊"的朗读，情绪表达要自然而然，不要装腔作势。

二、分析作品层次

朗读前要认真地分析和理解作品，把握作者的写作目的，理清作者的情感脉络，才能更好地进行朗读表达。概括起来，就是从主题、背景、层次、朗读基调几个方面进行准备。

1. 明确主题

主题是文章的中心思想，是作者的创作目的和要表达的意图。对主题的概括要准确、具体,有思想的升华,而不能只是内容的概述。记叙文的主题要通过人物的言行举止,以及事件的起因、经过和结果表达出来;说明文的主题要在介绍事物和分析事理的过程中表达出来;议论文的主题就是中心论点,要从论据证明论点的论证方法中间挖掘出来;诗歌的朗读,要把握作者最饱满的情感表达焦点;寓言、童话故事的朗读,应在看似童真无邪中表达深刻哲理……如此种种。主题需要分析、挖掘和思考,把握了主题,在朗读时才能提纲挈领,统帅全篇。

2. 分析背景

任何一篇作品都包含作者写作时的思想、自身背景和时代背景,以及作品所反映的内容。要分析作者在什么情况下进行写作的,写作目的是什么;作者处于什么样的时代背景之中,想要通过作品表达什么;所写内容在什么背景下发生,是想让人们感悟生活哲理还是想引起人们反思。搞清这些问题就可以厘清作者意图及作品内涵,再进行朗读才不会断章取义、以偏概全,才能真切感受到作者想要抒发的情感。

3. 划分层次

如果说主题是一篇文章的灵魂,结构和层次就是文章的骨骼和筋络,两者紧密结合,就构成了文章的总体脉络。

根据主题表达的需要,文章可以划分为若干层次。作品的自然段是在写作时自然表意形成的,联系密切的自然段归并为一个层次;每个自然段也可以分成若干小层次。划分好层次,作品的布局、结构就清楚了,事情、事物、事理的发生、发展过程或者逻辑关系就清晰展现出来,便于朗读者在理解内容的基础上表达情感。

要依据主题的表达需要划分文章结构层次和朗读情绪层次,思考用几个层次表现主题,主要问题用什么情绪表达,次要问题用什么情绪表达,以及它们之间的情绪转换怎么处理。所以,从全文来讲,要抓住主题及主要的层次段落,同时也要注意次要层次的烘托和铺垫作用,在朗读的时候要设计好情绪表达。除此之外,还要细致地分析文章的主要问题和次要问题。以议论文为例,既要把握总论点,也要把握分论点,把文章的主要矛盾和次要矛盾分析明了,才能更好地把握主题。深刻理解作品的主题,这是理解作品的关键。

示例

曲曲折折的荷塘上面,弥望的是田田的叶子。叶子出水很高,像亭亭的舞女的裙。层层的叶子中间,零星地点缀着些白花,有袅娜地开着的,有羞涩地打着朵儿的;正如一粒粒的明珠,又如碧天里的星星,又如刚出浴的美人。微风过处,送来缕缕清香,仿佛远处高楼上渺茫的歌声似的。这时候叶子与花也有一丝的颤动,像闪电般,霎时传过荷塘的那边去了。叶子本是肩并肩密密地挨着,这便宛然有了一道凝碧的波痕。叶子底下是脉脉的流水,遮住了,不能见一些颜色;而叶子却更见风致了。

节选自朱自清《荷塘月色》

朗读提示：

（1）明确主题。这篇散文通过对冷清的月夜下荷塘景色的描写，流露出作者想寻找安宁但又不可得，幻想超脱现实但又无法超脱的复杂心情。

（2）分析背景：《荷塘月色》写作于1927年7月，当时白色恐怖笼罩中国大地，作者对黑暗的现实社会产生了深深的憎恶，内心郁闷，彷徨无措，情绪无法平静。

（3）划分层次：此段对荷塘和月色的景物进行了描写，首先写全貌——满塘荷叶；然后由面到点——"零星地点缀着些白花"，写出了层层叶子中间，花的不同神韵；再由近及远——由淡淡荷花的清香推及远处高楼上的歌声，通感的手法让人产生美妙之感；最后由远及近——从叶子的波痕中透漏出叶底的脉脉流水，更衬托了叶子的神韵。

（4）确定朗读基调。朗读基调基本是平淡的，有置身事外的淡淡愁绪。所以情绪的表达也是在总体平淡的基础上，随着景物变化而有所起伏，但不会有太大的情感波动。

4. 确定朗读基调

基调是指作品总的感情色彩和分量。每件作品都有表达的层次，感情色彩和分量随之变化。感情色彩有喜怒哀乐之分，态度有肯定、否定、赞扬、批评之别，其中有分寸火候的差异。

1）尽可能地理解作品

首先要熟悉作品，深刻地把握作品的思想内容和精神实质。只有对作品有了透彻的理解，才能有深切的感受，才能准确地把握作品的情调与节奏，正确地表现作品的思想感情。

2）全身心地感受作品

语言文字是一种有意义的符号。朗读者要通过对语言文字的分析和理解感受作品所描写的客观事物，以及作品所蕴涵的意义。

朗读者对作品的感受表现在以下几个方面。

（1）形象感受。所谓形象感受，就是朗读者由作品引起的具体的视觉、听觉、味觉、嗅觉、触觉、空间知觉、时间知觉、运动知觉等各种内心体验。

（2）逻辑感受。逻辑感受主要是指对整篇作品各部分之间、各段落之间、各自然段之间的逻辑关系，某一自然段中各句之间的逻辑关系，以及一个句子中各词语之间逻辑关系的感受。朗读时，朗读者既要善于从整体上把握文章起、承、转、合的内在逻辑关系，也要善于把握句子之间、词语之间的逻辑关系。

（3）情景再现。所谓情景再现，就是要求朗读者朗读时，不仅要在头脑中浮现出语言文字所描绘的客观形象，还要用心进入作品所描绘的特定情境、场景中去，假设自己就是作品中的主人公或事件的参与者，把作品中叙述、描写的一切都作为自己的亲眼所见、亲耳所闻、亲身所历,并设身处地去感受。朗读者应依据作品的文字,充分发挥联想、想象,获得视觉、听觉、嗅觉、味觉、触觉等种种感觉,产生准确、真切的具体感受;由作品的文字联想到画面,努力发挥画面的刺激作用,产生饱满的感情;依据作品的内容再现画面,把握情绪的发展脉络。

3)有追求地表达作品

(1)追求正确度。要求用普通话朗读,避免受方言的影响而出现习惯性误读或语音缺陷。此外,还要做到不落字、不添字、不颠倒、不重复。

(2)追求流利度。要求朗读流畅,不顿读,不读破句子,不中断朗读,并能根据作品内容确定合适的朗读速度,不能过快或者过慢。另外,还要注意克服读字念词时有口无心或两字、三字一拍的"唱读"等不良腔调。

(3)追求艺术度。要求朗读者在朗读蕴涵深情的文字作品时,应使自己的感情处于一种积极的运动状态,以情运气、以情带声、用声传情,声情并茂地去表达作品。

4)恰当地设计方案

朗读者应在深刻理解作品内容的基础上,设计如何通过语音把作品的思想感情表达出来。

(1)要根据文体、题材、语言风格和听众对象等因素,来确定朗读的基调。

(2)对整个作品的朗读方案应有总体考虑。例如,作品中写景的地方怎么读,作品的高潮在什么地方,怎么安排快慢、高低、重音和停顿等。

再别康桥(普通语速,略慢)

徐志摩

轻轻的/我走了,(语气很轻,语速舒缓)
正如我/轻轻的来;
我/轻轻的招手,(情绪上与前面稍有对比)
作别/西天的云彩。(有种淡淡的别绪,联想美好的画面,淡淡的美好)

那河畔的金柳,(喜爱美景,语调微微上扬)
是夕阳中的新娘;(甜蜜、幸福之感,语气稍欢快)
波光里的艳影,
在我的心头荡漾。(幸福之感,情感激荡令人回味)

软泥上的青荇,(欣喜的心情,可爱的景物)
油油的/在水底招摇;(甜美的、喜爱的)

在康河的柔波里，
我甘心做一条水草！（沉醉的、依恋的、幸福的）

那榆荫下的一潭，（视线的转移，情绪的延伸）
不是清泉，是天上虹；
揉碎在浮藻间，
沉淀着/彩虹似的梦。（回味的、幸福的、甜美的）

寻梦？撑一支长篙，（心念一动，情绪渐起）
向青草更青处漫溯；
满载一船星辉，（情绪逐渐过渡，越来越激昂）
在星辉斑斓里放歌。（激情洋溢，情感释放，放中略收）

但我不能放歌，（情绪转折，落寞、热情渐落）
悄悄/是别离的笙箫；（离愁别绪，依依不舍）
夏虫/也为我沉默，（用景物进行烘托）
沉默/是今晚的康桥！（虽情绪低落，但没有消沉，有细微的情感抒发）

悄悄的/我走了，（比首段更舒缓，情绪表达更轻微）
正如/我悄悄的来；
我挥一挥衣袖，（平静又坚决）
不带走/一片云彩。（表达更深的情绪，深入心底）

朗读提示： 深刻理解诗歌的内容，准确把握诗歌的情感基调。此诗描写的是离愁别绪，其情感基调定在一个"愁"字上，但不是哀愁、浓愁，而是淡淡的、柔软的愁绪，愁中又带有一丝对康桥美景的沉醉和回味，带有一丝对母校的眷恋和深情。朗读的时候，应用舒缓的语气表达淡淡的离愁，康桥的美景又使作者充满感情波动，也使作者情绪昂扬，但不是无所顾忌的热情奔放，而是饱含离愁别绪的情感波动。在高潮部分情绪激昂，但又微含愁绪，特别要把握好激情中的内敛。

三、调动感情朗读

朗读时只有发乎于情，才能使听众感动于声，朗读者的思想感情要随着作品内容的发展而不断变化。要明确自身的属性——表达主体（朗读者），确认对方的属性——表达客体（听众），朗读形式就是连接主体和客体的纽带。

为了更好地朗读作品，朗读时要有形象感，就是根据作者的描写和叙述，首先在脑海中勾勒形象，然后结合自己的感受把作品描绘和介绍出来。作品只有先感动朗读者，然后才能感染听众。而形象感由于其生动、具体的模拟形式（在脑海中想象出来），在朗读者受感动的同时，也会把这种感动通过语言进行传达，从而对有感情地表达作品起到非常重要的作用。

同时，朗读时还要有对象感。朗读的对象是听众，不管听众是一个人还是一群人，都是朗读者交流的对象。朗读时要感觉到听众的存在，感受到听众的反应，从而产生思想感情的共鸣。要注意保持朗读者的思想感情与听众的思想感情的交流。只有时刻为听众着想，时刻想着要让听众听清楚、听明白、受感动、被感染，朗读就会吐字清楚、快慢适中、重点突出。朗读有了对象感，才会有交流和互动；而有了交流和互动的朗读，才会更鲜活、更生动。

朗读者还可以根据不同文章体裁的特点，熟悉作品的内容和结构，用不同的形式和感情来表达。对于抒情作品，应着重体会其抒情线索和感情格调。对于叙事作品，应着重了解作品的情节与人物性格。对于议论文，需要通过逐段分析理解，抓住中心论点和各分论点，明确文章的论据和论述方法，或者抓住文章的说明次序和说明方法。

诗歌的朗读音韵有一定规律，中国古典格律诗的形式有五言绝句、七言绝句和律诗。七言绝句一般为2/2/3断句，五言绝句一般为2/3断句。词曲每调的字数、句式、押韵都有一定的规则，也属于格律诗。朗读格律诗时，要注意体现节奏感。朗读现代诗时，要认真把握作者情感，领会诗歌的思想内容。而童话故事的听众更多的是少年儿童，所以要以儿童口吻唤起儿童的兴趣和好奇心，以便使儿童的思维和情感顺利地进入童话故事的情境中。总之，只有掌握了不同作品的文体特点，熟悉了作品的具体内容，才能准确地把握不同的朗读方法。

闻官军收河南河北
唐·杜甫

剑外忽传收蓟北，初闻涕泪满衣裳。
却看妻子愁何在，漫卷诗书喜欲狂。
白日放歌须纵酒，青春作伴好还乡。
即从巴峡穿巫峡，便下襄阳向洛阳。

朗读提示：

（1）写作背景：《闻官军收河南河北》作于唐代宗广德元年（公元763年）春天，当时正在今四川过着漂泊生活的杜甫（时年52岁）闻听唐军在洛阳附近的横水打了个大胜仗，就以饱含激情的笔墨写下了这篇流芳百世的名篇。

（2）全诗情感奔放，处处渗透着"喜"，而由"喜"又引发了"狂"，淋漓尽致地抒发了作者喜悦、兴奋的心情。特别是"即从""穿""便下""向"几个词，把走过巴峡、巫峡、襄阳、洛阳四个水、陆不同地方的急切之态表现得淋漓尽致。朗读时要读准重点字、词，同时也要把握好悲喜交加的情绪特点，语速适中，不能单纯地分析是惊喜的情绪就加快语速。

四、朗读技巧运用

1. 呼吸

学会自如地控制呼吸非常重要，因为呼吸均匀时发出来的音坚实有力、音质优美，而且传送得较远。有的人在朗读时呼吸急促，甚至上气不接下气，这是因为他使用的是胸式呼吸，不能自如地控制自己的呼吸。朗读需要有较充足的气流，一般采用胸腹式呼吸法，特点是胸腔、腹腔都配合着呼吸进行收缩或扩张，尤其要注意横膈膜的运动。平时可以进行缓慢而均匀的呼吸训练，从中体会用腹肌控制呼吸的方法，加强身体锻炼、增加肺活量也有助于朗读时呼吸和发音的控制。

2. 发音

发音的关键是嗓子的运用。朗读者的嗓音应该是柔和、动听和富于表现力的。因此，朗读者首先要注意保护自己的嗓子，不要长期高声喊叫，也不要食用温度过高或过于辛辣的食物刺激嗓子。其次要注意提高对嗓音的控制和调节能力。声音的高低是由声带的松紧决定的，音量的大小则由发音时振动用力的大小来决定，朗读时不要自始至终高声大叫。最后还要注意调节共鸣，这是使音色柔和、响亮、动听的重要技巧。人们发声的时候，气流通过声门，振动声带发出音波，经过口腔或鼻腔的共鸣，形成不同的音色。改变口腔或鼻腔的条件，音色就会大不相同。例如，舌位靠前，共鸣腔浅，可使声音清脆；舌位靠后，共鸣腔深，可使声音洪亮有力。

3. 吐字

吐字的技巧不仅关系音节的清晰度，还关系声音的圆润、饱满。要吐字清楚，首先要熟练地掌握常用词语的标准音。朗读时，要熟悉每个音节的声母、韵母、声调，按照它们的标准音来发音。其次要力求避免发音含糊、吐词不清的现象。造成发音含糊、吐词不清的原因有三个：一是在声母的成阻阶段比较马虎，不注意发音器官的准确部位；二是在韵母阶段不注意口形和舌位；三是发音吐字速度太快，没有足够的时值。朗读跟平时说话不同，要使每个音节都让听众听清楚，发音就要有一定的力度和时值，每个音素都要到位。平时多练习绕口令就是为了练好吐字的基本功。

绕口令

出东门，过大桥，大桥底下一树枣，红的多绿的少。拿着杆子去打枣，一个枣，两个枣，三个枣，四个枣，五个枣，六个枣，七个枣，八个枣，九个枣，十个枣，九个枣，八个枣，七个枣，六个枣，五个枣，四个枣，三个枣，两个枣，一个枣。这是一个绕口令，一口气说完才算好。

朗读提示：尽量长时间不换气地进行朗读练习，但是不能上气不接下气，同时要注意平翘舌和吐字的清晰度。

4.停顿

朗读时，有些句子较短，按书面标点停顿就可以；有些句子较长，结构比较复杂，句中虽没有标点符号，但为了将意思表达清楚，中途也可以做短暂的停顿。但如果停顿不当就会破坏句子的结构而造成歧义，称为读破句。朗读中忌读破句，朗读者要格外注意。正确的停顿有以下几种类型。

1）标点符号停顿

标点符号是书面语言的停顿符号，也是朗读作品时语言停顿的重要依据。书面语言中的标点符号与停顿时间长短的一般规律是：顿号最短，逗号稍长，分号、冒号较长，句号最长，问号、叹号与句号停顿的时间相近。省略号表示话没有说完时的停顿，由于没说完的原因不同，停顿时间的长短也不同。破折号后面一般是解释性的话，中间不需要停顿。

掌握标点符号与停顿时间长短的一般规律有助于正确地停顿，但是应该认识到标点符号绝不是确定停顿的唯一依据。实际朗读中，停顿的处理应该比标点符号停顿的处理更细致、更灵活。例如，有时要在有标点符号的地方缩短停顿时间或连起来读，更多的情况是在没有标点符号的地方做适当的停顿；在停顿的时间上，逗号有时比句号还要长。

2）语法停顿

语法停顿是句子中间的自然停顿，往往是为了强调、突出句子中主语、谓语、宾语、定语、状语或补语而做的短暂停顿。语法停顿与语意也有直接联系，例如，并列关系、转折关系的语意之间要停顿，表示呼应、判断、强调的语意要停顿，表示征询、回味、呼应的语意要停顿。学习语法、判断语意，有助于在朗读中正确地停顿断句，不读破句，正确地表达作品的内容和思想感情。

3）感情停顿

感情停顿不受书面标点和句子语法关系的制约，完全是根据感情或心理的需要而做的停顿处理，它受感情支配，根据感情的需要决定停顿与否。感情停顿的特点是声断而情不断，也就是声断情连。在朗读处理时，感情停顿可以体现朗读者的个性。

运用停顿的原则：符合作者写作意图，契合文章语意的表达，顺应情绪发展的脉络。停顿要根据思想感情的需要，借助语法成分的分析和情感表达的需要进行安排。所以，朗读作品的感情停顿要从内容表达的需要出发，在允许的范围内灵活安排、合理停顿，才会使作品的语意、朗读的情感表达自然、流畅。

示例

五个/学校的老师和学生。（表示是几个人）
五个学校的/老师和学生。（表示学生和老师是五所学校的）
五个学校的老师/和学生。（表示老师是五所学校的）

朗读提示：停顿的地方不同，表达的意思也会有所不同。

5. 重音

重音指那些在表情达意上起重要作用，在朗读时要加以特别强调的字、词或短语。重音是通过声音的强调来突出意义的，它能给色彩鲜明、形象生动的词增加分量。作品中有些采用加大音量、拖长字音、重音轻读、提升音高、一字一顿等方法予以强调的音就是重音。朗读时能否恰当地运用重音，关系到能否准确、生动地表现作品。朗读重音是为了突出地表达具体的目的和具体的思想感情而着重强调的词或词组，因句子在全篇中的作用、地位的不同，重音的强调程度和强调方法也有所不同。应读重音的词包括：突出语句目的的中心词，体现逻辑关系的呼应词，表达感情色彩的关键词。重音的表达方式多种多样，如低中见高、弱中加强、快中显慢、虚中转实、连中有停，以及各自的相反情况，都可以突出重音。重音的表达一定要掌握分寸，力争做到恰到好处。

重音分为以下几种类型。

1) 语法重音

语法重音是按语言习惯自然重读的音节，这些重读的音节大都是按照平时的语言规律确定的。一般来说，根据表达的需要，一句话中的主语、谓语、宾语可确定为重音，定语、状语或者补语等修饰语可确定为重音。朗读的时候，可根据文章表达需要安排重音的形式，一般情况下，语法重音不带有特别强调的色彩。

2) 强调重音

强调重音不受语法制约，它是根据语句所要表达的重点决定的，受朗读者的意愿制约，在句子中的位置是不固定的。强调重音的作用在于揭示语言的内在含义。由于表达目的的不同，强调重音就会落在不同的词语上，所揭示的含义也就不相同，表达的效果也不一样。

3) 感情重音

感情重音可以使朗读的色彩丰富，充满生气，有较强的感染力。感情重音大部分出现在表现内心感情强烈、情绪激动的地方。表示并列、对比、层进、转折、判断、修饰、强调等语意关系的词语为重音。

此外,重音也有明确语意的作用。

示例1

<u>我</u>是2019届旅游管理专业的学生。(回答谁是2019届旅游管理专业的学生。)

我<u>是</u>2019届旅游管理专业的学生。(回答你到底是不是2019届旅游管理专业的学生。)

我是<u>2019届</u>旅游管理专业的学生。(回答你是旅游管理专业哪一届的学生。)

我是2019届<u>旅游管理</u>专业的学生。(回答你是2019届什么专业的学生。)

我是2019届旅游管理专业的<u>学生</u>。(回答你是2019届旅游管理专业的学生还是老师。)

朗读提示:以上语句所处的语境不同,表达的目的不同,重音位置也不同。

示例2

梅雨潭闪闪的绿色招引着我们,我们开始追捉她那离合的神光了。揪着草,攀着乱石,小心探身下去,又鞠躬过了一个石穹门,便到了汪汪一碧的潭边了。

节选自朱自清《绿》

朗读提示:交代行走路线的动词一般都重读,强调走过哪些地方、怎么走的。

在朗读重音的时候,有重音重读和重音轻读之分。重音重读是在朗读中对某个词、某个词语、某个句子成分或者某个句子成分的修饰语进行强调,甚至拉长音节,以便给人留下深刻的印象。重音轻读是在朗读时,用减轻读音力度和放轻朗读语气的方法来表达情感。语音轻淡,语势轻缓。轻读一般表现体贴、疼爱、留连、怀念、怜悯等情绪或表达悲伤、沮丧、痛苦、惊恐等心情。重音重读和重音轻读的目的都是表示强调。

示例1

没有<u>一片</u>绿叶,没有<u>一缕</u>炊烟,没有<u>一粒</u>泥土,没有<u>一丝</u>花香,只有水的世界,云的海洋。

节选自王文杰《可爱的小鸟》

朗读提示:数量词语重读,表示强调。

示例 2

小草偷偷地从土地里钻出来，嫩嫩的，绿绿的，一大片一大片满是的。坐着，躺着，打两个滚，踢几脚球，赛几趟跑，捉几回迷藏。风轻悄悄的，草软绵绵的。

节选自朱自清《春》

朗读提示：形容词轻读，表达喜爱之情，好像生怕小草受到惊扰和损坏。

6. 语气

朗读的语气是指一定的具体思想感情支配下的具体语句的声音形式。语气以语句为单位，具体语句在上下文的思想感情和声音形式的背景中的承接、发展、表达，应通过不同的语气来表现。语气包括一定的思想感情和具体的声音形式。在不同的目的支配下会有不同的语势，在朗读中不能一句一句套用，而应根据思想感情的状态灵活运用。

语气可表达的思想感情极为丰富，可将感情、态度等交融成一体。

语气的声音形式就是语势，是指朗读一个句子时声音的态势，丰富的思想感情只有通过变化多样的声音形式来体现，才能让人直接感觉到。语势中要注意声音的高低、强弱、长短，同时还要注意气息的多少、深浅、强弱等，这些要素应在朗读中综合地表现出来。

语气表达的思想感情具有色彩、态度和分量等要素。色彩有喜悦、热爱、愤怒、亲切、焦急、憎恶等；态度有肯定、否定、支持、反对等；分量有重度、中度、轻度之分。一般情况下，热情、愤怒、嘲讽、否定、支持用重度音，喜悦、热情、亲切用重度或者轻度音。

《三字经》云："曰喜怒，曰哀惧。爱恶欲，七情具。"下面以喜、怒、哀、惧、爱、恶、欲七情为例分析一下朗读的语气。

示例 1

一个月后，当他拿到自己赚的钱时，觉得自己简直是飞上了天。

朗读提示：喜的感情，重中度音，有跳跃感，气息顺畅。

示例 2

杀死了人，又不承认，还要污蔑人，说什么"桃色事件"，说什么共产党杀共产党，无耻啊！无耻啊！这是某集团的无耻，恰是李先生的光荣！

节选自闻一多《最后一次演讲》

朗读提示：怒的感情，气粗声重，有震慑感，气息粗重。

示例3

十年生死两茫茫，不思量，自难忘，千里孤坟，无处话凄凉。

节选自苏轼《江城子·乙卯正月二十日夜记梦》

朗读提示：哀伤的感情，气沉声缓，有呜咽感，气息沉重缓慢。

示例4

我恐惧地畏缩着，周围的一切仿佛都要把我吞噬掉，迎面是无尽的黑暗。

朗读提示：惧的感情，气息强弱不均，发声迟疑，语流不顺。

示例5

这平铺着、厚积着的绿，着实可爱。

朗读提示：爱的感情，气徐声柔，有温和感，气息深长。

示例6

我很讨厌你。

朗读提示：憎恶的感情，气足声硬，有挤压感，气流不畅。

示例7

我必须是你近旁的一株木棉，作为树的形象和你站在一起。

节选自舒婷《致橡树》

朗读提示：欲，想要得到、期望达到的情感，气短声促，有紧迫感，气息急迫或有停顿。

7. 语调

语调指句子里声音高低升降的变化，其中以结尾的升降变化最为重要，一般是和句子的语气紧密结合的。朗读时如能注意语调的升降变化，语音就有了动听的腔调，听起来便具有美感，也就能够更细致地表达不同的思想感情。语调变化多端，主要有以下几种。

（1）高升调。高升调多在疑问句、反诘句、短促的命令句子中使用，或者在表达愤怒、紧张、警告、号召的句子中使用。朗读时，语调前低后高、语气上扬。

（2）降抑调。降抑调一般用在感叹句、祈使句或表达坚决、自信、赞扬、祝愿等感情的句子中。表达沉痛、悲愤的感情时，一般也用这种语调。朗读时，语调逐渐由高到低,末字低而短。

(3) 平直调。平直调一般多用于叙述、说明或表达迟疑、思索、冷淡、追忆、悼念等的句子中。朗读时,语调始终平直舒缓,没有显著的高低变化。

(4) 曲折调。曲折调用于表达特殊的感情,如讽刺、讥笑、夸张、强调、双关、特别惊异等。朗读时,语调由高到低再变高,把句子中某些特殊的音节特别加重、加高或拖长,形成升降曲折的变化。

8. 语速

朗读时,语速的快慢可以营造作品的情绪和气氛,增强语言的表达效果。作品的内容和体裁决定朗读的速度,其中内容是主要的。

(1) 根据内容掌握语速。朗读时的语速必须与情境相适应,应根据思想内容、故事情节、人物个性、环境背景、感情语气、语言特色来处理。当然,朗读一篇作品的语速并不是一成不变的,要根据具体的内容有所变化。

(2) 根据体裁掌握语速。例如,记叙文有记事的,也有记人的,一般来说,记事的记叙文要读得快一些,记人的记叙文要读得慢一些。

9. 节奏

节奏是在分析作品内容之后确定的。朗读者思想感情的波澜起伏所造成的抑、扬、顿、挫、轻、重、缓、急的声音表达会在不同语境中表达出不同的情绪。节奏就是抑扬顿挫、轻重缓急的回环往复。

节奏有紧张型、轻快型、高亢型、低沉型、凝重型和舒缓型,分别具有如下特点。

(1) 紧张型:急促、紧张、气急、音短,如闻一多的《最后一次演讲》。

(2) 轻快型:多扬、少抑、轻快、欢畅,如朱自清的《春》。

(3) 高亢型:语势向高峰逐步推进,高昂、爽朗,如高尔基的《海燕》。

(4) 低沉型:语势郁闷、沉重,语音缓慢、偏暗,如艾青的《大堰河,我的保姆》。

(5) 凝重型:多抑少扬,语音沉着、坚实、有力,如朱自清的《背影》。

(6) 舒缓型:气长而匀,语音舒展自如,如徐志摩的《再别康桥》。

注意,每一种节奏类型都是对作品的全局性概括,并不说明作品的每一句话都符合这种节奏类型。在一篇作品中,节奏往往是以一种类型为主,其他类型渗透其中。朗读实践证明,要善于从具体作品、具体环境、具体思想感情中确定节奏类型,不拘泥于某种类型,依据需要合理转换才是真正把握了节奏。

鹊 桥 仙
秦观

纤云弄巧,/飞星传恨,银河/迢迢/暗度。/金风/玉露/一相逢,/便胜却/人间无数。

柔情似水，/佳期如梦，/忍顾/鹊桥归路。/两情/若是/久长时，/又岂在/朝朝暮暮。

其语势的高低抑扬变化如下：
5　　　　　　　　人间无数。
4　　　　　　一相逢，便胜却
3　　　　　金风玉露
2　飞星传恨，迢迢暗度。
1纤云弄巧，银河

4　　　忍顾　　　又岂在
3　佳期如梦，　　若是久长时，
2柔情似水，　鹊桥归路。两情　　朝朝暮暮。
1

示例2

以《有的人》为例，应凝重、深沉、激昂地朗读，其语势的高低抑扬变化如下：
4　　　　　　　　活着。
3　　　　经　有的人，他还
2　　活着，他已　死了，　死了，
1有的人，

4
3有的人，
2　骑在　　啊，我多　有的人，
1　　人民头上，　伟大，　　俯下身子，

4
3　人民当牛马。　　名字刻入石头，　不朽，
2给　　有的人，把
1　　　　　　　想

4　情愿　　　　地下的火
3有的人，　做野草，
2　　　　等着　烧。
1

乡　愁

余光中

小时候
乡愁是一枚小小的邮票
我在这头
母亲在那头

长大后
乡愁是一张窄窄的船票
我在这头
新娘在那头

后来啊
乡愁是一方矮矮的坟墓
我在外头
母亲在里头

而现在
乡愁是一湾浅浅的海峡
我在这头
大陆在那头

五、文章朗读测试指导

培养普通话的语感可以通过朗读文章来实现，所以在普通话水平测试中，朗读是必考项目。朗读文章需要注意以下几个问题。

1. 朗读要清晰、准确

要按照普通话语音标准和规范进行朗读，不能自己理解语意进行创造性朗读（比如用方言）。考试时，读准字音更重要。要努力争取不加字、不减字，按照所给文章内容进行朗读，要把文章表达的意思传达出来，朗读的准确度很重要。

在文章中，上声、一、不、轻声、儿化、语气词"啊"的音变也要读清楚，这样才能使文章表意清楚、明白。

注意不要用方言进行朗读。普通话学习的很大一部分内容就是克服方言的影响。文章朗读测试中很重要的一项就是考查是否用普通话语音进行朗读，忌用方言朗读。

2. 朗读感情表达适度，语速适中

朗读要自然流畅。朗读不能割裂语意，要表意顺畅；朗读要连贯，不能出现卡壳或人为停顿现象，做到不中断、不重复；把握好感情表达的分寸，不能拿腔作调，也不能过于单调或者过于夸张，感情要适度。

3. 文章朗读测试的准备

1）平时加强对朗读篇目的练习

平时进行朗读训练的时候，要熟读规定的朗读篇目，边朗读边分析文章内容，分析要表达的主题，从而确定文章的结构层次、感情基调、语音语速、节奏停顿等，根据朗读时出现的问题有针对性地进行调整。

可以对照普通话朗读的录音进行跟读练习，以增强语感，有针对性地练习误读、错读点，不断提高朗读水平。

2）临考朗读篇目的准备

（1）快速浏览文章，确定文章体裁，明确表达主题，据此确定朗读的语气和感情基调。

（2）确定文字发音。明确每个字的发音，把语音练习中经常出现的问题，如轻声、儿化、"啊"的音变等进行明确，扫清文字障碍。

（3）分析文章结构层次。根据层次的划分明确朗读的语速、语调。确定中心部分如何表达，辅助层次怎样体现，要读清楚文章语意，读出层次。

（4）快速默读一遍，验证以上的分析，朗读时也可以根据语感进行相应调整，以使思路明晰，表达更流畅。

专项训练

1. 分析作品朗读层次

春

朱自清

盼望着，盼望着，东风来了，春天的脚步近了。

一切都像刚睡醒的样子，欣欣然张开了眼。山朗润起来了，水涨起来了，太阳的脸红起来了。

小草偷偷地从土地里钻出来，嫩嫩的，绿绿的。园子里，田野里，瞧去，一大片一大片满是的。坐着，躺着，打两个滚，踢几脚球，赛几趟跑，捉几回迷藏。风轻悄悄的，草软绵绵的。

桃树、杏树、梨树，你不让我，我不让你，都开满了花赶趟儿。红的像火，粉的像霞，白的像雪。花里带着甜味；闭了眼，树上仿佛已经满是桃儿、杏儿、梨儿。花下成千成百的蜜蜂嗡嗡地闹着，大小的蝴蝶飞来飞去。野花遍地是：杂样儿，有名字的，没名字的，散在草丛里，像眼睛，像星星，还眨呀眨的。

"吹面不寒杨柳风"，不错的，像母亲的手抚摸着你。风里带着些新翻的泥土的气息，混着青草味儿，还有各种花的香，都在微微润湿的空气里酝酿。鸟儿将巢安在繁花嫩叶当中，高兴起来了，呼朋引伴地卖弄清脆的歌喉，唱出婉转的曲子，与清风流水应和着。牛背上牧童的短笛，这时候也成天嘹亮地响着。

雨是最寻常的，一下就是三两天。可别恼。看，像牛毛，像花针，像细丝，密密地斜织着，人家屋顶上全笼着一层薄烟。树叶却绿得发亮，小草也青得逼你的眼。傍晚时候，上灯了，一点点黄晕的光，烘托出一片安静而和平的夜。在乡下，小路上，石桥边，有撑着伞慢慢走着的人，地里还有工作的农民，披着蓑戴着笠。他们的房屋稀稀疏疏的，在雨里静默着。

天上的风筝渐渐多了，地上的孩子也多了。城里乡下，家家户户，老老小小，也赶趟似的，一个个都出来了。舒活舒活筋骨，抖擞抖擞精神，各做各的一份事儿去。"一年之计在于春"，刚起头儿，有的是工夫，有的是希望。

春天像刚落地的娃娃，从头到脚都是新的，它生长着。

春天像小姑娘，花枝招展的，笑着，走着。

春天像健壮的青年，有铁一般的胳膊和腰脚，领着我们向前去。

朗读提示：本文描绘了春天的美景，包括春风、春花、春草、春雨，以及春天里人们的活动。

通过对春天细致入微的刻画，生动地描绘了江南春天的美景，抒发了作者对春天的赞美之情，表达热爱生活、积极进取的情怀。

文章从盼春、绘春、颂春三个角度进行写作。

2. 调动感情，进行朗读练习

示例1

大约潭是很深的，故能蕴蓄着这样奇异的绿；仿佛蔚蓝的天融了一块在里面似的，这才这般的鲜润呀。那醉人的绿呀！我若能裁你以为带，我将赠给那轻盈的舞女；她必能临风飘举了。我若能挹你以为眼，我将赠给那善歌的盲妹；她必明眸善睐了。我舍不得你；我怎舍得你呢？我用手拍着你，抚摩着你，如同一个十二三岁的小姑娘。我又掬你入口，便是吻着她了。我送你一个名字，我从此叫你"女儿绿"，好么？

节选自朱自清《绿》

朗读提示：在传达色彩感受和气氛感受的同时，赋予静态景物以动感，并通过感同身受的体验表达出来。

朗读时，应以饱满的热情赞颂梅雨潭的绿。

致橡树

舒 婷

我如果爱你——
绝不像攀援的凌霄花，
借你的高枝炫耀自己；
我如果爱你——
绝不学痴情的鸟儿，
为绿荫重复单调的歌曲；
也不止像泉源，
常年送来清凉的慰藉；
也不止像险峰，
增加你的高度，
衬托你的威仪。
甚至日光，
甚至春雨。
不，这些都还不够！
我必须是你近旁的一株木棉，
作为树的形象和你站在一起。
根，紧握在地下；
叶，相触在云里。
每一阵风过，
我们都互相致意，
但没有人，
听懂我们的言语。
你有你的铜枝铁干，
像刀，像剑，也像戟；
我有我红硕的花朵，
像沉重的叹息，
又像英勇的火炬。

我们分担寒潮、风雷、霹雳；
我们共享雾霭、流岚、虹霓。
仿佛永远分离，
却又终身相依。
这才是伟大的爱情，
坚贞就在这里：
爱——
不仅爱你伟岸的身躯，
也爱你坚持的位置，
足下的土地。

朗读提示：舒婷的现代诗《致橡树》脍炙人口，是追求自我独立的女性形象的独白。朗读时，想象橡树和木棉树的形象、姿态，构建一种面对面交流和倾诉的语言环境。

一棵开花的树
席慕容

如何让你遇见我
在我最美丽的时刻

为这
我已在佛前求了五百年
求佛让我们结一段尘缘
佛于是把我化做一棵树
长在你必经的路旁
阳光下
慎重地开满了花
朵朵都是我前世的盼望

当你走近
请你细听
那颤抖的叶
是我等待的热情
而当你终于无视地走过

在你身后落了一地的
朋友啊
那不是花瓣
那是我凋零的心

朗读提示：全诗没有一个"爱"字，但执着的爱的情绪跃然纸上。诗中"我"这棵为爱开花的树，意象单纯又新颖。朗读时，要把握好热烈的情绪和为爱"凋零"的伤感的情绪。

与舒婷的《致橡树》相比，我国台湾诗人席慕蓉的《一棵开花的树》表达的是另一种爱情观。朗读时，应仔细体会两篇作品不同的感情表达方法（不涉及哪种感情的好坏）。

3. 散文的朗读练习

荔 枝 蜜

杨 朔

花鸟草虫，凡是上得画的，那原物往往也叫人喜爱。蜜蜂是画家的爱物，我却总不大喜欢。说起来可笑，小时候有一回上树掐海棠花，不想叫蜜蜂蜇了一下，痛得我差点儿跌下来。大人告诉我，蜜蜂轻易不蜇人，准是误以为你要伤害它，才蜇；一蜇，它自己就耗尽了生命，也活不久了。我听了，觉得那蜜蜂可怜，原谅它了。可是从此以后，每逢看见蜜蜂，感情上疙疙瘩瘩的，总不怎么舒服。

今年四月，我到广东从化温泉小住了几天。那里四围是山，环抱着一潭春水。那又浓又翠的景色，简直是一幅青绿山水画。刚去的当晚是个阴天，偶尔倚着楼窗一望，奇怪啊，怎么楼前凭空涌起那么多黑黝黝的小山，一重一重的，起伏不断？记得楼前是一片园林，不是山。这到底是什么幻景呢？赶到天明一看，忍不住笑了。原来是满野的荔枝树，一棵连一棵，每棵的叶子都密得不透缝，黑夜看去，可不像山似的！

荔枝也许是世上最鲜最美的水果。苏东坡写过这样的诗句："日啖荔枝三百颗，不辞长作岭南人。"可见荔枝的妙处。偏偏我来得不是时候，荔枝刚开花。满树浅黄色的小花，并不出众。新发的嫩叶，颜色淡红，比花倒还中看些。从开花到果子成熟，大约得三个月，看来我是等不及在这儿吃鲜荔枝了。吃鲜荔枝蜜，倒是时候。有人也许没听说这稀罕物儿吧？从化的荔枝树多得像汪洋大海，开花时节，那蜜蜂满野嘤嘤嗡嗡，忙得忘记早晚。荔枝蜜的特点是成色纯，养分多。住在温泉的人多半喜欢吃这种蜜，滋养身体。热心肠的同志送给我两瓶。一开瓶塞儿，就是那么一股甜香；调上半杯一喝，甜香里带着股清气，很有点鲜荔枝的味儿。喝着这样的好蜜，你会觉得生活都是甜的呢。

我不觉动了情，想去看看一向不大喜欢的蜜蜂。

荔枝林深处，隐隐露出一角白屋，那是温泉公社的养蜂场，却起了个有趣的名儿，叫"养蜂大厦"。一走近"大厦"，只见成群结队的蜜蜂出出进进，飞去飞来，那沸沸扬扬的情景会使你想，说不定蜜蜂也在赶着建设什么新生活呢。

养蜂员老梁领我走进"大厦"。叫他老梁，其实是个青年，举动挺稳重。大概是老梁想叫我深入一下蜜蜂的生活，他小心地揭开一个木头蜂箱，箱里隔着一排板，板上满是蜜蜂，蠕蠕地爬动。蜂王是黑褐色的，身量特别长，每只工蜂都愿意用自己分泌的王浆来供养它。

老梁赞叹似的轻轻说："你瞧这群小东西，多听话！"

我就问道："像这样一窝蜂，一年能割多少蜜？"

老梁说："能割几十斤。蜜蜂这东西，最爱劳动。广东天气好，花又多，蜜蜂一年四季都不闲着。酿的蜜多，自己吃的可有限。每回割蜜，留下一点点，够它们吃的就行了。它们从来不争，也不计较什么，还是继续劳动，继续酿蜜，整日整月不辞辛苦……"

我又问道："这样好蜜，不怕什么东西来糟蹋么？"

老梁说："怎么不怕？你得提防虫子爬进来，还得提防大黄蜂。大黄蜂这贼最恶，常常落在蜜蜂窝洞口，专干坏事。"

我不觉笑道："噢！自然界也有侵略者。该怎么对付大黄蜂呢？"

老梁说："赶！赶不走就打死它。要让它待在那儿，会咬死蜜蜂的。"

我想起一个问题，就问："一只蜜蜂能活多久？"

老梁说："蜂王可以活三年，工蜂最多活六个月。"

我不禁一颤：多可爱的小生灵啊！对人无所求，给人的却是极好的东西。蜜蜂是在酿蜜，又是在酿造生活；不是为自己，而是为人类酿造最甜的生活。蜜蜂是渺小的，蜜蜂却又多么高尚啊！

透过荔枝树林，我望着远远的田野，那儿正有农民立在水田里，辛勤地分秧插秧。他们正用劳力建设自己的生活，实际也是在酿蜜——为自己，为别人，也为后世子孙酿造生活的蜜。

这天夜里，我做了个奇怪的梦，梦见自己变成一只小蜜蜂。

朗读提示：文章采用欲扬先抑的写作手法，开头写"我"不喜欢蜜蜂，随后又叙述了"我"在了解蜜蜂后对蜜蜂的赞叹，对劳动人民的赞扬。

朗读时应把握几个关键点：喝荔枝蜜的感受、老梁的介绍和感悟，以及联想到农民和自己。

4. 议论文的朗读练习

中国人失掉自信力了吗
鲁 迅

从公开的文字上看起来：两年以前，我们总自夸着"地大物博"，是事实；不久就不再自夸了，只希望着国联，也是事实；现在是既不夸自己，也不信国联，改为一味求神拜佛，怀古伤今了——却也是事实。

于是有人慨叹曰：中国人失掉自信力了。

如果单据这一点现象而论，自信其实是早就失掉了的。先前信"地"，信"物"，后来信"国联"，都没有相信过"自己"。假使这也算一种"信"，那也只能说中国人曾经有过"他信力"，自从对国联失望之后，便把这他信力都失掉了。

失掉了他信力，就会疑，一个转身，也许能够只相信了自己，倒是一条新生路，但不幸的是逐渐玄虚起来了。信"地"和"物"，还是切实的东西，国联就渺茫，不过这还可以令人不久就省悟到依赖它的不可靠。一到求神拜佛，可就玄虚之至了，有益或是有害，一时就找不出分明的结果来，它可以令人更长久的麻醉着自己。

中国人现在是在发展着"自欺力"。

"自欺"也并非现在的新东西，现在只不过日见其明显，笼罩了一切罢了。然而，在这笼罩之下，我们有并不失掉自信力的中国人在。

我们从古以来，就有埋头苦干的人，有拼命硬干的人，有为民请命的人，有舍身求法的人，……虽是等于为帝王将相作家谱的所谓"正史"，也往往掩不住他们的光耀，这就是中国的脊梁。

这一类的人们，就是现在也何尝少呢？他们有确信，不自欺；他们在前仆后继的战斗，不过一面总在被摧残，被抹杀，消灭于黑暗中，不能为大家所知道罢了。说中国人失掉了自信力，用以指一部分人则可，倘若加于全体，那简直是诬蔑。

要论中国人，必须不被搽在表面的自欺欺人的脂粉所诓骗，却看看他的筋骨和脊梁。自信力的有无，状元宰相的文章是不足为据的，要自己去看地底下。

九月二十五日

朗读提示：分析鲁迅作品《中国人失掉自信力了吗》的主题、写作背景，并划分层次，确定朗读基调，练习朗读。

5.记叙文的朗读练习

垂 钓

余秋雨

去年夏天我与妻子买票参加了一个民间旅行团,从牡丹江出发,到俄罗斯的海参崴游玩。海参崴的主要魅力在于海,我们下榻的旅馆面对海,每天除了在阳台上看海,还要一次次下到海岸的最外沿,静静地看。海参崴的海与别处不同,深灰色的迷雾中透露出巨大的恐怖。我们眯缝着眼睛,把脖子缩进衣领,立即成了大自然凛冽威仪下的可怜虫。其实岂止我们,连海鸥也只在岸边盘旋,不敢远翔,四五条猎犬在沙滩上对着海浪狂叫,但才吠几声又缩脚逃回。逃回后又回头吠叫,呜呜的风声中永远夹带着这种凄惶的吠叫声,直到深更半夜。

在一个小小的弯角上,我们发现,端坐着一胖一瘦两个垂钓的老人。

胖老人听见脚步声朝我们眨眼算是打了招呼,他回身举起钓竿把他的成果朝我们扬了一扬,原来他的钓绳上挂了六个小小的钓钩,每个钓钩上都是一条小鱼。他把六条小鱼摘下来放进身边的水桶里,然后再次下钩,半分钟不到他又起钩,又是六条挂在上面。就这样,他忙忙碌碌地下钩起钩,我妻子走近前去一看,水桶里已有半桶小鱼。

奇怪的是,只离他两米远的瘦老人却纹丝不动。为什么一条鱼也不上他的钩呢?正纳闷,水波轻轻一动,他缓缓起竿,没有鱼,但一看钓钩却硕大无比,原来他只想钓大鱼。在他眼中,胖老人忙忙碌碌地钓起那一大堆鱼,根本是在糟蹋钓鱼者的取舍标准和堂皇形象。伟大的钓鱼者是安坐着与大海进行谈判的人类代表,而不是在等待对方琐碎的施舍。

胖老人每次起竿都要用眼角瞟一下瘦老人,好像在说:"你就这么熬下去吧,伟大的谈判者!"而瘦老人只以泥塑木雕般的安静来回答。

两个都在嘲讽对方,两个谁也不服谁。

过了不久,胖老人起身,提起满满的鱼桶走了,快乐地朝我们扮了一个鬼脸,却连笑声也没有发出,脚步如胜利者凯旋。瘦老人仍在端坐着,夕阳照着他倔强的身躯,他用背影来鄙视同伴的浅薄。暮色苍茫了,我们必须回去,走了一段路回身,看到瘦小的身影还在与大海对峙。此时的海,已经更加狰狞昏暗。狗声越来越响,夜晚开始了。

妻子说:"我已经明白,为什么一个这么胖,一个这么瘦了。一个更加物质,一个更加精神,人世间的精神总是固执而瘦削的,对么?"

我说:"说得好。但也可以说,一个是喜剧美,一个是悲剧美。他们天天在互相批判,但加在一起才是完整的人类。"

确实，他们谁也离不开谁。没有瘦老人，胖老人的丰收何以证明？没有胖老人，瘦老人的固守有何意义？大海中多的是鱼，谁的丰收都不足挂齿；大海有漫长的历史，谁的固守都是一瞬间。因此，他们的价值都得有对手来证明。可以设想，哪一天，胖老人见不到瘦老人，或瘦老人见不到胖老人，将会何等惶恐。在这个意义上，最大的对手也就是最大的朋友，很难分开。

两位老人身体都很好，我想此时此刻，他们一定还坐在海边，像两座恒久的雕塑，组成我们心中的海参崴。

朗读提示：一般叙述时，没有强烈的情感起伏，所以要把握好重音、停顿、语气等表达技巧，结合词句的感情色彩练习朗读。要把胖老人和瘦老人相互对比的感觉朗读出来。

6. 说明文的朗读练习

赵 州 桥

茅以升

河北省赵县的洨（xiáo）河上，有一座世界闻名的石拱桥，叫安济桥，又叫赵州桥。它是隋朝的石匠李春设计和参加建造的，到现在已经有一千三百多年了。

赵州桥非常雄伟。桥长五十多米，有九米多宽，中间行车马，两旁走人。这么长的桥，全部用石头砌成，下面没有桥墩，只有一个拱形的大桥洞，横跨在三十七米多宽的河面上。大桥洞顶上的左右两边，还各有两个拱形的小桥洞。平时，河水从大桥洞流过，发大水的时候，河水还可以从四个小桥洞流过。这种设计，在建桥史上是一个创举，既减轻了流水对桥身的冲击力，使桥不容易被大水冲毁，又减轻了桥身的重量，节省了石料。

这座桥不但坚固，而且美观。桥面两侧有石栏，栏板上雕刻着精美的图案：有的刻着两条相互缠绕的龙，嘴里吐出美丽的水花；有的刻着两条飞龙，前爪相互抵着，各自回首遥望；还有的刻着双龙戏珠。所有的龙似乎都在游动，真像活了一样。

赵州桥体现了古代劳动人民的智慧和才干，是我国宝贵的历史遗产。

朗读提示：介绍事物或说明事理的时候，要找到"面对面"交流的感觉，像是在向听众介绍一种事物或阐明一种事理。

关于石栏的描摹说明部分要有一定抒情，要生动。结尾的赞叹之情要表达充分。

7. 童话故事的朗读练习

三只小猪
〔英〕约瑟夫·雅各布斯

有三只可爱的小猪，他们都想建一座漂亮的房子。老大随便用稻草围成了一座房子。"哈哈，我有自己的房子了！"老大乐得欢蹦乱跳。老二呢，用木头建成了一座房子。老三却想用砖瓦砌一座房子，于是它夜以继日地干了起来。哥哥们早就住进新房子了，它还在不辞辛苦地砌墙、粉刷。

这样整整过了三个月，老三的新房子也盖好了。它好高兴啊！

有一天，来了一只大野狼。老大惊慌地躲进了自己的稻草屋。野狼"嘿嘿"地冷笑了两声，狠狠吹了口气，就把稻草屋吹倒了。老大只好逃到老二家里。大野狼追到老二家门前停了下来，心想：你们以为木头房子就能难住我吗？它用力向大门撞去。"哗啦"一声，木头房子被撞倒了。兄弟俩只好拼命逃到老三家，气喘吁吁地说："狼来了！"老三赶紧关紧了门窗，胸有成竹地说："别怕！没问题了！"

大野狼站在大门前，它知道房子里有三只小猪，可不知怎样才能进去。它对着房子又吹又撞，可是房子坚不可摧。大野狼气急败坏地绕着房子转了一圈，最后爬上屋顶，想从烟囱溜进去。老三从窗口发现后，马上点起了火。大野狼滑下来时，刚好掉进火炉里，整条尾巴都烧焦了。它嚎叫着夹着尾巴逃走了，再也不敢来找三只小猪的麻烦了。

朗读提示：朗读时，语气要轻快。三只小猪说话的语气可稍有不同，大野狼的语气、语调要连贯。

8. 停顿练习

示例 1

很久以前，在一个漆黑的秋天的夜晚，我泛舟在西伯利亚一条阴森森的河上。船到一个转弯处，只见前面黑黢黢的山峰下面，一星火光蓦地一闪。

火光又明又亮，好像就在眼前……

"好啦，谢天谢地！"我高兴地说，"马上就到过夜的地方啦！"

船夫扭头朝身后的火光望了一眼，又不以为然地划起桨来。

"远着呢！"

节选自〔俄〕柯罗连科《火光》，张铁夫译

朗读提示：注意标点符号的停顿时间，段落之间的停顿表示某一个意思到此告一段落，应该比任何标点符号的停顿时间更长。

注意语法停顿，即由句子的语法结构造成的停顿。

热爱生命

汪国真

我不去想/是否能够成功

既然/选择了远方

便只顾/风雨兼程

我不去想/能否赢得爱情

既然/钟情于玫瑰

就勇敢地/吐露真诚

我不去想/身后会不会袭来寒风冷雨

既然/目标是/地平线

留给世界的/只能是/背影

我不去想/未来是平坦/还是泥泞

只要/热爱/生命

一切，/都在/意料之中

朗读提示：因为诗句通俗易懂，练习时可以根据自己的理解适当停顿，表意连贯即可。

9. 重音练习

重音有表意的作用。例如：

那是力争上游的一种树。

那是力争上游的一种树。（谁是力争上游的一种树？）

那是力争上游的一种树。（那是不是力争上游的一种树？）

那是力争上游的一种树。（那是怎样的一种树？）

那是力争上游的一种树。（那是力争上游的几种树？）

那是力争上游的一种树。（那是力争上游的一种什么？）

示例

夕阳落山不久,西方的天空,还燃烧着一片橘红色的晚霞。大海,也被这霞光染成了红色,而且比天空的景色更要壮观。因为它是活动的,每当一排排波浪涌起的时候,那映照在浪峰上的霞光,又红又亮,简直就像一片片霍霍燃烧着的火焰,闪烁着,消失了。而后面的一排,又闪烁着,滚动着,涌了过来。

天空的霞光渐渐地淡下去了,深红的颜色变成了绯红,绯红又变为浅红。最后,当这一切红光都消失了的时候,那突然显得高而远了的天空,则呈现出一片肃穆的神色。最早出现的启明星,在这蓝色的天幕上闪烁起来了。它是那么大,那么亮,整个广漠的天幕上只有它在那里放射着令人注目的光辉,活像一盏悬挂在高空的明灯。

夜色加浓,苍空中的"明灯"越来越多了。而城市各处的真的灯火也次第亮了起来,尤其是围绕在海港周围山坡上的那一片灯光,从半空倒映在乌蓝的海面上,随着波浪,晃动着,闪烁着,像一串流动着的珍珠,和那一片片密布在苍穹里的星斗互相辉映,煞是好看。

在这幽美的夜色中,我踏着软绵绵的沙滩,沿着海边,慢慢地向前走去。海水,轻轻地抚摸着细软的沙滩,发出温柔的刷刷声。晚来的海风,清新而又凉爽。我的心里,有着说不出的兴奋和愉快。

夜风轻飘飘地吹拂着,空气中飘荡着一种大海和田禾相混合的香味儿,柔软的沙滩上还残留着白天太阳炙晒的余温。那些在各个工作岗位上劳动了一天的人们,三三两两地来到这软绵绵的沙滩上,他们浴着凉爽的海风,望着那缀满了星星的夜空,尽情地说笑,尽情地休憩。

节选自峻青《海滨仲夏夜》

朗读提示:确定文中的语法重音,明确重音的性质和表达方式,注意在重音表达时停顿技巧的使用。

结合其他朗读技巧(语调、节奏、语气等)进行朗读练习。

10.语气朗读练习

分别用热情地肯定、冷淡地告知、犹豫地询问、急切地指点、过分炫耀等语气朗读:"这是一个了不起的人。"

绿

朱自清

我第二次到仙岩的时候,我惊诧于梅雨潭的绿了。

梅雨潭是一个瀑布潭。仙岩有三个瀑布,梅雨瀑最低。走到山边,便听见哗哗哗哗的声音;抬起头,镶在两条湿湿的黑边儿里的,一带白而发亮的水便呈现于眼前了。我们先到梅雨亭。梅雨亭正对着那条瀑布;坐在亭边,不必仰头,便可见它的全体了。亭下深深的便是梅雨潭。这个亭踞在突出的一角的岩石上,上下都空空儿的;仿佛一只苍鹰展着翼翅浮在天宇中一般。三面都是山,像半个环儿拥着;人如在井底了。这是一个秋季的薄阴的天气。微微的云在我们顶上流着;岩面与草丛都从润湿中透出几分油油的绿意。而瀑布也似乎分外的响了。那瀑布从上面冲下,仿佛已被扯成大小的几绺;不复是一幅整齐而平滑的布。岩上有许多棱角;瀑流经过时,作急剧的撞击,便飞花碎玉般乱溅着了。那溅着的水花,晶莹而多芒;远望去,像一朵朵小小的白梅,微雨似的纷纷落着。据说,这就是梅雨潭之所以得名了。但我觉得像杨花,格外确切些。轻风起来时,点点随风飘散,那更是杨花了。这时偶然有几点送入我们温暖的怀里,便倏的钻了进去,再也寻它不着。

梅雨潭闪闪的绿色招引着我们;我们开始追捉她那离合的神光了。揪着草,攀着乱石,小心探身下去,又鞠躬过了一个石穹门,便到了汪汪一碧的潭边了。瀑布在襟袖之间;但我的心中已没有瀑布了。我的心随潭水的绿而摇荡。那醉人的绿呀,仿佛一张极大极大的荷叶铺着,满是奇异的绿呀。我想张开两臂抱住她;但这是怎样一个妄想呀。站在水边,望到那面,居然觉着有些远呢!这平铺着,厚积着的绿,着实可爱。她松松的皱缬着,像少妇拖着的裙幅,她轻轻的摆弄着;像跳动的初恋的处女的心,她滑滑的明亮着,像涂了"明油"一般,有鸡蛋清那样软,那样嫩,她又不杂些儿尘滓,宛然一块温润的碧玉,只清清的一色,但你却看不透她!我曾见过北京什刹海拂地的绿杨,脱不了鹅黄的底子,似乎太淡了。我又曾见过杭州虎跑寺旁高峻而深密的"绿壁",丛叠着无穷的碧草与绿叶的,那又似乎太浓了。其余呢,西湖的波太明了,秦淮河的水又太暗了。可爱的,我将什么来比拟你呢?我怎么比拟得出呢?大约潭是很深的,故能蕴蓄着这样奇异的绿;仿佛蔚蓝的天融了一块在里面似的,这才这般的鲜润呀。那醉人的绿呀!我若能裁你以为带,我将赠给那轻盈的舞女;她必能临风飘举了。我若能挹你以为眼,我将赠给那善歌的盲妹;她必明眸善睐了。我舍不得你;我怎舍得你呢?我用手拍着你,抚摩着你,如同一个十二三岁的小姑娘。我又掬你入口,便是吻着她了。我送你一个名字,我从此叫你"女儿绿",好么?

我第二次到仙岩的时候,我不禁惊诧于梅雨潭的绿了。

朗读提示:作者先用"惊诧"进行了全文的情感铺垫,表达了惊喜、喜爱之情。综合运用已学到的调动感情的方法和表达技巧进行朗读。

11. 语调、语速、节奏的朗读练习

示例 1

周总理，你在哪里

柯岩

周总理，我们的好总理，
你在哪里呵，你在哪里？
你可知道，我们想念你，
——你的人民想念你！

我们对着高山喊：
周总理——
山谷回音：
"他刚离去，他刚离去，
革命征途千万里，
他大步前进不停息。"

我们对着大地喊：
周总理——
大地轰鸣：
"他刚离去，他刚离去，
你不见那沉甸甸的谷穗上，
还闪着他辛勤的汗滴……"

我们对着森林喊：
周总理——
松涛阵阵：
"他刚离去，他刚离去，
宿营地上篝火红呵，
伐木工人正在回忆他亲切的笑语。"

我们对着大海喊：
周总理——
海浪声声：
"他刚离去，他刚离去，

你不见海防战士身上，
他亲手给披的大衣……"

我们找遍整个世界，
呵，总理，
你在革命需要的每一个地方，
辽阔大地
到处是你深深的足迹。

我们回到祖国的心脏，
我们在天安门前深情地呼唤：
周—总—理—
广场回答：
"呵，轻些呵，轻些，
他正在中南海接见外宾，
他正在政治局出席会议……"

总理呵，我们的好总理！
你就在这里呵，就在这里。
——在这里，在这里，
在这里……
你永远和我们在一起
——在一起，在一起，
在一起……
你永远居住在太阳升起的地方，
你永远居住在人民心里。
你的人民世世代代想念你！
想念你呵 想念你
想念你……

朗读提示：体会亿万人民无限怀念周总理的深厚感情，情绪饱满而深情。朗读时体现出"询问——呼唤——寻找——回答"的对话方式。

文章采用了拟人、排比、反复的修辞手法，注意语气、语调、节奏、重音、停顿等朗读技巧的综合运用。

海 燕

高尔基

在苍茫的大海上，狂风卷集着乌云。在乌云和大海之间，海燕像黑色的闪电，在高傲地飞翔。

一会儿翅膀碰着波浪，一会儿箭一般地直冲向乌云，它叫喊着，——就在这鸟儿勇敢的叫喊声里，乌云听出了欢乐。

在这叫喊声里——充满着对暴风雨的渴望！在这叫喊声里，乌云听出了愤怒的力量、热情的火焰和胜利的信心。

海鸥在暴风雨来临之前呻吟着，——呻吟着，它们在大海上飞窜，想把自己对暴风雨的恐惧，掩藏到大海深处。

海鸭也在呻吟着，——它们这些海鸭啊，享受不了生活的战斗的欢乐：轰隆隆的雷声就把它们吓坏了。

蠢笨的企鹅，胆怯地把肥胖的身体躲藏到悬崖底下……只有那高傲的海燕，勇敢地，自由自在地，在泛起白沫的大海上飞翔！

乌云越来越暗，越来越低，向海面直压下来，而波浪一边歌唱，一边冲向高空，去迎接那雷声。

雷声轰响。波浪在愤怒的飞沫中呼叫，跟狂风争鸣。看吧，狂风紧紧抱起一层层巨浪，恶狠狠地把它们甩到悬崖上，把这些大块的翡翠摔成尘雾和碎末。

海燕叫喊着，飞翔着，像黑色的闪电，箭一般地穿过乌云，翅膀掠起波浪的飞沫。

看吧，它飞舞着，像个精灵，——高傲的、黑色的暴风雨的精灵，——它在大笑，它又在号叫……它笑那些乌云，它因为欢乐而号叫！

这个敏感的精灵，——它从雷声的震怒里，早就听出了困乏，它深信，乌云遮不住太阳，——是的，遮不住的！

狂风吼叫……雷声轰响……

一堆堆乌云，像青色的火焰，在无底的大海上燃烧。大海抓住闪电的箭光，把它们熄灭在自己的深渊里。这些闪电的影子，活像一条条火蛇，在大海里蜿蜒游动，一晃就消失了。

——暴风雨！暴风雨就要来啦！

这是勇敢的海燕，在怒吼的大海上，在闪电中间，高傲地飞翔；这是胜利的预言家在叫喊：

——让暴风雨来得更猛烈些吧！

朗读提示：1905年，俄国处于大革命前夕，革命形势非常严峻。作者通过对海燕在暴风雨来临之际的描写，热情歌颂了俄国无产阶级革命先驱勇敢无畏的战斗精神，预示无产阶级革命即将到来并必将取得胜利，号召广大劳动人民积极行动起来，迎接伟大的革命斗争。

朗读时，节奏紧张、高亢，语气急促、欢畅、高昂，语调始终是昂扬的，情感饱满，充满斗志和必胜的信心。

12. 模拟普通话水平测试，进行朗读的综合训练

从附录B的60篇朗读作品中挑选一篇自己喜爱的作品，快速按以下四个步骤认真准备，然后进行朗读。

首先，注意生字、生词的正确读音，读准每个字的发音，语音准确、清晰，语言自然流畅。

其次，理解作品。把握文章主题，分析结构层次。

再次，调动感情。结合文章层次进行情感表达的设计。

最后，运用感情表达技巧进行朗读。注意停顿的设计、重音的安排、语气的强弱、语调的高低、语速的快慢、节奏的起伏等朗读技巧的运用。

第二节　交谈训练

日常生活中，人与人会经常进行交谈，或告知事件，或交流思想，或抒发感情，其形式包括聊天、问讯、拜访、劝慰、请教、谈心、采访、面试、应聘、洽谈、打电话、微信语音留言等。

交谈是人们进行交流、沟通的基本言语形式，是两个或两个以上的人相互交流思想感情的一种双向的口语表达方式。人与人的交往离不开交谈，但不是任何人都懂得如何文明、礼貌、得体地与其他人交谈。善于交谈者，常能如愿以偿；若交谈不得法，则往往事与愿违。

交谈包括非实用性交谈与实用性交谈两种。非实用性交谈是指无确定内容与目的的交谈，如寒暄、聊天、一般的电话问候等，它的作用不在于传递信息，而在于融洽气氛与交流感情。实用性交谈则是指内容具体、目的明确的对话，应用范围广泛，如洽谈工作、交流经验、学术研讨、交换思想、咨询问答、调查采访、电话交谈等。进行交谈训练，对于增进人们之间的了解与友谊、获得知识与信息、提高工作效率都是十分必要的。

为了使交谈融洽并获得最佳效果，应当在说好普通话的前提下，充分做好交谈前的

准备，掌握交谈原则，讲究交谈技巧，规避交谈禁忌。

一、交谈准备

日常交往中，无论是与特别熟悉的人，还是与素不相识的人进行交谈，都要先打个招呼，寒暄几句，做好交谈的前期铺垫，为后期交谈做好准备。

1. 寒暄式

邻居、朋友偶然相遇，常常会问："上班去呀？"对方回答："嗯，上班去。"答完之后，接着回问："您去买菜？""哎，买点儿菜，再买点儿水果。"这种明知故问、闲适随意地交谈，避免了见面不语的尴尬，也营造了友好的氛围。

2. 问候式

"您好！""早上好！""过年好！""最近身体可好？""您老精神头可真足！"用问候表示亲切的关怀，传达人们的感情，让人感觉温暖。

3. 祝福式

"恭喜发财！""新年快乐！""生日快乐！""端午吉祥！""祝你好运！"这些祝福的语言传达人们的美好祝愿，让人感觉喜悦。

4. 礼仪式

"欢迎光临！""很高兴认识您！""久仰大名！"这些社交场合必备的文明礼貌用语体现人们的素养。

5. 恭维式

"你真漂亮！""您看上去越来越年轻了！""你的衣服真漂亮！""你的气质真好！""您老太时尚了！"这样的语言即便纯属客套，不够真实，也会使人们心情愉快。

6. 搭讪式

"今天天气真好！""天儿太热了！""今年雨水太少。"一般搭讪语都是身边可以感受到的事物，信手拈来，方便对方进行应答，也为双方的进一步交流做准备。

生活中还有很多种交谈的开场形式，这些形式用于熟人之间，可以增进友谊、加深感情、促进来往；用于陌生人之间，可以快速缩短彼此间的距离，融洽气氛。

示例

相传，一次纪晓岚为一个朋友的老母祝寿，当场作诗一首，第一句就说："这个老娘不是人。"四座宾客都吓了一大跳，纪晓岚却不慌不忙，又念道："九天仙女下凡尘。"大家松了一口气，开始鼓掌叫好。纪晓岚又念下去："生个儿子却做贼。"宴会主人脸上勃然变色，举座皆惊，不敢言语，接着纪晓岚又从容地说："偷得蟠桃献娘亲。"众人恍然，开怀大笑，举杯畅饮。

起伏跳跃的语言表达形式既吸引了听众，又体现了纪晓岚高超的语言掌控能力和语言表达能力。该故事是否真实无从考据，但祝寿诗句的一波三折却让人回味无穷，由此可见语言表达的重要作用。

二、交谈原则

1. 耐心倾听

交谈的前提首先是做一个好的听众。交谈的过程既是口语表达的过程，又是倾听理解的过程。在一般的交谈活动中，听往往比说更重要。可以说，不会倾听就不能领会对方意图，交流就无法正常进行下去。

1）倾听时要有礼貌

当讲话人正在专注地讲话时，一般不要随意插话，如果非要打断不可，也要适时地示意并致歉后再插话。交谈的一方阐述自己的观点时，另一方应该耐心地倾听，并认真领会其意图。交谈时，不要强行发言，不要挑对方语言表达的毛病，不要断章取义、武断地下结论，不要不懂装懂。倾听要专心、虚心、耐心，要有恭敬的态度，适时用眼神、动作表示自己在认真听。认真倾听是一种礼貌，更是一种教养。

2）倾听时要专注

倾听时，要尽量不受外界因素（包括视觉、听觉、嗅觉的感受）的影响，要心无旁骛地将注意力集中在交谈对象身上，关注对方语言表达的内容。同时观察对方眼神、表情、动作的变化，分析其心理活动和真实意图，感受非语言因素所表达的含义，体会言外之意、话外之音。倾听是交谈的前提，听清、听懂对方表达的内容之后，有利于把握对方的真实意图，便于做出积极的反应，从而达到相互交流的目的。

3）倾听时要互动

交谈时，要用专注的目光、眼神或动作对谈话做出反应，表示对对方的鼓励和尊重。对方说话时，应不时使用应答词"嗯""是""对呀"等做出应答，让对方感觉到有回应，等对方的谈话告一段落时，再发表自己的见解。因为生活中很多人都好为人师，常常希望通过语言表达来显得自己有学问、懂得多，如果只顾逞一时口舌之快，会失去交谈和交流的意义。交谈强调信息的往来，参与交谈的人不仅要认真倾听，还要表达自己的意见和想法，在双向互动中实现信息的沟通和交流。

示例

欧内斯特·海明威曾经说过："我喜欢倾听，在倾听他人说话时我收获颇丰，然而大部分人从来不倾听别人说话。"当你开始认真倾听时，就有可能在交流中了解到许多潜在的可能性。而善于倾听、会倾听，会让你收获很多意想不到的东西。

美国著名主持人林克莱特在访问一名小朋友时问道："你长大后想干什么呀？"小朋友认真地回答："嗯……我要当飞行员！"林克莱特接着问："如果有一天，你的飞机飞到太平洋上空时引擎突然熄火了，你会怎么办呢？"小朋友想了一想答道："我会先告诉坐在飞机上的人绑好安全带，然后我挂上降落伞跳出去。"当在场的观众笑得东倒西歪时，林克莱特继续注视着这个孩子，没想到，这时孩子的两行热泪已夺眶而出，林克莱特感觉到了这孩子的悲悯之情远非笔墨所能形容，于是就又问他："为什么要这么做？"小孩的回答流露出了一个质朴而又可贵的想法："我要去拿燃料，我要回来，我还要回来！"如果没有耐心的倾听，那么这个小朋友的真实想法就无从知晓，他内心的善意就无法感知，从而失去了语言交流的意义。

2. 礼貌大方

谈话时，交谈双方（或几方）的表情要自然，语气要亲切，表达要得体。无论是口语还是态势语，都要体现出礼貌、友好、得体的气度和风范。

1）语言文明、礼貌

交谈中常常会用到很多礼貌用语，如"您好！""请""谢谢""对不起""打扰了""再见"等。一般见面的时候说"早安""晚安""你好""身体好吗？"分别时经常会说"很高兴与你相识，希望有机会再见面。""再见，祝你周末愉快！""请代问全家好！"文明、礼貌的语言能够融洽交流气氛。

2）态势自然、得体

谈话时，可适当做些手势，但动作幅度不宜过大，更不要手舞足蹈；目光平视，注视在对方面部的额头和眼鼻之间，但不能盯住一点不动，这会让对方无所适从；切忌唾沫四溅；不能东张西望不看对方，不要兼做其他事情，也要避免一些不必要的小动作，如玩弄指甲、摆弄衣角、搔痒痒、抓头皮等。谈话前，行握手礼的轻重、长短、先后也有讲究，要先和长辈或者领导握手，时间不要太长或太短，握手力度不能太轻或太重，不能左手相握。身体要面对说话者，上身略向前倾；要用恰当的手势表示对说话者的理解、赞同，面部表情要庄重得体、自然大方。

3. 谦虚坦诚

在人际交往中，言谈谦虚是一种风度，是一种美德。与长者交谈，宜多用请教的口气；与客户交谈，应多用商讨的言辞；老同学见面，要真诚表达同学的情意；向领导汇报工作，要求多提意见和建议。做出成绩，受到领导表扬、朋友夸奖的时候，既不能沾沾自喜，也不能一味地推托否定。要对别人的赞美予以真诚的反馈，要实实在在，真情表达。

坦诚是发自内心的感情流露。真诚的语言能让人感受人际间的真挚与友善，能架起友谊的桥梁。而交谈时含糊其辞，推托敷衍，模棱两可，过分客套，反而显得虚情假意，装腔作势，让人不愿意继续与之交流。无论是一般交际还是服务工作，都要坦诚交往，以诚相见。

4. 善于提问

善于提问是良好沟通的前提。只有适当地进行提问，才会得到想知道的信息，才会产生交流。提问者可以根据讨论的主题自行发问，也可以将对方所说的内容进行简单总结，然后再向对方进行确认询问，在此基础之上加入自己的理解，目的是明确接收的信息，并将交谈的内容向自己想要讨论的主题引导。提问时，可以做出假设，再与对方交流，将对方的思维引向谈话的重点和自己关注的焦点，以便完成信息的收集工作，让提问者达成所愿。提问者可以根据自己的意图预先设定好所要提出的问题，对提问的顺序做出恰当的安排，以便得到相关信息。在交谈过程中，根据不同的人、不同的谈话内容调整自己的提问方式，同时注意提问的方式和内容。

5. 讲究语言艺术

在交谈时，语意清晰是关键。如果词不达意，前言不搭后语，很容易被人误解，达不到交流的目的。为了顺畅地交流思想、表情达意，就应做到语音标准、吐字清晰、语句规范。语句停顿要恰当，节奏要缓急有度。语言要讲究艺术性，含蓄精炼、委婉。说话越说越兴奋时，很容易越说越快，尝试放慢语速，可以使人们更容易理解你在说什么。如果希望别人听清楚，就需要适当提高音量。当说到会让人紧张或者浮想联翩的内容时，要适当停顿，以引起人们的注意。谈话过程中，要尽量避免使用似是而非的语言，以免产生歧义。

语言表达要礼貌、幽默。要学会间接地提醒他人或拒绝他人。一般要先肯定后否定，把批评的话语放在表扬之后，注意把握语言分寸，不过头，不嘲弄。谈话时，不要唱"独角戏"，不要夸夸其谈、忘乎所以，要让别人也有说话的机会。说话要察言观色，注意对方的情绪反应，少讲对方不爱听或者一时接受不了的话。幽默能体现说话者的修养和素质，能使话题轻松、缓解紧张气氛、增强讨论效果。善用幽默，既可以化解尴尬的局面，也能增强语言的感染力。开玩笑要看对象、心情和场合，一般来讲，不要随便和女性、长辈、领导开玩笑；不宜与性格内向、敏感多疑的人开玩笑；当对方情绪低落、心情不愉快时也不宜开玩笑；更不能在严肃的场合开玩笑。

与他人沟通交流时，要注意语言的表达技巧，因为说话的语音语调、身体动作都会影响表达。说话要有感情，如果一直机械陈词，没有人愿意长时间听下去，应加强态势语的使用，通过微笑、手势等肢体语言使表情达意更加有效。

示例

在一次中外记者招待会上，一位西方记者向当时的外交部部长陈毅提出了这样一个问题："最近，中国打下了一架美制U-2型高空侦察机，请问，你们用的是什么武器？是不是导弹？"对于这样一个涉及我国国防机密的问题，陈毅没有以"无可奉告"作答，而是风趣地举起双手在空中做了一个向上捅的动作，以俏皮的口吻说："记者先生,我们是用竹竿把它捅下来的呀!"

与会记者都为陈毅的机智、幽默所折服,报之以长时间的热烈掌声。

三、交谈技巧

交谈是双向的语言交际活动,受时间、地点、对象、传输方式等的制约,除了有计划的会谈、访谈之外,交谈具有发生的随机性、话题的随意性、时间的不确定性、表达的口语性、主客体的互换性等特点。所以,要想有效提高语言交流的效率和水平,就要掌握交谈的特点和技巧,讲究交谈的艺术。同时,平时应注意话题的积累,可以有效提高交谈的效率。

1. 丰富话题储备

由于人们的经历、学历、职业、兴趣等各不相同,每个人所熟悉的话题和领域也会不尽相同,这往往给人们的交谈造成一定的障碍。为了能够更好地与人进行交流,必须在平时丰富话题的储备,不仅要积累广泛的知识,还要多关注社会现象,关注热点话题及各方面的不同意见。交流时,不要过度强调自己的观点,可以援引别人的观点,酌情进行交流。同时要注意储备内容文明、格调高雅的话题,如文学、艺术、哲学、历史、地理、建筑等领域的话题,这类话题适合不同场合、不同深度的交谈。也要储备一些轻松、时尚的话题,如文艺演出、体育比赛、电影电视、旅游观光、名人轶事、烹饪小吃、天气状况等,这些话题容易使人心情愉快,适合非正式交谈和即兴交谈。把看到的、听到的事物有意识地加以记忆和积累,就会逐渐变得兴趣广博,为顺畅交流奠定基础。另外,要有自己擅长的话题,要了解交谈对象感兴趣的话题,以便交谈顺畅地进行,切忌自以为是、不懂装懂。

2. 善于提出话题

交谈一般是参与者的即席对话,常常事先没有准备,尤其是与不熟悉的人交谈,往往会出现不知从何谈起的情况。可以在交谈开始就直截了当地从正面提出要询问的问题、要探讨的重点,尽快进入正题,但要事先了解交谈对象,掌握有关情况,并分析双方关系,以便把握交谈的内容和深浅。有时双方刚刚见面,还缺乏一定的心理准备和感情基础,此时直入正题会很突兀,可以迂回一下,先谈一些其他话题,边谈边分析和观察对方的反应,感觉对方没有抵触情绪再巧妙地切入正题,这样谈话成功的希望会大得多。在求助、劝谏时,常用这种方法。在做思想工作的交谈中,有时不便直接提出敏感话题,就可以用创设情境或者换位思考的方法,以情感人,使对方在不知不觉中接受你的观点。

3. 引导控制话题

在一般交谈中,参与交谈的人可以随机提出自己感兴趣的话题,因而常常会出现话题自由转换的情况,如果不加以控制,交谈就会没有中心。为了使交谈更加有效,组织者可在交谈之前，对所要交流的问题做出必要的解释，以避免交谈者因为不了解情况而偏离话题。如果发现谈话偏离了话题，要提醒对方，防止对方把话题扯远；也可以巧妙地抓住适当时机，有针对性地提问或者重申交谈重点，用商讨的语气把话题拉回来，使交谈回归正题。但是要注意方式和方法，语言不能太突兀，语气不能太生硬，要礼貌、适度，不要让对方感觉尴尬、没面子。

4. 善于转移话题

恰当地提出话题，主动地控制话题，是交谈成功的重要条件。但在某些情况下，也需要巧妙地转移话题。当交谈双方已经就某个话题充分发表了意见，形成共识，达到了预期的目的，就可以转入轻松的话题。生活中的交谈随意性较强，可以自由转换话题，只要气氛活跃、融洽即可。如果讨论的是明确的问题，就要把握好时机，前一个话题有了初步结论时，即可转入下一个话题。有时交谈者就某个话题各执己见，意见始终无法统一，不妨先放一放，等到其他话题讨论完之后再来重新交流；如果还是没有结论，也可以简单作结，换个时间再行交流。否则，会议容易开成"马拉松"，参与的人会很疲惫或者焦躁，这样得出的结论也不够准确，对解决问题有害无益。如果有人提出了令参与者难以回答的问题时，应该及时转移话题，摆脱窘境。

转移话题也要讲究技巧，可以答非所问，幽默一笑；也可以曲解语意，进行掩饰。

示例1

《人到中年》的作者谌容访美，到某大学讲演，对于热心的学生提出的许多问题，她都给予直率的答复。突然有人问："听说您至今还不是中共党员，请问您与中国共产党的私人感情如何？"谌容这样回答："您的情报很准确，我确实还不是中国共产党党员。但是我的丈夫是个老共产党员，而我与他共同生活了几十年而毫无离婚的迹象，那么您说我与中国共产党的'私人'感情有多深？"巧妙地转移了话题，让对方无机可乘。

示例2

日本影星中野良子来到上海，有些影迷问她："你准备什么时候结婚？"中野良子微笑着说："如果我结婚，就到中国度蜜月。"

中野良子的回答似乎没有离开"结婚"这个话题，但已巧妙地把"婚期"这种容易引起媒介炒作的问题摆脱了，转换成"到中国度蜜月"，又可取悦上海影迷。用"如果"一词，更是模棱两可，显示了她过人的语言应变能力。

示例 3

著名导演谢晋访美时，美国记者问谢晋："谢先生，现在中国什么影片最卖座？你认为中美电影业应如何进行合作？"由于这个问题涉及意识形态、价值观念、文化政策等诸多问题，谢晋很难表态，但谢晋回答得很巧妙："里根先生将来不当总统了，如果仍旧对表演感兴趣，那么，他来主演，我来导演，这部中美合作的影片我相信在全世界一定很卖座。"

谌容的例子告诉我们，转换话题也有"巧""拙"之别，转得灵活，自然就可谓之巧；中野良子的回答乍看似乎是针对影迷提出的问题，但实际上回答的是一个引申问题；谢晋面对的问题很棘手，但他幽默地提出了一个设想，巧妙地回答了记者的问题。

四、交谈禁忌

随着社会文明的发展，人们之间交流的方式、方法及内容也有了很大变化。为了使交谈气氛融洽，需要注意交谈者的反应，了解一些交谈禁忌。

参与别人谈话时，要先打招呼；别人在进行个别谈话时，尽量不要凑前旁听，除非事情特别紧急，那也要先表歉意，再行表达；想与某人说话，要等别人的话说完；对新参与谈话的人，应以点头或微笑表示欢迎；谈话中遇有急事需要处理或离开，应与谈话对象打招呼，表示歉意。

在交谈中，要尽可能回避使对方感到不愉快的话题。一般不要涉及疾病、死亡等事情，不谈一些荒诞不经、耸人听闻的事情。不要询问个人的隐私或者私密的话题。例如，不要询问妇女的年龄、婚否；不要询问对方的履历、住址、工资收入、家庭财产等私人生活方面的问题；对方不愿回答的问题不要追问，谈及对方反感的问题应表示歉意，或立即转移话题；一般谈话不批评长辈、身份高的人员；不讥笑、讽刺他人，不要拿别人的容貌或者身体缺陷开玩笑。交谈时的细节表现是一个人品德修养的体现。

语言交流的形式及内容是有国界限制的，中国人之间习以为常的谈话内容，对西方人却是行不通的。在外交场合，与西方人交谈有10个"不能问"。

第一，年龄不能问。西方人大多希望自己永远年轻，对自己的实际年龄讳莫如深，特别是女士更是如此，她们从来不随便将自己的年龄告诉他人。

第二，婚姻状况不能问，尤其对异性，更不能打听婚否，否则会引起误解。

第三，家庭状况不能问，因为会使独身者、离异者尴尬。

第四，经济收入不能问，因为经济收入与个人的能力和地位有关，对方会认为是在调查他。

第五，住房的大小不能问，包括衣着饰品的价值都不能询问。

第六，家庭地址不能问。西方人认为，告诉别人住址就意味着要邀请别人作客，而他们通常不喜欢随便请人上门。

　　第七，个人经历不能问。这个问题难免涉及个人隐私，会影响个人在社交场合中的地位。

　　第八，工作及职业不能问。这种询问在中国是寒暄的话题，在西方被认为是窥探他人隐私，会引起对方的反感。

　　第九，信仰不能问。在西方，宗教信仰是非常严肃的话题，不能随便询问。

　　第十，政治问题、敏感问题不能问。政治见解属于个人看法，敏感话题更属于隐私性的，不能用于交流。

　　随着国际交流的日益频繁，各国之间的事务合作越来越多，各国人民之间的交流也更加广泛和深入。礼貌而得体的语言交流会增进友谊，提高工作效率，促进国际贸易的发展。随着社会文明程度的不断加深，与外国人交往时需要注意的问题，即使与本国人交谈时，也应当注意避讳。

　　"酒逢知己千杯少，话不投机半句多。"语言有美丑、雅俗、冷暖之分。在交谈中，谦恭有礼的话语温暖人心，热诚真切的话语鼓舞人心，而粗野庸俗、强词夺理的话语不仅很不礼貌，也会刺伤人心，破坏和谐的氛围。所以，掌握交谈的技巧、了解交谈的禁忌非常重要。耐心倾听、礼貌大方、谦虚坦诚、善于提问、讲究语言艺术是交谈文明得体的基本原则，遵循这些原则，才能友好地进行思想沟通与情感交流，才会使交谈的气氛和谐、融洽，才能充分展现交谈者良好的口才、修养与气质，创造良好的关系。

五、专项交谈——电话交谈

　　随着高新技术的不断发展，现代通信工具在信息传递方面的方便、快捷、及时的优势越来越明显。电话、短信、微信、微博、推特等早已成为生活中必不可少的信息交流工具。通过短信、微信、微博等进行文字交流时要遵循文明、简洁、通俗、易懂的交流原则，这里不做过多赘述。下面着重以电话交谈（含微信中的语音交流）为例，介绍有声语言交流中的常见问题。

　　电话是一种常用的语言沟通和信息交流工具。电话交谈除了具有传统意义上的问候、祝福、告知信息和交换思想的作用之外，还可以帮助工作人员维系关系、拓展业务、销售产品，是开展工作的必备工具。了解电话交谈的基本原则、技巧和方法，会使人们之间的关系更加密切，工作开展得更顺利。电话交谈所遵循的交谈原则、技巧及禁忌语言与面对面交谈基本一致，但是因为电话交谈是运用现代通信工具进行交流，时间上具有一定的灵活性。同时因为看不到交流对象，不能通过对方的态势语言分析对方意图，只能通过有声语言掌握和了解信息，所以又具有自身独有的特点。

　　电话交谈的基本程序如下。

　　打电话方：拨打电话、礼貌问候、说清目的、明确内容、礼貌结束。

接电话方：接听电话、问候回应、听清内容、复述内容、礼貌应答。

程序看似简单，却蕴含了丰富的谈话技巧和交际礼仪。恰当地进行文明得体的电话交谈，不仅可以增进友谊，还可以提高个人影响力。

1. 电话交谈的基本原则

1）时间适宜

因为通信工具的便捷性特点，使电话交谈可以随时进行，这就涉及是否会打扰对方的个人生活，所以要在适当的时间打电话，把握好通话时机和通话时长。通话时机合适，能使交流顺利进行，使交谈富有成效，提高工作效率。如果在对方不便或者休息时间打电话，时间不合适，则交谈会很仓促。如果把握不好通话时长，会引起对方的反感情绪，也会让对方产生不受尊重的感觉，不利于双方关系的发展。按照惯例，电话交谈的时间原则有两点：一是要在双方预先约定的时间通话；二是尽量避开对方忙碌或休息时间，要尽可能在3分钟之内结束谈话。

2）预先准备

在拨打电话之前，想清楚自己要交流的问题，做到心中有数。也可以预先把想讲的事情逐条逐项地整理、记录下来，在拨打电话的时候，边讲边看记录，随时检查是否有遗漏。这样通话时就不会出现边想边说、丢三落四的现象，也不会因为谈话内容顺序混乱而产生歧义。清晰的交谈脉络也会使受话人清楚地了解事实情况，便于交流和解决问题。

3）言简意赅

打电话时，要尽可能用简洁的语言交代清楚交流事项，这就要求讲话者必须有很好的口语表达能力，善于把握重点，善于概括内容。如果语言啰嗦，表达混乱，很容易引起对方反感。语言简洁、内容扼要是电话交流的基本要求。总之，电话交谈时，内容要简明扼要，长话短说，直入主题，不要讲空话、废话，不要无话找话和短话长说。

4）倾听和确认

拨打电话时，简要说明自己的意图、想要咨询的事情或者希望对方帮助解决的问题，然后认真倾听对方的回答，根据内容适时予以回应；接电话时，要认真倾听对方提出的问题，听明白对方要做什么，要听完整。可以通过重复对方内容的方式确认对方的问题，不能随意打断别人讲话，以免断章取义。认真倾听是了解对方意见的关键。

5）声音适中

说话音量适中，能够听清即可。平心静气地交流，语气温和，节奏舒缓。声调不要太高，容易让听者烦躁。轻缓的声音不仅有助于表情达意，也有利于引起通话双方的情感互悦，体现交谈双方的综合素质。

6）语言礼貌得体

打电话要讲究礼貌。电话交谈的双方在通话的过程中，举止和语言都要礼貌大方，既要尊重通话的对象,也要照顾到通话环境中其他人的感受。准确地记住并适当地引用对方的名字,会给对方留下受到重视的感觉,增强对方的好感,可以体现谈话者较高的工作素养。

2. 电话交谈技巧

下面按照通话的时间顺序来介绍电话交谈的技巧和注意事项。

1)开头很重要

无论是正式的电话业务交谈,还是一般交往中的通话,拨打电话者都要礼貌地问候,然后自报家门。这不仅是对对方的尊重,还包含另外一层礼仪内涵:直接将身份告诉对方,对方就有是否与你通话的选择权,或者说给予对方拒绝受话的自由。

接听电话时,首先应回答对方问候,然后自报家门,可以让对方知道有没有打错电话。工作场合、对外接待应报出单位名称。规范的电话交谈可以提高工作效率。

2)通话尽量简明扼要

拨通电话、做完自我介绍以后,应该简要地说明通话的目的,说清楚后尽快结束交谈。"一个电话最长3分钟"是电话交谈通行的原则,超过3分钟应改换其他的交流方式。如果预计通话时间较长,应在通话前询问对方此时是否方便长谈。如果不方便,则应该简要阐明事件,然后请对方约定下次的通话时间。接听电话时,要听清对方说话的内容,而且不时有所表示。聆听时,不要打断对方说话;想要问话,也应等对方说话告一段落。根据对方询问进行回答,如果遇到解决不了的问题,要简明扼要地向对方说清楚原因。如果解决不了对方的问题,或者对方询问的事项不归属你所在的部门,需要把电话转接给其他人,则要在征得对方同意的前提下,将电话转接给其他人。不要将电话在各个部门之间转来转去,会让对方感觉办事效率低,进而影响公司形象。

如果找的人不在,可以直接结束通话或者请教对方什么时间方便联系,或者询问其他的联系方式,或者留言请求对方转告。留言时,交代清楚自己的姓名、单位、电话号码、转告的内容等,重要的内容可通过重复进行确认,同时也要明确对方的身份。不管怎样,都要礼貌地说"对不起""打扰了""麻烦您了""谢谢您""再见"等,对对方的帮助予以诚挚的谢意。

在为他人代接或者代转电话的时候,也要注意以礼相待,千万不要把内容泄露出去,要准确、及时地传达相关信息。不要轻易把要求自己转达的内容再让他人转告,那样不仅不礼貌,也容易使内容不准确。代接或者代转电话要认真记录,记录内容包括5W和1H,即什么时候(When)、什么人(Who)、什么地点(Where)、什么事情(What)、为什么(Why)和如何进行(How)。在不了解对方的动机、目的时,不要随便说出指定受话人的行踪和其他个人信息,如手机号等。

3)适时结束通话

当交谈的内容完成之后,应尽快结束通话。一般原则是谁拨打电话,谁先结束通话。

如果接电话一方临时有事需要结束通话，也要告知对方结束通话的原因。可以说"谢谢您""不打扰您了""您先忙吧""以后联系您""再见"等，礼貌地结束通话。

如果因为外出、开会、洽谈业务、处理事情而不能及时接听电话，也要在方便的时候及时回电。首先自我介绍，告诉对方是在回电，这样就让对方确定了交谈对象；然后再向对方表示歉意或谢意，可以简要说明未接电话的原因，以求得对方谅解；接下来再交谈相关事项。

电话交谈时，要注意说话的方式。虽然电话交谈时看不到对方的非语言信息，如身体语言、眼神、表情等，但是在电话交谈时，语气、语调同样能够表露通话人的态度。因为仅通过语言进行交流的时候，交谈者会根据通话的内容及声音情况，模拟勾勒出对方的状态，包括表情和姿态。而声音是有"表情"的，躺着说话和坐着说话的声音会有所不同，愁眉苦脸的表情也会使声音压抑。语气、语调能够体现出说话人的修养，表露对通话人的态度。所以在打电话的时候，尽可能像面对面交谈一样，端正身体，举止适当，态度友好，语言礼貌。

3. 电话交谈礼仪

人们在享受现代通信工具所带来的便捷的同时，同样要掌握正确的电话交谈礼仪。

1) 拨打电话礼仪

（1）时间适宜。需要打电话时，首先应确定打电话的时间是否合适，要考虑对方是否方便接听电话，尽量避开对方忙碌或休息的时间。比如上班后的10分钟或者下班前的10分钟，这个时间一般会比较忙碌。另外，还要避开对方的吃饭时间，以及平时的休息时间或者节假日。除有要事必须立即联系之外，早晨8点以前，晚上10点以后，给对方家里打电话也不合适。

（2）分清事项。尽量不要因为工作上的事情打电话到别人的家里。如果是打电话到工作单位，最好不要在星期一刚上班的时候，因为经过一个周末，对方要处理的公务会很多，通常会很忙。

一般情况下，不要因为私人的事情打电话到对方的单位。如果事情特殊或者紧急，最好先确认对方是否方便。即使得到对方的肯定回答，通话也要尽量简短。尽量不要占用对方的工作时间，因为可能会影响对方的工作。

（3）拨打电话的一方应先结束通话。事情交代清楚之后，应及时结束通话。

2) 接听电话礼仪

（1）"铃声不过三"原则。电话铃声响起后，如果立即接听，会让对方觉得唐突；但如果响铃超过三声再接听，就是缺乏工作效率的表现，势必给来电者留下公司管理不善的印象。如果因为客观原因不能及时接听，就应该在拿起话筒后先向对方表达歉意并做出适当的解释；如果两部电话同时响，应及时接听其中一部电话之后，礼貌地请对方稍候，再接听另一部电话，然后分清主次，分别处理。

（2）学会询问对方的名字。如果对方没有报上自己的姓名，应礼貌、客气地询问对方，或者先报出自己的身份或名字再询问对方。称谓要明确，要注意使用礼貌用语。

（3）记住重点。接听电话时，应重复重点，特别是号码、数字、日期、时间、地点等应再次确认，以免出错。记住重点可以便于弄清对方电话意图，有助于解决问题。

（4）不要主动结束通话。接听电话的一方，除非有紧急事情要处理，否则不要先结束通话。如果需要先结束通话，也要向对方告知具体原因，以免对方误解。如果事情交代清楚而对方没有结束通话的意思，可以询问对方"还有什么事吗？"来进行暗示。既是表示尊重对方，也是提醒对方，请对方先放下电话，然后再放下自己的电话。

（5）任何电话都要礼貌应对。接到错误的电话也应该礼貌应对，要保持礼貌，不要讽刺挖苦，更不要表现出恼怒之意。接到错打的电话，人们很容易忽略礼貌问题。所以，接听电话时，最好对每一个电话都保持良好的接听态度，显示良好的个人素养。

（6）礼貌结束通话。通话内容结束，友好地说声"再见"，不要一听到对方说"再见"就马上挂电话，尤其不能在对方一讲完话，还没来得及说"再见"就把电话挂了。注意挂电话时应小心轻放，别让对方听到很响的搁电话的声音。

4. 电话交谈禁忌

1）接听电话禁忌

（1）不注意语言文明。接打电话要有礼貌问候语，不能没有听清楚对方说什么就打断对方或者挂断电话；对方拨错了电话也不能发脾气，要心平气和。

（2）肢体语言不礼貌。在通话中，不要对着话筒打哈欠，或是喝水、吃东西、嚼口香糖；不要把话筒夹在脖子下；不要趴着或仰着；不要双腿高架在桌子上，或者歪斜身体坐着；结束通话放下话筒时，动作不能太粗暴。这些举动会让办公室的其他同事感觉非常不礼貌。

（3）打电话时嗓门不要太大。在办公室接打电话声音不要太大，否则会影响其他人的工作，也让对方感觉不舒服。

（4）接打电话不专注。接打电话时不要与别人交谈、看文件或者看电视、听广播，一心二用会让对方感觉不受重视。

（5）不随便打断对方讲话。通话时不要打断对方，但也不能完全不出声，应不时用语音做出回应，以示尊重。

（6）不问清对方身份。接听电话时，应该确定对方是谁，以及目的如何，便于处理问题和方便今后联系。

（7）吐字不清晰。电话交谈时吐字必须清晰，音量和语速适中，要把话说清楚，也要让对方听清楚。

2）移动通信设备（手机）使用禁忌

随着移动通信设备的日益普及，手机的使用频率越来越高，手机的使用礼仪越来越受到关注。

（1）在公共场合不要喧哗。在公共场合，特别是楼梯、电梯、门口、路口、人行道等地方，不能旁若无人地使用手机。如果有特殊情况，也要尽可能地降低声音，不能大声说话影响路人。

（2）重要场合应关闭手机。会议中或者和别人洽谈工作的时候，要关掉手机或者调到震动状态，这样既显示出对别人的尊重，又不会打断说话者的思路。在会场上铃声不断，会让人觉得缺少修养。在电影院看电影或在剧院观看节目时，也要关闭手机或者调至静音状态，否则会影响别人观看。

（3）某些会餐要关闭手机。与重要的客户或者客人吃饭时也要关掉手机，或者把手机调到震动状态，接连不断的铃声会影响客人用餐。

（4）飞机上不要使用手机。飞机在飞行状态时，也不要使用手机，这是为自己和其他乘客的安全着想。

（5）在公共场所，手机短信的提示音也要调成静音或者震动。

（6）不要在公共场所大声播放音频或者视频，以免影响别人。

3）微信语音注意事项

（1）微信语音通话时也要使用礼貌用语。

（2）如果对方没有及时回复，不要频繁联系对方，要给对方反馈的时间。

（3）不要在公共场所肆无忌惮地大声回复语音，也不要以扬声器模式播放对方的语音。

（4）在公共场所进行视频通话时，不仅要注意音量不能过大以免影响其他人，还要注意摄像头不要拍摄到其他人。

专项训练

1. 说说你们与老同学、老朋友见面时的情景。
2. 设计不同场合、不同人物见面时的寒暄用语，并进行演示。归纳哪些语言是合适的，哪些是不合适的，由此归纳出寒暄时应注意的问题。
3. 去外地旅游或出差，你会如何与周围年龄、身份、性别不同的陌生人开始交谈，并因此交上新的朋友？
4. 端午小长假，某班开班会讨论假期去什么地方郊游，以什么形式进行。同学们七嘴八舌，发言很热烈，但是话题越说越远，作为班长，你应怎样控制？要求设计讨论层次及内容。
5. 你的室友迷上了网络游戏，经常通宵达旦玩游戏，白天补觉。你要怎样巧妙地进行劝说呢？

6. 同学的聚会上，你会怎样谈及自己？

7. 关注最近发生的新闻（或社会热点话题），进行交流讨论。要求说清楚具体事件，可引述别人的观点或评论，再阐述自己的观点及理由。

8. 两人一组，在教室里进行电话交谈练习。话题可以从下面各项中选择，也可自拟。注意要符合电话沟通礼仪。

（1）推销产品。

（2）老同学聚会，召集人通知同学参加聚会。

（3）有事情请朋友帮忙。

（4）打电话咨询旅游项目。

第三节　演讲训练

演讲又叫讲演、演说，是以宣传鼓动为目的，带有一定艺术性的严肃的社会实践活动。演讲要求演讲者以口语为主要表达形式，以态势语为辅助表达形式，向听众说明事理，阐述观点，以达到感染人、说服人、教育人的目的，是一种高级的、完善的、具有审美价值的口语表达形式。在《现代汉语词典》中，演讲专指人们就某个问题对听众说明事理、发表见解。

演讲可以分为政治演讲、学术演讲、军事演讲、法庭演讲和社会生活演讲等。就我国的目前国情而言，社会生活演讲已成为人们交际活动中必不可少的一部分。它既可以劝说人们相信或不相信什么、做或不做什么，又可以向人们传授知识或者渲染气氛。

根据内容、场所、风格等的不同，演讲可以分成多种类型。目前，我国演讲理论研究者多以形式为标准，把演讲分为命题演讲和即兴演讲。命题演讲是事先确定主题，即由别人拟定题目或演讲范围，在有充裕的时间进行准备的条件下进行的。即兴演讲是演讲人在事先无准备的情况下，就眼前的场面、情境、事物、人物等即席发表的演讲。

一、演讲的特点

1. 现实性

演讲属于社会现实活动的范畴，任何演讲都应该出于社会现实的需要，目的是解答现实生活中的某一问题或者发表某种见解。马丁·路德·金的《我有一个梦想》是举世闻名的演讲名篇，演讲的目的是激励黑人通过斗争努力争取平等与自由。20世纪五六十年代，美国的种族歧视和种族压迫十分严重，黑人过着饱受欺凌的生活。《我有一个梦想》之所以备受世人推崇，就是因为马丁·路德·金针对当时社会现实，说出了美国黑人最想要表达的声音。

2. 针对性

演讲的针对性是指针对演讲者、针对听众和针对生活实际三个方面。针对演讲者，是指演讲内容要适合演讲者自己的年龄、身份和表达习惯。不同的听众有着不同的年龄阅历、兴趣爱好、文化水平、认知水平，他们只接收自己认为重要的信息，所以演讲必须针对听众，必须事先了解听众年龄层次、知识水平等，做到心中有数。同时演讲也要针对生活实际，以思想、感情、事例、理论来征服听众。没有针对性的演讲，就像没有靶子的箭，没有目标、没有方向，也势必不能成功。俞敏洪作为北京大学卓有成就的毕业生，在北京大学开学典礼上发表过成功的演讲。演讲者俞敏洪是北京大学校友，又是企业界成功人士；演讲内容是演讲者在学校经历的事情，也是听众——北京大学在校学生感兴趣的话题。这样的演讲，对于双方而言，一定是一场互动的、热情的、和谐的、成功的盛会。

3. 鼓动性

演讲都有一定的目的，或传授某一项知识、经验，或宣传某一种观点、主张，或动员听众去做或不做某一件事情。为了达到这种目的，演讲必须具有煽动性和鼓动性。1946年7月11日，著名的爱国民主战士李公朴先生在昆明遇害。在追悼李公朴先生的大会上，闻一多先生拍案而起发表了著名的《最后一次演讲》。闻一多先生满腔悲愤的情感抒发，感动了大批爱国人士，燃起了与反动派作坚决斗争的火焰。演讲一般是在集会中的发言，是面对群体公众的，没有了鼓动性，演讲就没有了感染力，也就失去了意义。

4. 艺术性

演讲是一种口语表现形式，是在口语表达的基础上追求艺术性的展示，要有"演"的成分，要与生活中的口语表达区别开。这不仅体现为文稿结构、内容设计的艺术性，还体现为表现形式的艺术性。例如，演讲环境设置符合演讲内容；演讲者着装、声调、眼神、手势等都要在自然流畅的基础上，有一定的设计和安排；语言表达追求声情并茂，要更加凝练和富有创造性，展示一种艺术的、和谐的美感。

5. 综合性

演讲是一门综合艺术。首先，内容要健康、积极、富有吸引力，适合演讲的场所；其次，演讲者要具备较高的综合能力，包括思想修养、知识储备、饱满的激情、良好的口语表达能力；再次，演讲活动本身就是一项综合性的活动，需要演讲者、组织者、听众共同配合才能很好地完成；最后，音响设备、灯光、演讲环境都会影响演讲的效果。所以，成功的演讲一定是各个方面的综合体现。

二、演讲稿的写作

对于一个成功的演讲而言，演讲稿的内容是基础，否则，再好的演绎也只能是无根之草、无本之木。从理论上来讲，演讲稿的内容是演讲的成功与否的关键。由于演讲是直接面对听众的,所以对于演讲稿的写作有独特的要求。

1. 标题

演讲的标题要体现演讲的内容、风格、情调。一则新颖、恰当、生动的标题如同一个强大的磁场,能够紧紧把握听众的心理,深深地吸引听众,鲜明地表现内容特点,会在演讲前给人急欲一听的强烈愿望,演讲结束后,与内容一起,给人留下难忘的记忆。

演讲标题的基本要求:一是要贴切,要使用准确、恰当的语句,与演讲内容和谐统一,不能含糊笼统、晦涩难懂,同时要符合演讲者的身份;二是要简洁,演讲的标题要有概括性,要用最凝练的语言表达最丰富的内涵,尽可能做到简洁有力、言简意赅;三是要醒目,演讲标题要新颖、奇特,才能醒目、有吸引力;四是要有启发性,有启发性的演讲标题,才能引起听众认真听讲的兴趣,才能激发听众迫切要求了解演讲内容的心情。

一般情况下,演讲标题使用是单标题,有时也可以使用双标题。《1942年12月7日——一个遗臭万年的日子》是美国总统罗斯福在日本偷袭珍珠港的第二天,1941年12月8日,在国会山参众两院联席会议上发表的演讲。主标题是一个日期,新颖、简明;副标题对主标题加以修饰,说明这是个什么样的日子。不了解具体情况的人看到题目会很好奇发生了什么,进而产生阅读或者聆听的欲望,而后才会知道那是日本偷袭珍珠港的日子。

写作时,标题可以在写演讲稿之前确定,这样写作时就有了核心主题;也可以在演讲写成完之后再拟标题,这样的标题更能准确表达文章内容。不管怎样,标题必须与演讲的内容直接相关,切忌牵强、宽泛、无新意、难理解。

演讲标题有以下几种常见类型。

(1)揭示主题型。这类标题能把演讲的核心简明地体现出来,使听众一听就对演讲内容、目的了然于心,如《家国天下》(熊浩)、《战争会造就英雄豪杰》(乔治·巴顿)。

(2)形象启发型。这类标题运用修辞手法,把抽象的哲理或某种特殊意义具体化、形象化,从而深入浅出地揭示主题,如《流尽最后一滴血》(纳赛尔)、《别把梦想逼上绝路》(董丽娜)。

(3)提出问题型。通过提出问题引起听众关注,更好地揭示演讲所涉及的内容,如《年轻人能为世界做点什么》(刘媛媛)、《娜拉走后怎样?》(鲁迅)。

(4)划定范围型。明确提出演讲所涉及的内容领域,多用于学术演讲,如《美术略论》(鲁迅)、《科学与艺术》(托马斯·赫胥黎)。

2. 称谓

演讲的称谓是指对听众的称呼,一定要贴切、恰当。演讲的称谓要看对象,不能面面俱到,可以根据实际情况进行分类,如"各位领导、同志们,大家下午好""各位嘉宾朋友们"。俞敏洪在北京大学2008年的开学典礼上的演讲是如此开始的:"各位同学、老师,大家好。"如果会场中有特别重要的知名人士参加,也可以首先单独列举出来。莫言获诺贝尔文学奖的获奖感言是这样开始的:"尊敬的瑞典学院各位院士,女士们、先生们。"1997年7月1日,我国香港特别行政区行政长官董建华在香港回归庆典上做题为《追求卓越 共享繁荣》的演讲时的称谓:"江泽民主席,各位国家领导人、各国嘉宾,香港全体市民和朋友们。"这样的称谓分类,涵盖所有的演讲听众,使听众产生亲切感,即感觉演讲者是在对我说话。分类一定要全面,不能有缺漏。

3. 开头

开头又叫开场白,是演讲稿中最重要的部分。好的开场白能够吸引听众的注意力,为整场演讲的成功打下基础。演讲开头的作用就是要"镇场",即一开始就要成为会场核心,为演讲定格,与内容呼应。开头要新颖、别致、引人深思并注意点题,同时要避免公式化、概念化。

演讲开头的方式多种多样,下面列举几种常见的开头方式。

1)开门见山式

用精练的语言直接交代演讲意图或主题,要求演讲者具有较好的概括能力。

示例

周西《大国工匠》的开头:我的家乡是一座美丽的千年古城——苏州,今天我演讲的主题是"工匠精神"。说起工匠,我觉得我还挺有发言权的,因为苏州自古以来就盛产工匠。大家知道天安门城楼的设计者是谁吗?一个苏州人,他叫蒯祥,明朝四代皇帝,都管他叫"活鲁班"。蒯祥不仅像鲁班一样是一个杰出的木匠,同时他还是泥匠、石匠、竹匠和漆匠,简称"五匠俱全"。蒯祥的身后是一个庞大的群体——香山帮,今天我们看到的这个世界上最大的宫殿群——紫禁城,就是蒯祥率领香山帮共同打造,所以苏州一直以来都是一个工匠文化和工匠传统非常浓厚的城市。

2)介绍背景式

首先说明情况,介绍演讲背景,以求加深听众对演讲的理解。

示例

中华人民共和国香港特别行政区成立庆典上,行政长官董建华《追求卓越 共享繁荣》的开头:今天,是一个全中国普天同庆的日子,是全球华人举杯同贺的日子。1997年7月1日,中华人民共和国香港特别行政区正式成立。在刚刚过去的午夜凌晨,中英两国政府举行了香港政权交接仪式,中央人民政府主持了中华人民共和国香港特别行政区成立和宣誓仪式。在和平和秩序中,香港走过了历史上的一个里程碑,迈进了一个新纪元。

3）提出问题式

提出一个人们普遍关注的、急切需要解决的问题或一个发人深省的问题，接着予以回答，构成提出问题式开头。开头设置问题会激发听众的兴趣，使听众产生期待心理。

示例

刘媛媛《寒门贵子》演讲的开头：在这个演讲开始之前，我先问大家一个问题，你们当中有谁觉得自己家境普通，甚至出身贫寒，将来想要出人头地只能靠自己？你们当中又有谁觉得自己是有钱人家的孩子，奋斗的时候可以从父母那里得到一点助力？

前些日子，有一个在银行工作了10年的HR（人力资源管理者），他在网络上发了一篇帖子，叫《寒门再难出贵子》。意思是说在当下，在我们这个社会里面，寒门的孩子想要出人头地，想要成功，比我们父辈的那一代更难了。这个帖子引起了特别广泛的讨论，你们觉得这句话有道理吗？

4）设置悬念式

营造一种使听众关注的情境氛围，造成悬念，令人关注，使听众急切地想知道下面的演讲内容，构成悬念式开头。

示例

我想诸位会同意今天晚上我要讲的这个题目的，它对于这个国家中的每个男人、女人、孩子都是绝对的至关重要。因为它将触及每个人的腰包，与我们在座的每个人都密切相关。

5）揭示主题式

提出一个惊世骇俗的观点以揭示主题，或用平实的语言从老生常谈的话题中揭示富有新意的主题，构成揭示主题式开头。

示例

王红《谁是最可爱的人》的开头：1951年4月11日，《人民日报》刊发长篇通讯《谁是最可爱的人》，这篇脍炙人口的文章收入了小学课本。从那个时候开始，我们就知道最可爱的人是解放军战士。我叫王红，是一名战地摄影师，1986年对我来说，有过一段最刻骨铭心的生命记忆。那一年，就在前线的战场上，我用手中的相机记录了新一代最可爱的人。

在中国，知道魏巍文章《谁是最可爱的人》的人很多，而上面这样的开头不仅告诉我们演讲的主题，同时也形成了对比，可以说"旧瓶装新酒"，引人入胜。

6）警语式

引用深邃而新颖的格言或采用名言警句，构成警语式开头。

示例

《走自己的路》开头：路漫漫其修远兮，吾将上下而求索。

7）激情式

演讲开头即用饱满的激情展开内容，在特定场合会收到意想不到的效果。

示例

1945年11月11日，法国追悼在两次世界大战中光荣牺牲的烈士，法国著名的政治家同时也是大演讲家戴高乐在凯旋门广场上做的一次著名演讲的开头是这样的：这些为法兰西捐躯但同法兰西一起凯旋的人，在日日夜夜决定着我们的命运的战场上牺牲的战士，经历了我们的一切痛苦和胜利的烈士现在回来了！

这样的开头没有半点沮丧，显得气宇轩昂，充满自豪。这是激励人心，切合场合的开头，充满了昂扬的斗志和生活的激。

8）故事式

讲一个亲切感人的小故事，以生动的情节来吸引听众，构成故事式开头。

示例

复旦大学年轻教师熊浩《家国天下》的开头：89年前，在那个战火纷飞的时代，有一个小女孩出生在湖南湘江边的一户人家中。因为是女儿身，所以教育对她来讲变成了奢望。但亲友们不舍这个孩子的资质，合力供她上学。就这样，她一步一步艰难地往上走，最后念完大学，成为那个时代难得的女大学生。1949年，国民党飞机降落在长沙，为了争取科技人才，劝说她一起到台北，她拒绝了，她留在这片土地。建国之后，1950年，她成为第一批和苏联专家共同工作的中国工程师。而在11年之后，她又举家南迁到大西南，再次响应国家号召，支援边疆建设。

熊浩通过生动的情节介绍自己的外婆，引人入胜。

9）对比式

通过对比，让听众形成鲜明的认知。

示例

熊浩《从心开始》的开头：这是一个最好的时代，这是一个最坏的时代；这是一个智慧的时代,这是一个愚蠢的时代;这是希望的春天,这是绝望的冬天;我们应有尽有,我们一无所有;人们直通天堂,人们直堕地狱。我想这段话大家都熟,它来自英国大作家狄更斯的名著《双城记》。每当我们个人遭遇生命的徘徊、茫然与不确定,每当这个时代在转折、变迁与进步的时候,这是一段最常被引用的修辞。

10)幽默式

以幽默、诙谐的语言或事例作为演讲的开场白,能使听众在轻松、愉快的氛围中很快接受演讲的内容。

示例

1965年11月,美国友人安娜·路易斯·斯特朗女士在中国庆祝她的80岁寿辰,周恩来总理特意在上海展览馆举行了盛大的祝寿宴会。周总理的开场白是:今天,我们为我们的好朋友,美国女作家安娜·路易斯·斯特朗女士庆贺40"公岁"诞辰(来参加宴会的祝寿者为"40公岁"这个新名词感到纳闷不解)。在中国,"公"就是紧跟它的词的两倍,40公斤等于80斤,40公岁就等于80岁。

周总理的巧妙解释在几百位祝寿者中激起了一阵欢笑,斯特朗女士也高兴得流下了眼泪。

文有文法,又无定法。演讲开头的方法还有许多,如模仿式、道具式、自嘲式、直入式、新闻式等,此处不一一列举。写作时可以根据需要灵活设计和安排,只要能吸引听众,能诠释主题,能发人深省即可。

4.主体

主体是演讲稿的核心部分,要根据表达内容的需要构思结构层次,精心安排和组织材料,逐层分析论证,完美表现主题。在主体部分的行文上,要一步步说服听众、吸引听众、感染听众。

1)层次

演讲稿结构的层次是根据演讲的主题对演讲材料加以选取和组合而形成的。层次体现演讲者展开思路的步骤,也反映了演讲者对客观事物的认识过程。

演讲的层次是通过内容顺序来体现的。看文章的时候,可以根据对文章内容的理解程度加快或减缓阅读的速度,也可以停顿一下简要地进行分析和回顾。而演讲是通过有声语言表情达意,显示演讲结构层次的基本方法就是在演讲中树立明显的有声语言标志,从而获得清晰的层次效果。所以,演讲稿的主体内容在层次和衔接上要交代清楚,这样听众在听完演讲之后,才会有清晰而直观的感受。演讲者可以在演讲中反复设问,并根据设问来阐述自己的观点,使演讲在结构上环环相扣,层层深入。在内容的安排上，可以按照时间顺序、空间顺序、逻辑顺序等。不管按照哪种顺序，都要让听众清楚明了。如果觉得实在不好理出层次，也可以用"首先、其次、再次、最后"或者"第一点、第二点、第三点、……"的形式。切记，让听众听懂、听清楚、听明白才是关键，才是让听众受感动、受感染进而产生共鸣的基础。

主体部分的常见写作顺序有以下几种。

（1）时间顺序，就是按照时间的先后顺序来组织安排材料，交代事件的来龙去脉，介绍人物的个性发展。这样的顺序比较符合人们的认知规律，便于听众接受，是演讲稿写作中常用的方法，但运用不当容易写成流水账。因此，在按照时间顺序组织演讲材料时一定要做到主次分明、详略得当，切忌平铺直叙、面面俱到。

示例

白岩松在耶鲁大学的演讲：

接下来就进入我们这个主题，或许要起个题目的话应该叫《我的故事以及背后的中国梦》。

我要讲五个年份，第一要讲的年份是1968年。那一年我出生了。但是那一年世界非常乱……那一年我们更应该记住的是马丁·路德·金先生遇刺，虽然那一年他倒下了，但是"我有一个梦想"这句话却真正地站了起来，不仅在美国站起来，而且在全世界站起来。

1978年，十年之后，我十岁。我依然生活在我出生的时候，那个只有二十万人的非常非常小的城市里。……1978年的12月16号，中国与美国正式建交，那是一个大事件。……两个伟大的国家，一个非常可怜的家庭，就如此戏剧性地交织在一起，不管是小的家庭，还是大的国家，其实当时谁都没有把握知道未来是什么样的。

1988年，那一年我二十岁。这个时候我已经从边疆的小城市来到了北京，成为一个大学生。……那个时候没有人知道市场经济，也不会有次贷危机。当然我知道那一年对于耶鲁大学来说格外的重要，因为你们耶鲁的校友又一次成为美国的总统。

1998年，那一年我三十岁。我已经成为中央电视台的一个新闻节目主持人。……个人的喜悦，也会让你印象深刻，因为往往第一次才是最难忘的。

2008这一年，我四十岁。很多年大家不再谈论的"我有一个梦想"这句话，在这一年我听到太多的美国人在讲。……

（2）并列顺序，就是围绕演讲稿的中心论点，从不同角度、不同侧面来论证论点，各个层次之间是平等、并列的关系。这样写作的好处是，容易把复杂的内容简明化，便于听众理解、接受和记忆，但要防止罗列事例，割断了材料之间、层次之间的内在联系。

王红《谁是最可爱的人》的正文：

下面我要给大家讲述三个真实的故事。

这幅题为《最后微笑》的照片，是我在1986年10月14日拍摄的，照片中这位阳刚帅气的小伙子是来自四川大凉山的彝族战士，他叫罗卜基，他为了掩护战俘而壮烈牺牲，部队为他记了一等功。……

他叫李谋仁，在与敌人的一次偷袭的战斗中，他拉响了胸中的手榴弹，与敌人同归于尽，李谋仁曾经说过这样一句话："希望我的死能给贫困的爸爸妈妈换来晚年的幸福。"

他叫刘运，三等功荣立者，他的父亲是一名抗美援朝的退伍军人，1980年因为战争后遗症而去世。1986年，刘运为了抢救战友也光荣牺牲，接二连三的打击使刘运的母亲在生命的尽头承受了太多的无奈和无助。

（3）递进顺序，也叫层递法，即从表层入手，步步深入、层层推进，最终揭示主题的方法。按照递进顺序安排演讲稿的结构层次，论述逐层递进，环环相扣，运用得好，可以吸引听众，增强演讲效果。但要注意，层次之间的关系、顺序要符合逻辑。

（4）逻辑顺序，就是按照事物、事理的内在逻辑关系，按照主要到次要、由个别到一般、由具体到抽象、由现象到本质、由原因到结果等顺序介绍、说明事物或者事理。

刘媛媛的演讲《寒门贵子》中，从我的生活、富人的生活、英国的纪录片又讲到我的生活。思维很跳跃，但始终围绕自己要表达的主题。

（5）总分顺序，就是先总说后分说，为结尾的总说做准备，即总分式。具体来讲，就是先提出论点，然后再针对论点，从几个方面分别进行摆事实、讲道理的论证。总分式的好处在于首先使听众获得总体印象，然后通过分别论述加深听众对演讲内容的全面理解。

在写作主体时，除可以使用总分式之外，还可以用分总式展开演讲内容。根据写作表达的需要确定使用哪种形式。

2）节奏

演讲节奏包括两方面：一是演讲在结构内容上的安排，即结构内容的节奏；二是语言表达方面的设计，即语言表达的节奏。

（1）结构内容的节奏。演讲稿内容结构的节奏主要是通过演讲内容的变换来实现的。演讲内容的变换是在一个主题思想所统领的内容中，适当地插入趣味知识、幽默故事、诗文警句、奇闻轶事等，将高深的理论和生动的案例结合起来，这样就会引起听众聆听的兴趣，使听众的注意力高度集中。内容的节奏既要鲜明，又要适度。平铺直叙、呆板沉滞，固然会使听众紧张疲劳；而内容变换过于频繁，也会造成听众注意力涣散。所以，插入和变换的内容应该为实现演讲意图服务，而节奏也应该根据听众的接受程度来确定，内容变换不能过于频繁。

（2）语言表达的节奏。在演讲时，要准确把握演讲语言的节奏。什么时候连贯、什么时候停顿，什么时候激昂、什么时候降抑，什么时候加重语气、什么时候语气轻缓，都要根据内容有所设计，这样才会使演讲重点突出、条理清晰，使听众更易于理解、乐于接受。掌握演讲的节奏可以赋予听众听觉上的美感，起到美化语言的作用，增强语言的感情色彩，引起听众在情感上的共鸣。

许吉如《国强则少年强》演讲：

今年春天的时候，我们学院组织同学去各个国家实地调研，我选择了去位于中东地区的以色列。这个国家多灾多难，但却是国际强国，所以我对它充满了兴趣。有两个细节奠定了我对这个国家的看法。第一个细节发生在机场。当时我去托运行李，大家都知道托运行李一般就是5～10分钟的时间，不会有人问你太多问题，对不对？但是那一天，以色列的安检人员对我进行了长达半个小时的盘问，你叫什么，姓什么，从哪里来到哪里去，念过什么学校，做过什么工作，去过哪些国家，有过什么梦想，写过什么论文，全部都要问。我觉得很被冒犯，因为我是一个普通的游客，为什么要把我当作恐怖分子？这个时候，我身边的以色列同学跟我解释，他说这其实是我们以色列航空多年的常态，自从1948年建国以来，我们一直受到国际上各种恐怖势力的袭击，阿拉伯世界至今没有承认我们的国家地位，所以我们只能用这种最保险但却是最笨的方法排查危险。国家太小，袭击太多，我们输不起。

第二个细节发生在机舱内。当飞机降落到特拉维夫这座城市的时候，机舱里响起了一阵掌声。我很纳闷，因为整趟行程是非常安全的，没有任何的气流颠簸。换言之，它是一次常规到不能再常规的安全着陆，在这种情况下鼓掌有意义吗？我的以色列同学又跟我解释，他说，每一趟航班，无论是国际航班还是国内航班，只要安全着陆，我们就一定会鼓掌！因为我们对于安全有一种执念。"二战"时期，纳粹对犹太人展开种族屠杀，我们的父辈不是在逃难，就是在逃难的途中遇难。从那个时候起，我们成为一个没有安全感的民族。所以我们今天所要做的就是重建安全感。

……

在美国的时候，我的班上有一个来自叙利亚的同学，当他得知我毕业之后就要回到中国的时候，他跟我说，我很羡慕你呀，我的国家长年在内战。虽然今天我们两个都是在美国的留学生，但是我们各自都还有一个身份，我的身份叫叙利亚难民，而你的身份叫中国国民。难民与国民的最大的区别在于，你是否拥有自由选择的权利，你是否一定要将自己的命运寄托在其他国家，寄托在一纸冰冷的移民法案上，还是说你可以轻飘飘地讲，世界那么大，我想去看看。可是家里这么好，我随时可以回得来。

3）衔接

衔接是指把演讲中各个层次的内容联结起来，使之具有浑然一体的整体感。由于演讲的节奏需要适时变换演讲内容，因而也就容易使演讲稿的结构显得零散。衔接是对结构松紧、疏密的一种弥补，它使各个内容层次的变换更为巧妙和自然，使演讲稿富于整体感，有助于演讲主题的深入人心。演讲稿内容衔接的方法主要是运用过渡段或过渡句。

随着文章内容层次的展开，演讲稿内在联系变得复杂，若衔接不紧，便会使结构松散零乱，有损演讲稿的整体性。必要的过渡衔接手段可以联贯思路、承上启下，使内容浑然一体。

演讲稿的衔接主要指演讲稿的过渡与照应。过渡是指层次与层次、段落与段落之间的衔接和转换；照应是指前后内容上的关照和呼应。

演讲稿在下列情况下需要过渡，可以使用过渡词、过渡句或者过渡段来实现：①叙述从一件事转到另一件事时需要过渡；②讲述由总到分或由分到总时需要过渡；③叙述从一层意思转移到另一层意思时需要过渡；④由议论转为叙述，或由叙述转为议论时需要过渡。

演讲稿的照应有以下几种情况：①内容和标题照应；②开头与结尾照应；③论点与论据照应；④提出问题与解决方法照应。

层次体现演讲的说理顺序，节奏体现内容及表达形式是否吸引人，过渡和照应使演讲内容前后贯通，体现整体性。同时，在内容的设计和语言的表现上，要力争与听众产生共鸣，使演讲达到使人感动的目的，形成高潮。当代著名演讲大师李燕杰说："一次演讲，怎样达到高潮？这需要演讲者在感情上一步一步地抓住听众，在理论上一步一步地说服听众，在内容上一步一步地吸引听众，使听众的内心激情逐渐地燃烧起来，演讲将自然地推向高潮。"

4）注意事项

设计演讲稿的具体内容的时候，还需要注意以下几个问题。

（1）鲜明的中心。演讲要富有鼓动性，才能为听众所接受。鼓动性不仅来自演讲者外在的技巧，还依赖演讲的中心内容。主题就是演讲所要分析、论证的主要问题。演讲者要想演讲好，要在主题的确定上下功夫。演讲的内容不能只是客观地叙述事情，还必须表明自己的主张，阐明自己的见解。表扬和批评什么，赞成和反对什么，都要做到态度鲜明，立场明确，不能含糊。主题要正确、鲜明、集中、深刻。

（2）典型的事例。演讲中若没有具体感人的事例，没有充实的内容，主题思想就会失去依托，理论也将流于空泛。演讲者必须收集大量的感人事例，并对这些事例进行适当的处理，对典型的精彩事例要着力的渲染，以达到感人的效果。对一般性事例要进行概括，以丰富演讲稿的内容。演讲稿的理论依据和事实论据的组织安排要适当，必须保证例证的真实性、新颖性、典型性，要围绕主题来选择材料，选择真实、准确、具体的事实材料。演讲不是文艺创作,演讲稿的材料一定要绝对可靠,不能道听途说,不能带有主观意见来评价客观的材料。因为听众一旦对演讲内容的某一点产生怀疑,就极有可能对演讲内容全盘否定。

(3)深厚的感情。演讲稿要写出感人肺腑的真情才能打动听众。演讲者在内心深处要充满激情,而这种激情来自对演讲主旨的彻悟,对演讲事例的感动,对演讲对象的挚爱。感情应当根据演讲的不同内容,综合运用修辞手法来表现,即运用比喻、象征、排比、设问等修辞方法来进行形象化的描绘。情感源于生活,只有增加人生体验,才能培养丰富的感情。演讲的主体内容要显示出一种强烈的气势,这种气势是运用语言、声音及手势制造出来的情绪氛围,以使听众受到感染。文稿写作要充满激情,演讲者也要用饱满的激情去演绎文稿,以情动人。

(4)独到的见解。演讲的内容要体现独到的思想,反映演讲者的深刻认识。所以,演讲中的议论和说理要站得高、看得远,要辩证地、实事求是地分析问题和认识问题。议论要紧扣事例的内在精神,要有感而发,要有哲理性。一般来说,在叙述一件相对独立的事件之后,要进行议论,或述评、引申、比较,使叙述的内容与观点紧密结合,表达与众不同的见解。

示例

董建华《追求卓越 共享繁荣》(节选):

在历史上,我们第一次有机会自己管理香港,自己创造香港的未来。在"一国两制"之下,我们将以坚定的信念、踏实的步伐和旺盛的斗志,朝着高远的理想前进。我们的香港将会是:

一个为其祖国和文化根源感到自豪的社会;

一个安定、公平、自由、民主、有爱心、方向明确的社会;

一个生活富足和素质优良的社会;

一个廉洁、机会均等、公平竞争的法治地区;

一个中外交流的窗口;

一个蜚声国际,举足轻重的金融、贸易、运输、资讯中心;

一个国际性的文化、科研和教育中心。

评析:用排比句式使人们对香港的未来充满信心。

5. 结尾

"编筐编篓,难在收口"。演讲的结尾是用最有力量的语言,在一个很短的时间内抓住听众,使其领会全篇的意义。演讲成功与否,结尾很关键。好的结尾能揭示宗旨,能统摄全篇,能鼓起激情,能让听众在反复回味中受到教育和启发。所以结尾应该做到收拢全篇、印证主题、简洁有力，使听众精神振奋并不断回味和思考。

演讲稿的结尾没有固定的格式，可以是对整篇演讲进行简单小结，也可以是用号召性、鼓动性的语句收尾，还可以是以诗文名言及幽默俏皮的话结尾。演讲稿结尾的要求是形式新颖、简洁明快，基本原则就是要给听众留下深刻的印象。

演讲结尾有以下几种常见类型。

1）总结式

用精练的语言对演讲内容进行概括性总结，使听众对整个演讲有清晰、明确的印象。总结式的结尾既照应开头，又涵盖主题内容，使演讲内容更为集中，结构浑然一体，从而使听众对演讲主题的认识更加深刻。

示例 1

陈丹青《民国是历史还是现实》的结尾：你现在到马路上抓一个小青年或小姑娘，你问他你要不要听民国，他掉头就走，根本没兴趣。所以我觉得民国既不是历史，也不是现实。但是今天在座的年轻人比较不一样，大好秋天哪里不能去，你们要跑到这里来听民国，什么意思呢？你们还是来了，谢谢大家。

示例 2

王红《谁是最可爱的人》的结尾：我们这些20世纪80年代最可爱的人，他们用生命之躯捍卫了祖国的尊严，是他们让我们成为改革开放的受益者。所以在今天，我们千万不要忘记了他们，还有烈士的家庭。最后，请允许我以老兵的名义向曾经帮助过和现在正在帮助烈士亲属的地方政府和有关部门，向社会各界的爱心人士，向现场和电视机前的观众致以崇高的敬意。

2）号召式

提出希望、发出号召或展望未来，以激起听众感情的波动，使听众内心产生一种蓬勃向上的力量。

示例

董丽娜《别把梦想逼上绝路》的结尾：曾经不懂事的时候，我也抱怨过命运的不公平，但是我现在不这么认为。我会觉得命运不管如何，它不会把你逼上绝路。有时候我在想，如果我真的能够看得见的话，可能就不会像现在这样真的去寻找一种不一样的人生。今天是2014年10月4号，跟我当初来北京是同一天。站在《我是演说家》的舞台上，透过手中的这只话筒，我特别想对所有的视障人士说一句：命运虽然给了我们一双看不见明天的眼睛，但是它并没有给我们一个看不见明天的未来。我可以接受命运的特殊安排，但是绝不能够接受自己还没有奋斗就过早地被宣判！不要把自己的梦想逼上绝路，要相信你的潜能比你想象中更强大！

3）决心式

以表决心、立誓言的方式结尾，有助于坚定听众的信念，增强演讲的号召力。

示例

《保护环境　人人有责》的结尾：我们一定要积极行动起来，爱护环境，保护环境，让我们生活的家园更加美好！

4）希望式

用激烈的情感向听众发出号召、提出希望，以达到激励听众、使之行动起来的目的。在演讲的结尾以巨大的激情，把听众的情绪推到巅峰，使听众兴奋、激动，激起听众心中感情的浪花。

示例

帕特瑞克·亨利《在弗吉尼亚州议会上的演讲》中的一段演讲词：现实是毫无用处的。先生们会高喊：和平！和平！但和平安在？实际上，战争已经开始，从北方刮来的大风会将武器的铿锵回响送进我们的耳鼓。我们的同胞已身在疆场了，我们为什么还要站在这里袖手旁观呢？先生们希望的是什么？想要达到什么目的？生命就那么可贵？和平就那么甜美？甚至不惜以戴锁链、受奴役的代价来换取吗？——不自由，勿宁死！

演讲者激情洋溢，气势飞扬，令人振奋。"不自由，勿宁死！"演讲戛然而止，如同警钟长鸣，全场沸腾。

5）发人深省式

用提问、反诘、呼喊等方式作结，以引起听众回味与深思。演讲者对提出的问题并不作答，而是让听众根据所提的问题再去联系演讲主题进行思考，从而得出演讲者暗示的答案。

示例

陈丹青的《如何成就大师》的结尾：

徐先生是一位民国人，一位民国时代的文人艺术家，是什么成就了徐大师？是什么成就了精英成为各个领域的大师？是什么使这些大师至今无可取代、无法复制、无法超越？所以我也给在座各位一个命题：为什么我们的时代没有大师？为什么我们的时代休想出现大师?

最后,我要替徐先生庆幸:在我们的时代刚刚开始时,他就去世了。概括徐先生的天时、地利、人和,正可谓生逢其时、死逢其时啊。

6)祝贺式

用祝贺式赞颂的语句结尾,营造欢乐融洽、热情洋溢的气氛,提高听众的自豪感和荣誉感。

示例

董建华《追求卓越 共享繁荣》的结尾:

各位嘉宾,各位市民:再过两年多的时间,中国就将庆祝共和国五十周岁的诞辰,而人类将喜迎一个新世纪的千岁新年。我深信不疑,香港将在那个双喜临门的时刻,用更加美好的生活,向祖国献礼;带着更加辉煌的成就,跨进新世纪。

祝愿祖国繁荣昌盛!

祝愿香港迈向成功!

7)幽默式

以幽默、诙谐的手法作结尾,气氛活跃,令人回味深思。

演讲的结尾是和听众互动。聪明的演讲者都会在最后尽力表现出自己的诚恳,设法感染听众,努力达到"言虽尽而意无穷"的效果。

示例

美国的麦克阿瑟将军不仅是一位叱咤风云的军事统帅,而且是一位极富激情的演讲家。1951年,告别军事生涯之际的他,应邀在国会的联席会议上发表《老兵不会死》的演讲。他是这样结尾的:我就要结束我52年的戎马生涯了。当在本世纪开始之前参加陆军时,我孩童时期的全部希望和梦想便实现了。自从我在西点军校进行虔诚的宣誓以来,世界已经几度天翻地覆,希望和梦想从那以后就已经泯灭了。但我仍然记得那时军营中最流行的一首歌谣中的两句,歌中极自豪地唱道:"老兵们永远不会死,他们只是慢慢地消逝。"像那首歌中的老兵一样,我现在结束了我的军事生涯,开始消逝。我是一名在上帝至明指引下尽心尽职的老兵,再见了!

这段饱含深情的演讲,博得了参议员和众议员们经久不息的雷鸣般的掌声,许多国会议员和在收音机、电视机前收听收看的听众与观众都热泪盈眶。

结尾无模式,妙在巧用中。演讲的结尾要根据内容、形式、环境和对象而定,就是同一内容的演讲,不同的场合也要有相应的变化,只要演讲者敢于创新,不拘一格,展开想象的翅膀,努力在自己的生活中发掘并致力于运用,总会设计出既符合内容要求,又符合环境的恰当又新颖的结尾。

以上分别介绍了演讲稿的标题、开头、主体、结尾的写法,我们不仅要了解、掌握这些方法,更重要的是要学会活用、巧用这些方法,绝不可生搬硬套,以免弄巧成拙。

命题演讲的准备步骤如下。

(1) 根据主题,拟定题目。

(2) 根据对象,确定目的。

(3) 为达到演讲目的,明确能使听众理解的要点和思想。

(4) 收集用来证明或阐述观点的全部材料。

(5) 围绕主题,提炼材料,写出演讲稿或演讲提纲。

(6) 根据演讲稿进行预讲,注意口语表达的效果。

(7) 根据预讲中发现的问题修改演讲稿,反复数次,直至满意。

(8) 背稿,以便在演讲时能基本脱稿,发挥自如。

三、演讲的技巧

演讲不仅是语言运用的艺术,而且是演讲者思想情操、文化修养、风度仪表等素质的综合体现。成功的命题演讲应当是适合演讲情境、切合演讲主题、有声语言与态势语言有机结合的统一体。

1. 语言表达技巧

演讲语言既不是纯粹的口语,也不是纯粹的书面语,它既具有口语的通俗、易懂、生动、灵活的风格,又有书面语的准确、规范、严谨的特点,是经过艺术加工的口语和口语化了的书面语的有机结合。

1) 通俗易懂

演讲不同于写文章,不是用于"看"的语言,而是用于"听"的语言。所以演讲语言要求做到:多用通俗易懂的口语词,少用文绉绉的书面语词;多用易懂的短句,少用冗长的长句。为引导、启发听众的思路,可适当运用承上启下的关联词语或前后呼应的句子;为加深听众印象,可采取重复、强调某些词语或句子的手法。目的就是让听众听清楚、听明白。

哈佛女学霸许吉如《国强则少年强》(节选):

我想请现场的男生去设想或者回忆一个场景:你的女朋友板着脸站在一边,忽然很委屈地哭出来了。你问她什么,她都不开口。这个时候,你心里很慌张,你想:"不对啊，怎么回事呢？上个月看中的包我买了呀，昨天的朋友圈我点赞了的呀，前天前女友发过来的短信我删掉了的呀。"这个时候，她终于开口了，她说："我也不知道为什么，就是没有安全感了。"

这个时候，你的内心是崩溃的，因为这是她第101次跟你提出"安全感"的概念。鼓掌的那个哥们儿，可能你女朋友跟你提了200次。这个时候男生会很沉默，对吧？妹子看你不理她就很慌啊，她就跑到知乎这样的地方去提问，她发了个帖子，叫"跟男朋友说没有安全感，男朋友不理我了。姐妹们我该怎么办？在线等，挺急的。"

一般这种帖子的回应也不会太多，但通常会有一个饱经沧桑的"老司机"说一句废话，而这句废话通常会被誉为真理。这个"老司机"说："妹子，安全感不是男朋友给的，安全感是我们自己给自己的喔！"这个"老司机"说的其实没有错，生活中的安全感是我们自己给自己的。好好工作，会有物质上的安全感；好好学习，才会有期末考试的安全感；"不作死就不会死"，那是爱情的安全感。

2）准确精练

准确，要求演讲中的遣词造句准确无误，表义精当，适合语境，适合听众。所用词的范围、语意、风格色彩应精准，句子的成分、语序、虚词、复句运用应正确，反映事物中肯精当、言必及义，并适合一定的语言环境和语言对象。精练，要求讲演的语言精当，含义丰富。

恩格斯《在马克思墓前的讲话》的第一句话："3月1日，下午两点三刻，当代最伟大的思想家停止了思想。"这20多个字，既表达了好朋友去世后无比沉痛的心情，同时也简明扼要地向听众传达了相关信息：马克思逝世的确切时间；马克思逝世的消息确认；马克思是当代最伟大的思想家；直到生命的最后一刻，他还在为人类解放事业而殚精竭虑。

3）生动形象

演讲可以根据内容和语境，选用形象化的语言、幽默的语句及多种修辞方式，进一步增强演讲语言的感染力和说服力，在听众脑海中树立鲜明、生动的印象。例如，用比喻的手法，把抽象的道理说得明白晓畅；用拟人的方式，使叙事生动感人；用夸张的表达，可以渲染主题；用排比的方法，可以增强演讲语言的气势；用设问的手法，可以使语言波澜起伏，丰富多彩。

我有一个梦想（节选）
马丁·路德·金

朋友们，今天我对你们说，在此时此刻，我们虽然遭受种种困难和挫折，我仍然有一个梦想。这个梦是深深扎根于美国的梦想中的。

我梦想有一天,这个国家会站立起来,真正实现其信条的真谛:"我们认为这些真理是不言而喻的——人人生而平等。"

我梦想有一天,在佐治亚的红山上,昔日奴隶的儿子将能够和昔日奴隶主的儿子坐在一起,共叙兄弟情谊。

我梦想有一天,甚至连密西西比州这个正义匿迹、压迫成风,如同沙漠般的地方,也将变成自由和正义的绿洲。

我梦想有一天,我的四个孩子将在一个不是以他们的肤色,而是以他们的品格优劣来评判他们的国度里生活。

评析:排比句式,富有气势。

4)声情并茂

语音的设计有助于思想感情的表达,可以增强演讲的形象性和感染力,可以根据不同的演讲风格酌情加速或减速。处理好语速的快与慢、语调的轻与重,采用以情感人、声情并茂的方法,力争使声音娓娓动听、感人至深。

最后一次演讲
闻一多

这几天,大家晓得,在昆明出现了历史上最卑劣、最无耻的事情!李先生究竟犯了什么罪,竟遭此毒手?他只不过用笔写写文章,用嘴说说话,而他所写的,所说的,都无非是一个没有失去良心的中国人的话!大家都有一支笔,有一张嘴,有什么理由拿出来讲啊!有事实拿出来说啊!为什么要打要杀,而且又不敢光明正大地来打来杀,而偷偷摸摸地来暗杀!这成什么话?

今天,这里有没有特务?你站出来!是好汉的站出来!你出来讲!凭什么要杀李先生?杀死了人,又不敢承认,还要诬蔑人,说什么"桃色事件",说什么共产党杀共产党,无耻啊!无耻啊!这是某集团的无耻,恰是李先生的光荣,也是昆明人的光荣!

去年"一二·一"昆明青年学生为了反对内战,遭受屠杀,那算是青年的一代献出了他们最宝贵的生命!现在李先生为了争取民主和平而遭受了反对派的暗杀,我们骄傲一点说,这算是像我这样大年纪的一代,我们的老战友,献出了最宝贵的生命!这两桩事发生在昆明,这算是昆明无限的光荣!

闻一多先生的这三段话非常精彩,悲愤的情绪溢于言表。这些话讲出来非常自然,没有半点矫饰。

2. 语音表达技巧

语音技巧是指演讲者根据内容表达的需要，对声音做出不同的发音处理，作用于听众的听觉器官，以增强演讲的形象感、表现力和感染力。

语音表达技巧大致包括以下几个方面。

1）发音

按照普通话的语音要求发音，确保吐字清晰、表意完整，不要含糊不清，避免内容歧义。

2）语速

演讲的一般语速是每分钟200个字左右。在这个基础上，再根据自己的语言表达特点和不同的演讲内容酌情加速或减速。一般情况下，叙述进入高潮或感情饱满、情绪激动时，语速加快；叙述需引起注意、特别强调、引发思考、事情严肃或者有关数字、地名人名等需要听众特别关注的内容时，要减速。整篇演讲的语速应该根据内容的不同而进行相应的调整，否则就会显得没有重点，让人昏昏欲睡。

3）停顿、重音

根据朗读技巧中的停顿和重音要求处理内容和语句。停顿是口头标点，能够很好地传达朗读者的情绪和心理，更真切地传达思想，留给听众体会、思考的余地；重音处理得或响亮或轻柔或一字一顿，能够加深听众的印象，适合情感的抒发。重音和停顿的完美结合能够更好地表情达意，使声音及内容表达抑扬顿挫，使演讲灵动而且充满活力。

4）语气、语调

语气可以表达不同的感情色彩，有肯定或否定的态度和声音的轻重之分，可以表达热情、愤怒、支持、反对等情绪和态度。语调的升降变化使语音有了起伏的旋律，能够更细致地表达不同的思想感情。朗读时，紧张、赞扬、思索或强调的情绪状态可以引起声音及语调高低起伏的变化，使演讲的表达更生动、更富有表现力，具有一种音乐的美感。

3. 态势表达技巧

演讲的态势语言是指能够传情达意的人的身形、动作、表情、姿态等，能辅助有声语言完美地表达内容，可以充分地抒发感情。态势语言具有丰富的表现力，还能对重要的词语、句子进行加重或强化处理，有补充、强调的功能。

1）仪表

仪表是指演讲者的容貌、姿态等外部特征，包括长相、身材体型及服饰等。

演讲者既是美的宣传者，也是美的体现者。仪表应体现时代精神和民族特点。好的仪表应该举止端庄大方、精神饱满、挺拔稳重、自然得体。仪表所体现出来的个人风格和气度虽然是从某些外部特征表现出来的，但却是一个人的精神气质、文化修养、心理禀赋等诸因素的外化，需要长期"修炼"。

演讲者可以根据自己的身材体型选择合适的服装，着装要整洁大方、得体入时、协调自然，既满足听众的审美要求，又不至于喧宾夺主影响演讲的效果。面容可以通过化妆稍微加以修饰，但不能化浓妆。演讲者还要选择恰当得体的发型等，但要注意不可过于夸张，影响演讲的效果。

2）体态

体态是由多种人体动作组成的相对稳定的身体形态，它同样可以传播信息、表达思想感情，同时也可以直接体现演讲者的精神面貌。站姿对于演讲者来说非常重要，可以塑造演讲者的自我形象。演讲时，应该以一种轻松愉快的心情走上讲台。站立之后，讲话之前，要挺胸吸气，给人一种挺拔、精神焕发的感觉。站立时，双腿直立，头部中正，双脚与肩同宽或不超过肩宽，身体重心落于两脚之间，双手自然垂于身体两侧，正面面对听众。演讲者一般不会一直保持站姿不动。站姿总是与手势、面部表情等其他身体语言结合在一起，形成体态语言的节奏感，而这种节奏感又与有声语言的抑扬顿挫相吻合，从而形成演讲的整体节奏。站立时，千万不要叉腿斜肩，身体也不要斜靠在外物上，避免造成慵懒之感，影响演讲效果。

3）手势

手势是指从肩部到指尖的各种活动，包括手臂、肘、腕、掌、指的各种协调动作。手势语可以表达心理活动，传达思想感情，传导某种信息。演讲者的手要自然放置，挺起胸膛侃侃而谈；所使用的手势及体态语也是情之所至、自然而然。手势活动的幅度大小与演讲者的感情、语言有很大的关系，幅度大表示情绪强烈，幅度小表示情绪平和。一般来说，演讲者的手势不宜过多，也不要一动不动、生硬呆板。不要强加手势和动作，否则会有矫揉造作之嫌。

4）表情

头面部是演讲者形象的主体，是听众目光的焦点。演讲时，头要正，面部正对观众，不要频繁晃动。演讲者有时也会因演讲内容而哭或笑，把悲伤或欢乐的情绪传达给听众，但不能大哭或大笑，要内敛可控，可以有些悲戚或微笑的微表情。面部表情的丰富与否，与演讲的成功与否关系密切，可以通过积极、刻意的练习进行调节和控制，使表情准确、恰当、自然地表达自己的情感，便于听众领会。演讲时，不能毫无表情，也不要用太多特殊表情，面露得体的微笑，表情要随感情和内容的表达而变化。

"眼睛是心灵的窗户"，为了演讲内容表达的需要，演讲者要恰当使用眼神。演讲者可以环视、扫视或者点视听众，以便了解听众情绪，与观众交流。还可以虚视，好像是看着每个听众的面孔，实际上谁也没看，只是为了造成演讲者与听众之间的互动感。眼神具有表情达意的作用，可以表达演讲者兴奋、哀伤、激动之情。灵动的眼神语与其他态势语配合使用，会增强演讲的表现力。

示例

在"最后一次演讲"中,闻一多先生在发出"这些无耻的东西,不知他们是怎么想的?他们的心理是什么?他们的心是怎样的?"责问的同时,昂头斜视,表现出极度的蔑视,同时还重重地捶击桌子,表达强烈的愤慨,树立了大义凛然的民族英雄的形象。

四、专项演讲——即兴演讲

即兴演讲是指在学习、工作、生活等不同环境中,被眼前的(或特定的)景物、事物、人物、事件所刺激,从而引发表达兴致而产生的一种临时性演讲。即兴演讲又叫即席演讲、临时发言等,是兴之所至、有感而发的一种口语表达形式,具有一定的随机性。

随着交通工具和信息传递工具的发展,人际交往范围日益扩大,工作、学习、生活、交往的节奏加快了,临时性的当众讲话的机会越来越多。即兴演讲既能使你迅速地介绍自己、赢得别人的好感,也能使你快速地了解别人,形成认知。无论年龄大小、职务高低、从事的行业,每个人都有很多当众讲话的机会,高水平的当众讲话——即兴演讲,已经成为社会生活中使用频率很高的一种口语交际形式。由于即兴演讲的临时性特点,短时间内来不及准备完备的文字材料,同时又要重点突出、文理通畅、生动有趣等,更能考验一个人语言表达的综合素养。因此,即兴演讲就成了衡量一个人综合水平和能力的一把标尺,是新时代职场人士必备的一项口语表达能力。即兴演讲用途广泛,在工作场合中,如各种会议中的致辞、主持、临时讲话、会议发言、座谈、讨论,以及各种庆祝活动、联欢活动中的讲话等,很多情况下需要相关人员临场发挥、即兴表达。尽管不够严谨,但由于具有临时性有感而发的特点,在这里把这些内容归入即兴演讲。

即兴演讲的内容、特点及表现形式与一般演讲一致,只是因为临时性特点,短时间内来不及准备完备的文稿。下面,从即兴演讲的快速构思技巧方面,来谈谈即兴演讲的准备。即兴演讲都是临场发挥,由于时间紧迫,在压力之下,人的思维十分活跃,灵感的火花不断闪现,而把这些内容串联到一起,也有一定的规律和方法可以遵循和学习。

即兴演讲成败的关键因素是快速构思的方法。所以,本部分内容着重阐述了即兴演讲的构思模式,希望对学习者有所启发。

1. 即兴演讲构思模式

1)时间框架构思模式

时间框架构思模式是指对"过去""现在""将来"三个时间段内所要表达的内容进行阐述。"过去"就是介绍背景材料,介绍眼前事件发生的前提条件,选择所要阐述的"点",由此引发"现在"。对"点"进行进一步拓展,把眼前即席、即兴的情绪表达出来,进而展望"将来",预示事件或人物有更好的发展。采用时间框架构思模式要避免出现流水账,力争每一部分都有可取之处;三个时间段所涉及的内容要有连贯性,不能"风马牛不相及";根据表达需要,可以在其中一部分有所侧重,着重描述。以时间顺序作为快速构思的依据,既符合人们的思维习惯,又能使话题集中,把信息传达清楚。

示例

某总经理在合作单位十周年庆典上发表的贺词:

今天是贵公司成立10周年的纪念日,我谨代表××公司表示热烈祝贺!

10年来,贵公司全体员工发扬自力更生、艰苦创业、同心同德、锐意创新的精神,不仅在机器人研究和制造领域获得了重大突破,而且培养了大批技术人才。多年来,贵公司在技术力量方面,给予我公司无私的帮助。为此,我们表示衷心的感谢,并决心以实际行动向贵公司学习,努力钻研技术,提高产品质量,为达到同行业的先进水平而努力。

最后,祝贵公司取得更加辉煌的成就!

评析:这一段贺词就是按照时间顺序展开的:先回顾某公司的业绩及对方给予自己公司的帮助(过去),表达感谢之情和向对方学习之意(现在),并希望自己公司通过努力达到同行业的先进水平,预祝公司未来成就辉煌(将来)。语言表达层次清晰,又有具体内容,感情表达真实、不空泛。

2)"三么"框架构思模式

"三么"框架构思模式是指结合"是什么""为什么""该怎么做"进行阐述。要突出重点,分清主次;避免面面俱到、杂乱无章;用词要注意科学性、准确性、生动性。不能信口开河、油腔滑调,要注意把握分寸,说话要留有一定的余地,适可而止,不说过头的话。要注意紧扣主题,长话短说,不要夸夸其谈。

示例

以"感恩"为主题的即兴演讲的构思:

什么是感恩——感恩是对别人给予的帮助表示感激,是对他人帮助的回报。

为什么感恩——感恩使我们在失败时看到差距,在不幸时得到温暖,胜不骄、败不馁,激发我们挑战困难的勇气,进而获取前进的动力;感恩,是换一种角度去看待人生的幸与不幸、得意与失意。

怎么感恩——在生活中时时怀有一份感恩的心,能使自己永远保持健康的心态、完美的人格和进取的信念,带着一颗真诚的心去报答、感谢别人。

即兴表达时，要注意"三么"框架只是演讲前和演讲中的思维模式，而不是口语表达模式，表达时要不露痕迹，不能说出"是什么""为什么""该怎么做"这些语言。

3）问题式构思模式

问题式构思模式是指按照"提出问题""分析问题""解决问题"的思路进行阐述，在会议发言或者临时被提问时经常使用。首先把问题阐述清楚，然后分析其成因，最后提出解决方案。

某制药厂因为排水污染环境而受到批评，领导找来管理生产的厂长了解情况。生产厂长阐述了问题，并说明出现这样的问题是由于过滤和净化废水的机器出现故障。机器产生故障的原因是其中一个滤芯堵塞，造成机器停止运行，发动机受损。目前技术工人正在抢修，预计10小时左右就能使设备正常运行。原因叙述清楚，解决方案适当，便于他人了解事实真相，掌握具体信息。这在工作中是非常实用的一种表达形式。

4）"三点归纳式"构思模式

在参加活动时，养成边听、边记、边想的习惯，随时做好即兴演讲的准备。注意归纳讲话人的说话要点、特点、闪光点，即归纳前面所有讲话人讲话的要点，提取其讲话特点，捕捉其讲话的闪光点，并及时分析、思考和归纳，用自己的语言和视角进行整理，再用自己的语言表达出来。

5）辐射型构思模式

以一个话题为中心，用多个事例并列发散进行演讲。训练时要注意有放有收，"形散而神不散"，不要偏离话题中心。

我不是偶像

林志颖

大家好，我是林志颖。今天我要讲的是《我不是偶像》。十五岁那年，我被广告商发现，于是我就变成了大家眼中的我。电视机里的这个林志颖，被大家认识二十四年，据说是不老的传说。

我很感谢大家这样夸我，但是，我不是偶像，我是一个技术宅男，我是科技狂人，我可以用我的手机在这里控制我家里的一切电子设备。我只要按下按钮，我的客厅就也可以变成一个正宗的KTV。

我不是一个偶像，我是一个赛车手，我可以置生死于度外去超越我的极限。在一次车祸中，我的脚骨断了三根，打了四根钢钉。那时候的我，一心只想超越别人，却伤害了自己。后来，我不断地要求自己去超越自己，竟然变成了拿20座冠军奖杯的职业车手。

对于我身边的人，我更不是一个偶像，我完全是一个超级奶爸，做尽了不符合偶像形象的任何事情。我希望我是我儿子的偶像，可是现在看来呢，他对赛车并没有很感冒，反而喜欢跳舞，而且还嫌我的舞步土。他还教我跳街舞，我就天天陪儿子从客厅跳到厨房，真是难死我了，超级奶爸不好当！

我不是一个偶像，我已经为人夫了，我们的爱情并不是大家在电视剧里看到的浪漫爱情故事：在街边拥吻，在绵绵细雨中手牵手漫步。在公共场合，我们永远要保持10米以上的距离。所以在这里，我想跟我老婆说："老婆，谢谢你，你辛苦了，我爱你！"

最后一条我不是偶像的理由，我记得我刚出道的时候，人家看到我都说，"哎，小志、小林、小朋友来来来"，但是现在"00后"和"90后"的同学们都说，"哎，颖叔出来玩嘛，出来玩嘛"，你们看，这还能叫偶像吗？偶像都变偶叔了。

即兴演讲没有固定模式，只有经常练习，才会熟能生巧，才能提高即兴演讲的表达能力。

2. 几种常见的即兴演讲表达形式

下面简要阐述生活中比较常见的几种即兴演讲表达形式，以供参考。

1）致辞

致辞是指在正式场合，作为个人或集体代表，向对方表示欢迎、感谢、祝贺、勉励、慰问等意思的一种讲话。致辞可分为祝贺词（祝婚词、祝酒词、祝寿词等）、迎送词、答谢词、开（闭）幕词、告别词、悼词等。在致辞时，要注意以下几点。

（1）态度热情真诚。致辞要有一定的感染力，首先必须态度诚恳、感情真挚。讲话者必须情动于衷，形之于声，充分表达自己的美好祝愿和深情厚意。只有真情实感溢于言表，才能打动听众。

（2）言辞得体生动。在不同的集会活动中，可以根据活动的不同性质（喜庆、告别、悼念等），针对不同的听众（包括年龄、职业、知识水平、接受程度等）来选词造句，以形成庄重、活泼、典雅、通俗等不同的言语风格。例如，各种婚庆活动中的致辞要多说好话，言辞风趣、幽默典雅，以增强欢快热烈的气氛，起到鼓舞人心的作用；而在追悼会等场合做带有悲伤情感的致辞（悼词），要鼓励与会者学习死者的某种精神，化悲痛为力量，以实际行动来纪念已故之人。在致辞中，要避开引发人们对缺点、遗憾的联想的话语，这样才能与气氛相协调，与交际目的和交际情景相一致。

（3）角度新颖巧妙。致辞要注意选择表达角度，要善于就地取材，从人们司空见惯的话题中挖掘出不同凡响的新意。

做自己尊重的人
——北京大学2015年本科生毕业典礼上教师代表、科学家饶毅致辞

在祝福裹着告诫呼啸而来的毕业季,请原谅我不敢祝愿每一位毕业生都成功、都幸福,因为历史不幸地记载着:有人成功的代价是丧失良知;有人幸福的代价是损害他人。

从物理学角度来说,无机的原子逆热力学第二定律出现生物是奇迹;从生物学角度来说,按进化规律产生遗传信息指导组装人类是奇迹。超越化学反应结果的每一位毕业生都是值得珍惜的奇迹;超越动物欲望总和的每一位毕业生都应做自己尊重的人。

过去、现在、将来,能够完全知道个人行为和思想的只有自己。世界上,很多文化借助宗教信仰来指导人们生活的信念和世俗行为,而对无神论者——也就是大多数中国人来说,自我尊重是重要的正道。

你们加入社会后,会看到各种离奇现象,知道自己更多弱点和缺陷,可能还会遇到小难大灾。如何在诱惑和艰难中保持人性的尊严、赢得自己的尊重并非易事,却很值得。

这不是自恋、自大、自负、自夸、自欺、自闭、自缚、自怜,而是自信、自豪、自量、自知、自省、自赎、自勉、自强。

自尊支撑自由的精神、自主的工作、自在的生活。

我祝愿:退休之日,你觉得职业中的自己值得尊重;迟暮之年,你感到生活中的自己值得尊重。

不要问我如何做到,50年后返校时告诉母校你如何做到:在你所含全部原子再度按热力学第二定律回归自然之前,它们既经历过物性的神奇,也产生过人性的可爱。

2)主持

主持是指在社会生活中的聚会、联欢、演出、比赛、娱乐节目等带有庆贺、娱乐、宣传性质的集体活动中,负责掌握和串联整场活动的主要角色的口语表达。与工作和学习中的座谈、讨论、学术交流等会议主持相比,活动主持的语言可以轻松、活泼、搞笑,会议主持的语言必须庄重、严肃、严谨。主持人的台词虽然是可以预先准备的,但由于临场性特点,在很大程度上需要主持人的现场发挥。

(1)紧扣主题,统领全局。从口语表达的内容来看,主持人对整场活动的主题和活动起着核心引领作用,主持人的台词要和主题相符。虽然可以为了活跃气氛而言语幽默、诙谐夸张,但不要离题万里、无所顾忌,以免有哗众取宠之嫌。从参与活动的对象来看,出色的主持既要善于调动参与者的情绪,使其临场表现达到最佳状态,又要努力做到老少皆宜、雅俗共赏,营造令人愉快的和谐氛围,搞笑而不胡闹,幽默又有内涵。

(2)工于开场,巧妙连接。从主持人的语言来看,首先要精心设计开场白,力争一开场就吸引大家的注意力,并尽快切入主题,说明目的,形成轻松活泼的基调。可

针对现场的景、物、人、事而自由发挥，以幽默的话语导入主题或以众人关注的问题引起悬念，从而营造全场参与的开场效果。在活动进行过程中，主持人的语言要起引领和导向作用，要将节目的内容和特色、节目之间的内在联系、节目与主题的联系，以及对表演者的介绍等内容用生动、简洁、明快的语言巧妙地连接起来，使整个活动形成一个有机整体。

（3）体现个性，随机应变。对于活动中出现的突发情况，主持人要冷静沉着，善于应变，用灵活、机智、幽默、得体的语言来调节气氛，化解僵局。主持人的语言要有个性优势，可以根据自己的年龄、身份、性别、音色等条件，结合活动的性质、特色、主题及参与对象的实际情况，用自己独特的语言风格吸引观众，活跃现场的气氛。

（4）把握分寸，表现适度。主持人虽然是活动中起串联和控制作用的重要角色，但并不是主角，因此要注意把握分寸，不要"独领风骚"，不要忽视嘉宾的感觉。在口语表达上，切忌喧宾夺主、夸夸其谈；在态势语表达上，要行止适度，动作不要过于夸张，表情要真诚、自然、亲切、朴实，情绪不要大起大落，要含蓄、内敛、可控。

示例

在《欢乐中国行2007元旦晚会》上，董卿有一个"金色三分钟"的案例，被誉为业界经典。在接近零点时，导播通知董卿说出现了两分半钟的时间空档。当董卿开始准备内容自由发挥时，耳麦里突然传出导播的语音："不是两分半钟，只有一分半钟了。"董卿连忙重新调整内容，准备结束语，可是耳麦里再次传来导播的语音："不是一分半钟，还是两分半钟！"我们看看董卿的主持。

董卿：谢谢，谢谢莫文蔚。亲爱的观众朋友们，您现在正在收看的是我们在钓鱼台国宾馆芳菲苑为您现场直播的2007年新年特别节目。今晚，我们将在这里共同迎来又一个新年。

刚才莫文蔚为我们带来了一首歌曲叫《忽然之间》。真的，忽然之间好像一年就过去了，忽然之间好像2007年马上就要来到了。在回顾过去的这一年的时候，我在想，我能想起来的绝大部分的记忆都是关于节目的录制。在中央电视台的舞台上，真的，得到了很多……得到了很多欢乐的笑，得到了很多感动的泪。当然，也有奔波的苦，当然更多的还是一份收获的满足。以前我总觉得，是我们在创造着快乐，然后把它传递给观众，但是慢慢地我感受到了，真正的天使，是那些从来都不吝啬掌声，从来都不吝啬关爱，一直以来在默默支持我们的观众朋友们。

后来我跟随《欢乐中国行》节目来到祖国各地，每到一个地方，虽然他们说的是不同的方言，但是却有着相同的热情，真的会让我们感到非常快乐和满足。所以请允许我在这里，借今天这样一个机会，向所有的观众朋友们表达我们这些电视人对你们的感谢！我们想由衷地说一声，谢谢你们！（热烈的掌声）

所以，在这样一个夜晚，在这样一个彼此祝福的夜晚，我真的是怕时间不够长，不够将所有的祝福都送出；我也怕我们的祝福不够深，及不上你们对我们的那份真情；我也担心所有的礼物不够多，不够让所有关注我们的观众都有所收获。

在这里我只能说，无论今晚，还是明晚，还是今后的每一天，我们所能做到的，就是尽心尽力地在我们的工作岗位上去做出最好的节目来回馈给你们，为你们带去更多的快乐！（欢呼声，口哨声，掌声）亲爱的观众朋友们，在我们的彼此问候中，在我们的期盼中，2007年马上就要来到我们的身边了。

导播告诉我说，现在距离2007年只有17秒的时间了，让我们一起来倒计时吧！（全场齐声）9、8、7、6、5、4、3、2、1，新年快乐！新年快乐！

3）发言

发言是指在工作和学习中带有研讨性质的座谈、讨论、交流等会议和活动中的口语表达形式。就范围来讲，有大会发言、小组发言；就性质来讲，有鼓动性发言、总结性发言、建设性发言；就形式来讲，有讨论会上发言、动员会上发言、总结会上发言；就内容来讲，有政治性发言、学术性发言等。

（1）目的明确，观点鲜明。从内容的角度来看，发言之前要认真思考，想清楚自己要表述的观点是什么。要注意观点的正确性，要善于把握问题的本质和关键来分析问题和归纳问题，观察问题要客观、全面，要一分为二，避免发表带有主观性、片面性的意见。要注意观点的针对性，有的放矢，应实事求是，言之有物，言之有据，避免泛泛空谈、散漫无序。要尽可能"标新立异"，与众不同，力争见解独到，避免人云亦云。

（2）态度谦和，表达得体。发言时，语气、语调要保持舒缓、平和，举止、手势要文雅、适度，既不过于夸张，也不僵硬无措。遇到不同观点时，要保持冷静，以理服人，不要引起争论，不要产生尴尬局面。交流中不要打断对方说话，不要恶语恶语、阴阳怪气，不要故意刺激对方。谦恭温和的言谈举止能够表现出人的综合修养。

即兴演讲是一门综合艺术，表达时要说实话、说真话、语言精当、有感而发。平时多加训练，注意进行词语和话题的储备，努力练习即兴构思，主动争取发言的机会，就一定能提高即兴演讲的能力和水平。

五、演讲篇目赏析

女人应该怎样活着
刘嘉玲

我是一个对生命充满好奇和热情的人，我不怕冒险，更不怕失败。我觉得失败的经历给了我宝贵的经验，让我更清楚地认识生命的本质，然后走出一条属于自己的人生道路。

在我的生命中，我经常会听到三个字：为什么。刘嘉玲，为什么你这么大的年纪还要去工作？为什么你结婚之后不生小孩？为什么要接这么难演的话剧，你要去挑战自己？为什么你不去嫁个有钱人？为什么？为什么？我们都习惯了用自己的人生观和道德观去衡量别人。每个人都是独一无二的，生活环境不一样，家庭背景不一样，际遇境况不一样，活法当然不一样，也不应该一样。

身为女人，我觉得千万不要盲目地去照搬别人的活法，去相信别人的话就是真理，包括我现在跟你们讲的这些话。你要在自己独立的人生世界中，去思考，去发现生活中的美丽。这个世界非常美好，这个时代非常美好，也值得我们去奋斗，去追逐更美好的自己。女人的美丽，我觉得从来都是宽容、慈悲、内心强大和对自身认识进化提升的过程。我很庆幸我生活在一个可以独立、自立，通过自身努力就可以掌控自己人生的时代。同时，我也感恩生活给了我追逐美好的勇气。

我很爱生活，也希望每个女孩子热爱生活，热爱这个世界，活出你自己的完美人生。谢谢大家！

45岁从头再来

孙耀威

大家好，我是孙耀威，我是一个歌手。我出第一张唱片的时候，全世界卖了超过一百万张，我拍的第一部连续剧，拿过收视率冠军，最近他们还说我是个网红，我直播的时候，在线上看我直播的人数超过了350万。

今天在这里呢，我不是想要像我的名字一样跟你们耀武扬威，反而我是想说，这些看似不可撼动的光鲜亮丽，其实可以在很短的时间里完全崩溃，这些我都经历过，而且不止一次。

20岁的孙耀威，出了人生中的第一张唱片，在东南亚卖了一百多万张。那一年他突然就赚了很多钱，于是他开始疯狂地花钱。他很爱跑车，买了一台心仪的跑车，觉得那台也不错，再买，疯狂到一年买三台车子。突然袭来的名与利一下子砸在了这个小朋友身上，那个时候的孙耀威，还只是在香港中文大学念大学三年级而已。

1998年，经纪公司给他在日本安排了一场演唱会，那是他人生的第一场演唱会。在筹备演唱会的过程中，他多次被经纪公司欺骗、辱骂，一怒之下，他从东京飞回香港。那个时候，距离演唱会只剩下三天时间，几千张演唱会门票全部都卖出去了。他坐在飞机上，心里想，这个演唱会就不要开了吧。可是没想到，他回到香港之后发现，突然间一切都改变了，他看到媒体大肆报道"孙耀威日本落跑"，"这个艺人太没有艺德了"，他的经纪公司还放出话来说不允许任何人找他做任何与演艺有关的工作。那个时候的孙耀威，从事业如日中天到突然在观众的视线里完全消失。他开始失眠，靠喝酒才能入睡。有一天晚上，他喝了好多好多酒，摔倒在地上，整个头撞到地上，鼻骨全部碎掉，满地满脸都是血。看到那一摊血，他心里想，这一辈子会不会就这样子完了？后来他发现了更糟糕的事情，没有了工作之后，银行卡里面的余额正在一个零一个零地变少，后来从一个正数变成一个负数。

人在最困难的时候，讲什么愿景、梦想、目标都是假的，他跟他的家人还要生活，他还要挣钱。他用了几年的时间把烂摊子收拾好，然后回到熟悉的演艺圈里面。不过，这次他是从最底层做起。他去酒吧里唱歌，唱到一半，台下喝醉的人拿着一瓶啤酒上来，直接怼到他嘴巴里面逼他喝，淋得他满身都是。拍戏时，在片场碰到了前辈任达华，华哥很好，过去说："哎，孙耀威，原来你也在这个戏，你演什么角色呀？"他不知道要怎么回答，因为他在戏里面的角色根本连名字都没有。那部戏还有另外一位前辈——郭富城，有一幕戏是要吊着威亚从这个屋檐飞到另外一个屋檐上。不幸的是，郭富城老师的韧带受了伤，一瞬间所有的工作人员过去，叫救护车的、打电话的，然后媒体马上大肆报道。可是剧组里面的人根本没有看到，其实在同一个场景里面另外一个角落里，有一个演员叫孙耀威，他的脚其实也受伤了，而且受伤很严重。

其实，唱歌被灌酒也罢，拍戏受伤也罢，他能够回到熟悉的演艺圈工作，他心里面还是很踏实。2018年，他第一次做了直播，屏幕上面的弹幕多到把他的脸全部盖住，几百万人同时在线上对他说加油，支持他。他非常惊讶，没想到经过那么多年，还有那么多人记得他。2018年，他还开了演唱会，这是一场迟到了20年的演唱会。演唱会现场，他真的非常非常感动，哭了好几次，哭得就像个小孩子一样。

刚刚我说的人就是孙耀威，也就是我。过去这25年，辉煌过，挥霍过，任性过，偏离过，可是我今天终于回来了。我希望所有人能够原谅过去那一个年少轻狂、不知道天高地厚的少年孙耀威，接下来的日子，我会懂得节俭、未雨绸缪、珍惜、感恩。听到你们每一个人的掌声，是我心里面觉得最安慰的事情。我今年45岁，我希望我能够重新再来！谢谢！

提示：这是以第三人称叙述的另类演讲。

做一个怎样的子女

王帆

大家好，我叫王帆，来自北京大学。我特别热爱传媒，本科学电影，硕士学电视，博士学传播。朋友眼中，我是一个"80后"的知识女青年，但是我拒绝整天泡在图书馆，也不会挑灯夜战，我认为真正的知识应该来源于丰富的生活经历，逛街购物，遍尝美食，独立旅行。知识总是在不断地尝试和体验中给我惊喜，讲话也是我生活当中最重要的体验之一，我有足够细腻的内心去体察别人不曾发现的细节，我也有充分的勇气说出别人不敢说的话,我是勇者,我敢言。

我是一个"80后",顾名思义,"80后"就是指1980年到1989年出生的人。在中国,"80后"还有一层比较特殊的含义,是指在20世纪80年代初我国正式实施计划生育政策之后出生的第一代独生子女。

我们一出生就得了一个国家级证书,叫独生子女证,这个证可以保证我们能够独享父母的宠爱,但是这个证也要求我们要承担赡养父母的全部责任。最开始,我觉得如果想做一个好女儿,肯定要赚很多的钱,然后让我爸妈过上特别好的生活。

我从上大学开始就经济独立,我所有的假期都在工作,所以我的父母几乎一整年都见不到我几次。对于很多像我这样在外求学、工作、打拼的独生子女来说,父母变成了空巢老人。有一天,我妈给我打电话说,早上你爸坐在床边掉眼泪,说想女儿了。你知道我当时第一反应是什么吗?哟,至于吗?您这大老爷们还玻璃心呐,天天给自己加戏。

后来,有一次我回家,那个下午,我永远记得。老爸侧坐在窗前,虽然依旧虎背熊腰,但腰板没以前直了,头发也没以前挺了,他摆弄着窗台上的花儿说了一句:"爸爸没有妈妈了。"爸爸没有妈妈了,大家觉得这句话在表达什么?悲伤?软弱?求呵护?我只记得我小时候如果梦到我妈妈不要我了,我就会哭醒,特别难过。但我从来都没有想过,爸爸没有妈妈了是一种什么样的感觉,我发现这个在我印象当中无比坚不可摧、高大威猛的男人,突然间老了。

爸爸没有妈妈了,表达的不是悲伤,也不是软弱,而是依赖。父母其实是我们每个人最大的依赖,而当我们的父母失去了他们的父母,他们还能依赖谁呢?所以在那一刻我才意识到,父母比任何时候都需要我,而且他们后半辈子能依赖的只有我。

我得养他、陪他,把我所有的爱都给他,就像他一直对我那样。我要让他知道,即使你没有妈妈了,你还有我。所以从那以后,我愿意适当地推掉一些工作、聚会,我挤时间多回家,我陪他们去旅行而不再是把钱交到旅行社,让别人带他们去。因为我明白了一点,赡养父母,绝对不是把钱给父母让他们独自去面对生活,而应该是我们参与他们的生活,我们陪伴他们享受生活。

我每次回家都会带我妈去洗浴中心享受一把。有一次我正给我妈吹头发,旁边一位阿姨说:"你女儿真孝顺。"我妈说:"大家都说女儿是小棉袄,我女儿羽绒服!"幸亏没说军大衣。那位阿姨说:"我儿子也特孝顺,在美国,每年都回来带我们去旅游。"说着阿姨还把手机掏出来了,给我妈看照片,说你看我儿子多帅,一米八五大个,年薪也好几十万。

我当时觉得话锋不对,为什么呢?当一位阿姨向你的妈妈展示他儿子的照片,并且报上了身高、体重、年薪的时候,笑的都是相过亲的,你懂的。就在这个时候,阿姨说了一句话让我们全场人都傻了眼,她说,可惜不在了,不在了。原来就在去年,阿姨唯一的儿子在拉着他们老两口去旅行的高速公路上,遇车祸身亡。

那一刻，我真的不知道该说什么去安慰那位阿姨，我就想伸出手去抱抱她。可当我伸出手的那一刻，阿姨的眼泪就开始哗哗地往下流。我抱着她，我能感受到她身体的颤抖，也能够感受到她多么希望有个孩子能抱一抱她。也就是从那一刻开始，我特别地害怕，我不是害怕父母离开我，我怕我会离开他们。而且经过这件事，我对于一句话有了更深入的理解——身体发肤受之父母，不敢毁伤。原来我只觉得这句话的含义是每个人都应该珍惜自己的身体，珍惜自己的生命，别让父母担心，对吧？但是现在我发现，不仅对待自己应如此，我们对待别人也要这样，因为每一个人都意味着一个家！

所以，我现在每次跟父母一起的时候，我都会紧紧地抱抱他们，在他们脸上亲一下。可能像拥抱、亲吻这种事，对于我们大多数中国父母来讲一开始是拒绝的，但是请大家相信我，只要你坚持去做，你用力地把她搂过来，你狠狠地在她脸上亲一下，慢慢地她就会习惯。现在我每次出门的时候，我妈就自然地把脸送过来。这样他们就会知道，你在表达爱。

作为独生子女，我们确实承担着赡养父母的全部压力，但是我们的父母承担着世界上最大的风险，可是他们从不言说，也不展现自己的脆弱。你打电话，他们告诉你家里一切都好的时候，他们真的好吗？

作为子女，我们要善于看穿父母的坚强，这件事越早越好，不要等到来不及了，也不要等到没有机会了。就像所有的父母都不愿意缺席子女的成长，我们也不应该缺席他们的衰老。

龙应台有一篇《目送》，她在结尾告诉我们"不必追"。可是今天我想告诉大家，我们就得追，而且我们要从今天开始追！提早追！大步追！至亲至情，不应该是看着彼此渐行渐远的背影，而应该是你养我长大，我陪你变老。

谢谢大家！谢谢老师！

寒门贵子

刘媛媛

在这段演讲开始之前，我先问大家一个问题：你们当中有谁觉得自己家境普通，甚至出身贫寒，将来想要出人头地只能靠自己？你们当中又有谁觉得自己是有钱人家的孩子，奋斗的时候可以从父母那里得到一点助力？

前些日子，有一个在银行工作了10年的HR，他在网络上发了一篇帖子，叫作《寒门再难出贵子》。意思是说在当下，在我们这个社会里面，寒门的孩子想要出人头地，想要成功，比我们父辈的那一代更难了。这个帖子引起了特别广泛的讨论，你们觉得这句话有道理吗？

先拿我自己来说，我就是出身寒门，现在想想，我都不知道我爸跟我妈那么普通的一对农村夫妇，他们是怎么把三个孩子，我和我的两个哥哥从农村供出来上大学、上研究生。我一直都觉得自己特别幸运，我爸和我妈都没怎么读过书，我妈连小学一年级都没上过，她居然觉得读书很重要，她吃再多的苦也要让我们三个孩子上大学。我一直不会拿自己跟那些家庭富裕的孩子做比较，说我们之间有什么不同，或者有什么不平等，但是我们必须承认这个世界是有一些不平等的。他们有很多优越的条件我们都没有，他们有很多的捷径我们也没有，但是我们不能抱怨。

每个人的人生都不尽相同，有些人一出生就含着金钥匙，有些人出生连爸妈都没有——人生跟人生是没有可比性的，我们的人生怎么样完全取决于自己的感受。你一辈子都在感受抱怨，那你的一生就是抱怨的一生；你一辈子都在感受感动，那你的一生就是感动的一生；你一辈子都立志于改变这个社会，那你的一生就是斗士的一生。

英国有一部纪录片《人生七年》，片中访问了12个来自不同阶层的七岁小孩，每七年再重新访问这些小孩。到了影片的最后就发现：富人的孩子还是富人，穷人的孩子还是穷人。但是里面有一个叫尼克的贫穷的小孩，他通过自己的奋斗变成了一名大学教授，可见命运的手掌里面是有漏网之鱼的。现实生活中，寒门子弟逆袭的例子更是数不胜数。所以当我们遭遇失败的时候，我们不能把所有的原因都归结到出身上去，更不能去抱怨自己的父母为什么不如别人的父母，因为家境不好并不能斩断一个人成功的所有可能。当我在人生中遇到很大困难的时候，我就会在北京的大街上走一走看着人来人往，我就想："刘媛媛，你在这个城市里面真的是一无所依，你有的只是你自己，你什么都没有，你现在能做的就是单枪匹马在这个社会上杀出一条路来。"

这段演讲到现在已经到最后了。其实我在演讲开始问大家问题的时候就发现了，我们大部分人都不是出身豪门，我们都要靠自己！所以你要相信：命运给你一个比别人低的起点是想告诉你，让你用你的一生去奋斗出一个绝地反击的故事。这个故事关于独立、关于梦想、关于勇气、关于坚忍，它不是一个水到渠成的童话，没有一点点人间疾苦；这个故事是有志者事竟成，破釜沉舟，百二秦关终属楚；这个故事是苦心人天不负，卧薪尝胆，三千越甲可吞吴！

谢谢大家！

我们在此立下誓言
——在葛底斯堡国家烈士公墓落成典礼上的演讲
林 肯

87年前，我们的先辈在这个大陆上创立了一个新国家，它孕育于自由之中，奉行一切人生来平等的原则。

现在我们正从事一场伟大的内战，以考验这个国家，或者考验任何一个孕育于自由和奉行上述原则的国家是否能够长久存在下去。

我们在这场战争中的一个伟大战场上集合。烈士们为使这个国家能够生存下去而献出了自己的生命,我们来到这里,是要把这个战场的一部分奉献给他们作为最后的安息之所,我们这样做是完全应该而且非常恰当的。

但是,从更广泛的意义上来说,这块土地我们不能够奉献,我们不能够圣化。曾在这里战斗过的勇士们,活着的和去世的,已经把这块土地神圣化了,这远不是我们微薄的力量所能增减的。

全世界将很少注意到,也不会长期地记起我们今天在这里所说的话,但全世界永远不会忘记勇士们在这里所做过的事。

毋宁说,倒是我们这些还活着的人,应该在这里把自己奉献给勇士们已经如此崇高地向前推进但尚未完成的事业,倒是我们应该在这里把自己奉献给仍然留在我们面前的伟大任务,以便使我们从这些光荣的死者身上汲取更多的献身精神,来完成他们已经完全彻底为之献身的事业;以便使我们在这里下定最大的决心,不让这些死者白白牺牲;以便使国家在上帝的保佑下得到自由的新生,并且使这个民有、民治、民享的政府永世长存。

提示: 这是被公认为世界上最伟大的演讲之一的《我们在此立下誓言》。林肯的这篇演讲被列为美国中学生必读著作之一。

另一只眼睛

殷俊

同学们,记得《北大往事》里有这样一句话:"什么是文科生和理科生的分别,就是文科生踩在银杏落叶上有感觉,理科生则无动于衷。"

我不知道别人是否赞同这句话,我倒觉得理科生踩在落叶上应该有更多的感觉,因为整日埋头于书本的我们,走路时能用脚感受一下这美妙的情趣,不也是很难得的吗?——我说用脚,是因为耳朵、眼睛和手还得用来背单词呢。

这或许是个笑话,却反映了一种看法。在不少人看来,我们理科生的燕园生活要比文科生单调得多,在我刚进入北大时我也是这样想的。甚至我们的班主任也是这样想的,记得他在一次班会上写了这样一句话:"世事洞明皆代数,人情练达即分析。"

后来的生活似乎证明了这一点,我面对的是每周三十多节的必修课,厚厚四大本的习题集,放下了写了五年的诗集和吹了十年的笛子。我们学了三个月,总算明白了一个三百年前的定理,而此时在昌平园的同学来信已大谈特谈"我是杯清水,北大是坛老酒,爱情就是解酒药"了。我不禁有些不平衡了,彷徨中我写了一封信给我高中时的班主任,正是在他的鼓励下我报考了北大而且填了"全部服从"的志愿。他的回信中有一句话："北大精神是做出来的，不是说出来的。"

是啊，北大精神是做出来的，当我在清晨第一个进入自习室，当我在深夜最后一个离开图书馆，当我熄灯后打着手电继续寻求一个公式的另一种证法，当我为了一个强化条件和老师争得面红耳赤，我不都在实践一种北大精神吗？

其实我们的生活也不是那么单调。我们没有条件舞文弄墨，却能用我们的语言——数字谱写诗篇。这诗篇比一切推敲之作都精练，也比一切朦胧诗都朦胧，不信你来读读看？

我们没有心情浅斟低唱，却能在科学中发现自然界最深刻的美。对于哥德巴赫猜想，一位同学是这样理解的："哥德巴赫说/两人之爱/总可以分成两部分/无数人一起去证明/却无人能证明/只因为你我的爱/永远也分不开。"

我们没有条件花前月下，不要紧。万有引力定律告诉我们，吸引别人的最好方法是充实自己。

其实，文科生和理科生是北大的两只眼睛，角度不同，看到的却是同一个北大。就让我们用这另一只眼来看看北大吧。

学了地理学，我们知道，北大是一条河，前进时难免泥沙俱下，但进入社会的大海时，泥沙终将沉淀。但如果这条传统的河在某个重要地点淤塞了，就将腐败发臭，毒害而不是清洁靠近它的人。所以我们要继承传统，更要发扬传统，才能让北大之河奔腾不止。

学了生态学，我们知道，北大是片森林，只有多样性，才能永葆生机。所以我们要坚持兼容并包的传统，才能让北大之林永远茂盛。

学了化学，我们知道，北大就是一个化工厂，用所有人都知道的合成剂把我们百炼成钢。而北大精神就是一份催化剂，这份催化剂就是北大作为全国最高学府的商业秘密。

学了物理学，我们知道，能量越低越稳定，结构越规则越稳定。所以北大的同学们，请少一些浮躁，多一些严谨吧。

学了相对论，我们知道，速度越快，时间越慢。珍惜时间的人，将得到更多的时间，也许这就是日出而作、日落而息的北大人永葆青春的秘密所在吧。

学了统计学，我们知道，我们每一个人都是北大的一个样本，别人往往就通过我们来认识北大。所以我们要时刻牢记："我就代表北大！"

两只眼或许彼此看不到对方的存在，但必将比一只眼睛看得清楚。正是用这两只眼，我们首先看到了"德先生"和"赛先生"，首先看到了马克思主义，首先看到了人口问题，首先看到了股份制……

文理科不仅仅是北大的两只眼睛，还是北大的两只耳朵、两只手、两半大脑……而让这两只眼睛永远明亮、两只耳朵永远敏锐、两只手永远灵巧、两半大脑永远清醒的，是一颗永远跳动的共同的北大心。可这颗北大心,这种北大精神到底是什么呢?每个时代,每个人的眼里它都不同。其实我们每个人看到的,只是一个元素的不同同位素,一种物质的不同形态,一块晶体在不同光线下的多彩的影子。而那真正的元素,物质的分子式,晶体的结构,谁也不能真正说清。说到这儿有人要问了,你说了这么多有什么用。我的意思是,我们来到北大,就像一张张软盘,在北大这台计算机上拷走了知识和精神。我们的时间是有限的,我们面对的硬盘却是全国最大的。既然如此,我们就应该把研究、阐述北大精神的事交给像各位评委这样的专家和未来的专家去做,而我们该做的就是把我们体会到的北大精神抓紧时间拷过来,然后再用一生的时间去慢慢解压缩。但要,可千万要提防自由散漫、眼高手低的"病毒"。拷走的同时,你还要问问自己,你又留下了什么?

回首百年,从红楼,从燕园,走出一代代北大人,传下一代代北大魂。百年北大,谱写了壮丽的一页,在历史的坐标系上划下了一道光辉的轨迹。这条北大函数线是处处连续的,纵然有起有伏,却终于保持了向上的趋势。我希望,在下一个百年,这条线能常有正的斜率,换句话说就是:苟日新,日日新,又日新!

谢谢各位!

提示:殷俊,北京大学数学科学学院1995级学生,首届北京大学学生"演讲十佳"大赛第一名。

上述内容大量引用了《超级演说家》和《我是演说家》的演讲内容,文稿的整理参考了部分网络资料及节目音频,但仍然会有细节上的误差,在此谨表歉意,并对两个栏目的相关工作人员表示感谢。

专项训练

1. 词汇积累训练。

通过训练丰富词汇、积累词汇,以免临场演讲时用词贫乏。

(1)尽可能多地用不同词语表达同一事、物、情、态。例如,用"高兴""快乐""欣喜""愉悦""兴奋""欢快"等表达不同场合、不同语境的快乐心情。

(2)积累ABB式、AAB式、AABB式、ABCC式等类型的形容词,如"乐呵呵""美滋滋""欣欣然""蒙蒙亮""曲曲折折""浩浩荡荡""气势汹汹""得意洋洋"等。

2. 语句表达训练。

(1)设计不同场景,针对不同对象进行语句训练,例如用一句话来赞美对方。要求语句不重复,词语新颖生动,表意精当。

（2）每个同学说出自己喜欢或者印象深刻的名言警句。

（3）成语接龙、诗词接龙（谐音即可）或包含选定字的成语和诗词，如"一"，"一衣带水""一帆风顺""一行白鹭上青天""忽如一夜春风来""与君歌一曲""衣带渐宽终不悔"等。

3. 构建语段训练。

（1）进行语段的表达训练，力求达到口语表达得体、顺畅的训练目标。例如新学期开始了，跟同学见面时要交流的内容。

提示：语言表达要有内容和主题。

（2）一个人（或以组为单位）进行语段训练，给出时间、地点、人物三个要素，结合不同的事件让学生进行语言表达训练，如"昨天下午""在操场上""同学们"，在"做游戏""跑步"或"练习舞蹈"等。

提示：结合记叙六要素进行语言表达训练，要求内容表达自然、顺畅。

（3）收集大家感兴趣的热门话题或常见问题，如社会公德、寝室文化、我喜欢的课堂，整理归纳后在班上召开讨论会，要求每名同学都发言。

4. 根据所给材料，结合演讲的重音、停顿、语气、语速的要求，同时注意态势语训练要领，体验走姿、站姿、手势、面部表情、眼神等在演讲中的作用，进行演讲练习。

《朗读者》"味道"开场白：

味道，当然不只是指舌尖上能够感受到的那些味道。我们常说，人生百味，随着我们年龄的增长，我们所听到、看到、遇到、想到的，慢慢都会积累成一种特殊的味道。比如说，气质是一种味道，腹有诗书气自华；比如说，品格也是一种味道，出淤泥而不染，濯清涟而不妖；比如说，心情有时候也是一种味道，此情可待成追忆，只是当时已惘然。味道，落到笔上就成了风格，吃进胃里就成了乡愁，刻在心上那就成了一辈子都解不开的一个结。就像法国作家法朗士曾经说的，让我们尽情地去享受生活的滋味吧！我们感受到的越多，我们便生活得越长久。

5. 说说下面一段即兴演讲的特点。

我就是超级演说家

季慧群

我是一位人民教师，我爱说话，我喜欢说话。我首先和孩子们来说话：长大要当个文学家、数学家、科学家、音乐家，说得他们小脸蛋都乐开了花。我有男人的志气，所以我喜欢和男人们说话：英雄豪杰、卫国保家，说得他们脸蛋个个像漫画。

尊敬的主持人、来宾们、朋友们，我还要和四位评审导师来说说话。首先，林志颖老师你好帅！你是一位优秀的赛车手、企业家，更是一位歌唱家。你的第一张唱片就红遍东南亚，你是最神、最神的神话。还要来歌颂我们的乐嘉老师。主持的节目有你点评发话，小伙子们内心里乐开了花，姑娘们再不木讷了，相亲的节目更加融洽，所以得到了我们全国青年妇女姐妹们的喜欢呀。还有我们的鲁豫老师，你真棒啊！你主持的节目《鲁豫有约》谁人不知、谁人不晓？大家都伸出大拇指说你顶呱呱。还有那个李咏老师，你最绅士、你最潇洒，你的一板一眼都是我学习的典范，都说你是当今中国最有价值的男主持人之一。

你们四位导师才是真正的演说家，希望多多地给予我关照、指导和支持，因为我还想要和更多的人乃至全国人民、全球人民来说说话，因为我要成为一名超级演说家。

6. 以毕业典礼为例，设计5种形式的开场白和结尾。

7. 以开学典礼为例，面对新生，致以老生的肺腑之言。每人自拟演讲题目，写一篇演讲稿，分组对演讲稿的语言进行分析评议，根据大家的评议修改演讲稿。

8. 运动会开幕式上，模拟作为运动员代表讲话。注意运用已经学过的普通话技能和命题演讲技巧，每个同学都担任评委工作，从语音、演讲内容、语言的表达及态势语的运用等方面分别评分，然后进行评析。

9. 新年联欢会，别的班级邀请你参加，你将怎样进行即兴演讲？

提示：先拟一个提纲，默讲一遍，然后脱稿大声说一遍。致辞要热情，可以赞扬对方班集体的优点，谈及彼此班级的友谊，展望今后发展等。语言要精练，力求幽默风趣，时间大约2分钟。

10. 公司新员工介绍会上，你作为公司的部门经理或总经理发表即席讲话，你会怎么说？

11. 模拟组织一场校友联谊会，拟写出主持词。

提示：先了解或设想同学们会有哪些表演项目，然后编制程序，设计开场白、串词和结束语，注意运用主持技巧。

12. 你准备竞聘学院的学生会宣传部长，拟写一篇竞聘演讲稿。

13. 自己设计语境，确定一个演讲主题（或目的），练习演讲。

提示：要有主题、有层次、有特色，要能自圆其说。

14. 找一篇优秀的演讲稿，评析其开头和结尾的精妙之处（例如刘媛媛《寒门贵子》）。

第四节　辩论训练

好的辩论应该是"精装以利之；端严以处之；坚强以持之；彼称以喻之；分别以明之；心欢、芬芳以颂之"。辩论，指对立双方用一定的理由来证明各自对某问题、某事物见解的正确，并说服或批驳对方，力图阐明真理、提高认识的一种口语交际过程。辩论是综合素质的较量，集道德涵养、文化积累、知识结构、逻辑思辨、心理素质、语言艺术、仪表仪态为一体，是高水平、极富魅力、有很高欣赏价值的艺术活动。辩论，归根到底是一门说服人的艺术。

"论"与"辩"是辩论的两大基本元素。"论"为正面立论，证明己方观点的正确；"辩"则揭露、批驳对方的错误。"论"为"辩"服务，"辩"是中心。没有彼此的表现为唇枪舌战的思想交锋，没有彼此的辩难，就失去了辩论的意义，也就谈不上辩论。辩论区别于其他口语交际的主要之处就是"辩"。

一、辩论的特色

1. 合理的知识结构

"江河之水非一源之水也，千篇之裘非一狐之白也。"（《墨子·亲上》）一场有欣赏价值、能给人以启迪的辩论，一定具有较高的文化水平、相当的理论深度、缜密的知识体系、翔实丰富的事实资料，这就要求辩论者具有广博、完整、严谨的知识结构，对所涉及的学科领域有一定的广度与深度的了解。合理的知识结构是在辩论中起根本作用的因素，没有它，一切辩技都是无源之水、无本之木。

合理的知识结构包括两方面的内容：一是广博的知识；二是对所辩问题、事物有全面、深切的了解和精深的专门知识。世间万事万物都是充满联系的统一体，没有广博的知识，就难以使自己的认知与社会的方方面面建立广泛的联系，这样势必视野狭窄、思路单一、思维片面，辩论中难免不捉襟见肘、辩词苍白、被动挨打。没有对所辩问题、事物的全面、深切的了解和相应的专门知识，就难以使自己有深刻的理性把握，这样势必思维肤浅、目光迟钝，辩论中难以分析得鞭辟入理，难以抓住要害进行批驳，失败也是难免的了。真正做到不仅知其然，还要知其所以然，通古博今，妙语连珠，谈何容易！知有智，智有谋，力能任。辩论比赛有如棋赛，需要有较高的发散（非线性）思维能力。因此，即使是一个训练有素、经验丰富的辩论员，也只有在做了充分准备之后才能达到高屋建瓴、深入浅出、论辩自如的境界，抓准对方"底线"，掌握辩论的主动性。

2. 严密的逻辑框架

辩论是一种极富理性的高水平的智力游戏。除了日常生活中的争辩具有偶发性外，其他各类辩论一般都是在双方有准备的情况下进行的。辩论前，通常先把所准备的相关知识，根据辩论的需要，遵循严密的逻辑规范组织起来，构建基本理论框架，形成辩论思路，这就是对立双方进行立论的逻辑、理论、事实，以及进行价值判断等的依据。

设计辩论严密的逻辑框架，首先要明确理论基点，它犹如一篇论文的中心论点，是整个辩论框架的灵魂。表述理论基点所用的关键性概念的内涵和外延以及论证的命题，都要严密地界定，明了辩论的逻辑地位和逻辑困难，分清可能与现实、偶然与必然、主流与支流的关系。明确理论基点和各理论支点（通常称为分论点）之间，以及理论支点之间的逻辑联系，同时要明确论点与论据之间的逻辑联系，即运用何种论证方法来联系论点和论据。在表达上，必须讲究逻辑层次，善于归纳，恰当归谬。

设计辩论框架时，还要充分考虑对方提出的理由和可能从哪里展开对自己的驳难，尽可能地把这些纳于自己的辩论框架之中。知己知彼、心中有数，是辩论取胜的基本保证。

3. 准确的语言表达

语言是思想的物质外壳。辩论中，准确的语言表达就是指用标准的普通话语言，准确地说出自己的思想，包括正面的立论和对对方的辩难。准确的语言要明白清晰、声情并茂、富于魅力，它是清晰思想的反映。

语言是人类思维的工具，也是人类交流、交往必不可少的媒介。汉语不仅有丰富的词汇、灵活多变的语法结构，历代积累的典故、成语、诗词、警句、谚语、箴言之丰富也堪称世界之最。语言作为一门艺术，就其外在表现而言，讲究发音准确，吐字清晰，音色优美，音质醇厚，语速错落有致，语调抑扬顿挫。一般南方人，尤其是海外华裔的后代，受日常用语的影响，不经专门的训练已无法做到"字正腔圆"了。国内某些地区，因受各种方言土语的影响，也无法说正宗的普通话。尽管吐字发音不那么准确，但辩论的发言至少也要做到口齿清楚、词能达意，否则辩论就无法开展下去。

在能够运用普通话语言表达思想的基础上，应该解决的重要一环是语言的速率问题。一般来说，朗诵的语速最慢，演讲的语速快于论述性文章的播出，辩论语速应该快于日常语言的语速，但应快而有当。如果快到像"扫机关枪"，让人听不清说些什么，外观上也显得急躁，可谓"欲速则不达"。在咬文吐句清晰的前提下，采用什么语速方才合适也要因人、因场景而异。活泼热情的选手语速可快一点，沉稳、理性的选手语速可慢一点；陈词提问、申诉要点、论据时语速可慢一点，关键字眼可一字一顿加以突出，反击进攻时语速可快一点，以示锋芒。同一场辩论，就是同一个辩手，语速也应有变化，配上音调的变化，达到抑扬顿挫的效果。

要注意语音、语调、语速三者的协调统一。陈词说理要慷慨激昂，以示立论基础之扎实；反击进攻要坚决有力，以示信心和力量；调侃幽默时语速、语调可以有大的起落变化，以渲染气氛，调动观众情绪；在把握不大、暂避对手锋芒或不得不应对时，语速可快一点，语调要干脆利落、吐字吐词果断，不能显露犹豫或无把握。男女辩手在语言的把握上应有明显的差别。女辩手柔而不软，柔而有刚，男辩手刚而不凶，既刚且韧；男辩手必要时可咄咄逼人（但不宜过多），多用"势"，女辩手宜亲切，多用"情"；男辩手在坚毅中见机智，诙谐调侃，但不能滑，女辩手于恬静之中藏机锋，可略有幽默，不宜调侃。整场比赛刚柔相推，以生变化。这种对语言的外在把握，没有丰富、扎实的内涵底蕴是做不到的。所以，不仅要做到言之有物，还要做到言而有序，词能达意，紧扣辩题，不讲废话。适当应用成语、诗词、格言、警句，一个恰当的引用常概括了许多句话表达的，甚至表达不清楚的意境，但是辩论毕竟是理性的，语言的使用不同于抒情散文，形容词不宜过多，更不能浮。得理时要讲礼，不能用挑衅性语言，更不允许人身攻击等。

4. 良好的内心素质

良好的内心素质是实现辩论目的的重要保证。合理的知识结构、严密的逻辑框架、准确的语言表达，辩手能否将它们在辩论中充分展现出来，达到最佳状态，在很大程度上取决于辩论者的心理素质。内心素质应包括两个方面的内容：一是指高度的自信心和坚强的意志；二是指高尚的道德修养，即会做人，懂得人生拼搏的意义。

辩论是复杂多变的激烈竞争，辩论者的信心与斗志是能否进入最佳辩论状态的关键所在。只要认真审题、精心准备，对队友完全信任，对知识能力正确估计，就能产生充分的自信。气势来源于自信，靠意志支撑。成功的秘诀在于不屈不挠，坚持到底。一旦身处逆境，自信受到挑战，这时只有靠坚强的意志，战胜自己可能出现或已经出现的软弱。只要能稳定情绪，就能做到急难出智谋，临危出巧计。辩论者要有抗心理干扰的能力，平时多做适当的训练，习惯于身处逆境的气氛与压力，提高心理上的免疫力，同时在实践中逐步摸索出一套抗干扰的办法。对于对手，则应适当使用心理干扰的手段，展开心理攻势，促使对手在这种进攻与干扰之下产生畏惧心理，这种畏惧心理一露端倪就紧追不舍，使之失去正常的心理控制，轻则贻误战机，重则丧失理智与信心。

古人云："有德不敌。"又曰："人之情，心服于德而不服于力。"唇枪舌剑的论辩，有智也有技，无德仍不能使人心悦诚服。优秀的辩论者要有良好的思想作风，懂得如何做人，懂得人生拼搏的意义，能平等待人、积极进取、一丝不苟，胜不骄、败不馁……当然，在辩论场上自然也可能受到来自对方的侮辱，一个有涵养的辩论员应以"犯而不校"的态度对待，切勿以牙还牙。如果对方多次故意冒犯，则要不卑不亢，做有理有节的回击。

具备了这种良好的内心素质，便能把自己的理由通过高超的辩技充分地阐述出来，达到辩论的目的——说服对方。

二、辩论的战术技巧

辩论是一门语言的艺术，语言能力的强弱是论辩水平高低的决定性因素。论辩中，在合理的知识结构、严密的逻辑框架、准确的语言表达、良好的内心素质的基础上，谁的语言战术技巧掌握、运用得好，表达能力强，谁就有可能取胜。古今中外的雄辩家都是运用语言的大师，他们之所以能够在论辩中滔滔不绝、口若悬河，显然是与他们的语言能力及战术技巧分不开的。

1. 仿拟术

辩论中，仿照对方的话语结构，拟造出一个和对方话语相同但语意相反的句子来攻击对方，这种以其人之道还治其人之身的说辩技巧叫仿拟术。

丘吉尔很善于运用此法，著名的幽默家、剧作家萧伯纳甚至都被他讥讽得败下阵来。

有一次，萧伯纳派人送两张戏票给丘吉尔，并附上短笺说："亲爱的温斯顿爵士，奉上戏票两张，希望阁下能带一位朋友前来观看拙作《卖花女》的首场演出，假如阁下这样的人也会有朋友的话。"

萧伯纳的幽默以尖刻著称，所以这样奚落丘吉尔在他来讲并不过分。丘吉尔看了短笺当然不肯示弱，他马上写了一张回条加以还击："亲爱的萧伯纳先生，蒙赐戏票两张，谢谢。我和我的朋友因为有约在先，不便分身前来观赏《卖花女》的首场演出，但是我们一定会赶来观赏第二场演出，假如你的戏第二场还会有观众的话。"

幽默大师萧伯纳想讥讽丘吉尔没有朋友，丘吉尔则直讽萧伯纳的戏第二场没有观众。

俄国诗人马雅可夫斯基不大注意仪表，有一次，戴了一顶破帽子外出，一个游手好闲的人嘲笑他："喂，你脑袋上边那个玩意是什么东西？能算是顶帽子吗？"马雅可夫斯基应声反问："你帽子下面那个玩意是什么东西？能算是个脑袋吗？"

提问者嘲笑诗人的帽子破，而诗人则嘲笑提问者的脑子贫乏。马雅可夫斯基直仿对方的语言形式，在回答对方问题时，巧妙地把"脑袋"和"帽子"调换一下位置，就把对方对自己的侮辱全部还给了对方。

仿拟术在运用中要抓住两个关键点：一是要选择适合的比仿事物，用来比仿的事物仅仅显示对方说辩之谬是不够的，它必须给说辩者某种实际的影响；二是对对方的说辩所采用的方法和表述形式要做逼真的模仿。

2. 反还术

反还术亦即我们平常所说的反唇相讥。在辩论中，狡黠的对手有时会故意用挑衅性、侮辱性甚至诽谤性的言语来攻击你，企图以此来搅乱你的情绪，左右你的思路，以求乱中取胜。面对对方的恶语攻击和针锋相对，可借用他的技法，将对方射来的"毒箭"还给对方，使对方猝不及防。

诗人歌德到公园散步，不巧在一条仅容一人通过的小径上碰见一位对他抱有成见并把他的作品贬得一文不值的批评家。狭路相逢，四目相对。批评家傲慢地说："对一个傻瓜，我决不让路。"歌德面对辱骂，微微一笑道："我正好和你相反。"说罢往路边一站。霎时，那位批评家的脸变得通红，进退两难。

反还术这一辩论技巧往往都是在一瞬间完成的，因此，它要求辩论者头脑冷静，思维敏捷，反应神速，处变不惊，对对方的恶语不躲不惧，直面迎击。反还术运用的原则是不回避原论题，要针尖对麦芒，要锐化攻击的锋芒。反还术运用的方法是借对方的技法，成套地搬用对方的逻辑，用对方讲的道理和办法来组织反击的语言。

3. 导谬术

导谬术是辩论中经常使用的方法之一，即不正面驳斥别人的论点，而是先假定对方的命题为真，然后以对方的命题为前提加以演绎，推导出一个显而易见的荒唐的结论，并将之推向极端，得出明显荒谬的结论，从而达到令对方论点不攻自破的目的。

美国独立初期，有一条法律规定，要有30美元才能当上议员，这实际上是想将当时还相当穷的黑人排除在外。显然这条法规是不公正的，但在表面上又不显得荒谬。

美国当时的进步政治家、科学家富兰克林反对把有钱作为竞选议员的条件。他运用导谬术进行驳斥，从看来并不荒谬的神圣庄严的法律中引申出荒谬绝伦的推论。他说："要想当上议员，就该拥有30美元。那是不是可以这样说——我有一头驴，它值30美元，那么我就可以被选为议员了。一年之后，我的驴死了，那我的议员就不能当下去了。请问究竟谁是议员呢？是我还是驴？"

在辩论中，很多人都能够自然地运用这种推理方式，将对方论点的条件部分推衍、扩展、引申，找出一个比较特殊的条件，使这个条件与对方的结论相悖，从而驳倒对方的观点。

4. 引证术

辩论中，辩论者引用名言、典故、哲人睿语、方言俗语，作为自己观点的佐证，增加可信度，求得直接证实对方所述事实之虚妄、理由之荒谬，或直接证实己方认识之正确、论据之确凿的辩论艺术，叫引证术。引证术的特点是语言新鲜生动，活泼有趣，可以增强辩论的感染力。

毛泽东演说、讲话或谈心时，听者都有一种如沐春风、痛快淋漓、大彻大悟之感。这与他所积累的渊博的中国古典文学知识，以及高人一筹的用典艺术是分不开的。据不完全统计，仅《毛泽东选集》四卷中，就引用了各种典故、成语、俗语、名言等3000多条，真可谓引经据典的大师了。

东汉光武帝刘秀的姐姐湖阳公主的丈夫去世后，看中了朝中品学兼优的宋弘，就请刘秀撮合其事。一次，刘秀把宋弘召来，以言相探道："俗话说，'位高换友，富贵换妻'，是人之常情吧？"宋弘回答说："我听说，'贫困之交不能忘，糟糠之妻不下堂'，这样才是好的品行。"

巧妙地运用古语，能够言词委婉而又毫不闪避地表示自己的回绝态度。运用引证术，可以巧妙地回答难题。在辩论中，辩论者旁征博引恰到好处，自然能收到事半功倍之效，赢得辩论的优势。

5. 二难术

二难术即在辩论中，为了驳倒对方的观点，先巧妙地提出与其论点相关的两种可能性的判断，迫使对方在两种可能中加以选择，而且不论对方是肯定或否定其中的哪一种可能，结果都会陷入进退维谷、左右为难的境地。

中世纪的神学家安瑟伦声称："上帝是万能的。"当时无神论的代表人物高尼罗反问："上帝能否创造一块连他自己也举不起的石头？"这个问题令神学家安瑟伦无法回答。如果说上帝能创造这么一块石头，那么，连一块石头也举不起的上帝，怎么能说是万能的呢？反之，如果说上帝创造不出这块石头，那么同样说明上帝不是万能的。神学家被问得哑口无言，进退失据。

6. 矛盾术

矛盾术即运用形式逻辑中的矛盾律，通过分析对方的论点，抓住其中自相矛盾的地方加以揭露，"以子之矛，攻子之盾"，从而暴露对方论点的荒谬，使其目的不能得逞的一种常用的技法。

有一个年轻人想到大发明家爱迪生的实验室里工作，便夸口对爱迪生说："我发明了一种万能溶液，它可以溶解一切物品。"爱迪生听罢，反问道："你用什么器皿放置这种溶液呢？"年轻人被爱迪生问得哑口无言。

爱迪生一语指出了年轻人言论中的自相矛盾之处，既然是万能溶液，却不能溶解盛装它的器皿，这在逻辑上就违反了矛盾律。在辩论中，要善于在对方的言辞中捕捉逻辑矛盾予以攻击，让对方陷入自相矛盾的境地。

7. 攻心术

古语说："用兵之道，攻心为上。"攻心术是通过心理分析的方法，把对方的意识活动，乃至潜意识活动进行"曝光"，进行心理交辩，达到辩而胜之的目的。

1984年10月，在里根与蒙代尔的最后一场总统竞选电视辩论中，蒙代尔抓住里根已进入古稀之年这个问题大做文章，公开地对里根是否有能力履行美国总统之职表示怀疑。里根听后，朝蒙代尔一笑，说："对手的年轻幼稚，这早有耳闻。但是，我是不会抓住对手的年幼无知、经验浅薄这一弱点来攻击他的。可是，这一弱点又怎能使美国人民放心，进而相信他能完美地履行最高行政长官这一职责呢？"

里根运用的是攻心术，既是针对蒙代尔的，又是针对美国人民的。简单的一句话，抓住了关键，打中了要害，使形势立刻朝着有利于自己的方向发展。

8. 迂回术

迂回术即委婉避开对方正面的心理防线，绕到其侧面、背后，然后由远及近，由彼及此，在对方接纳了彼理后，再委婉地转到此理上来，从而春风化雨，使对方在不知不觉中接受乙方的观点。

日本某公司总裁遇到一桩极为棘手的生意纠纷，他打算让资深部门经理张先生去处理，又恐张先生误认为是将他降职使用。于是，这位总裁将张先生请到他的办公室，先把那桩棘手的纠纷大概介绍了一番，然后让张先生推荐办理此事的合适人选。张先生一连推荐了几位总裁都不甚满意。接着总裁探询式地提出了几个人选，张先生又觉得都难当此任。最后，不出总裁所料，张先生主动提出由自己去处理这桩生意纠纷。

这就是迂回术的妙用，那位总裁不是借权势硬性地、简单地下命令，而是从强调工作的重要性和其他下属的难以胜任入手，婉转地表达了对张先生的能力的信任和肯定，从而使其毛遂自荐，主动承担这项工作。

辩论是一个非常灵活的过程，在这一过程中，可以采用的技巧是多种多样的。上面列举的不过是在辩论实践中体会到的一些比较重要的技巧。经验告诉我们，只有将知识积累和辩论技巧有效结合，才可能在辩论中取得满意的效果。

三、辩论例文片断及点评

示例1

主　席：谢谢严嘉同学，听过双方代表对善恶的陈辞，现在是他们大展辩才的时候。在自由辩论开始之前先提醒双方代表，你们每队各有四分钟发言时间，正方同学必须先发言。好，现在自由辩论开始！（掌声）

王信国：我想首先请问对方辩友，既然人性本恶，世界上为什么会有善行的发生？

蒋昌建：我方一辩已经解释了。我倒想请问对方辩友，在评选模范丈夫时，你能告诉我，这个模范大夫本性是好的，就是经不起美色的诱惑吧？（笑声、掌声）

许金龙：我想请问对方辩友，请您正面回答我，您喜不喜欢杀人放火？（笑声）

季　翔：我当然不喜欢，因为我受过了教化，但我并不以我的人性本恶为耻辱。我想请问对方，你们的善花是如何结出恶果的？（掌声）

吴淑燕：我想先请问对方同学，您受的教育能够使你一辈子不流露本性吗？如果您不小心流露本性，那我们大家可要遭殃了。

严　嘉：所以我要不断地修身呀！曾子为什么说吾日三省吾身呢！所以，我再次请问对方辩友，你们说没有内因的话，那恶花为什么会从善果里产生呢？

王信国：我来告诉大家为什么会有，这是因为教育和环境的影响嘛！我倒请对方辩友直接回答我们的问题嘛，到底人世间为什么会有善行的发生，请你告诉大家。

姜　丰：我方明明回答过了。为什么对方辩友就是对此听而不闻呢？到底是没听见，还是没听懂啊？（笑声、掌声）

许金龙：你有本事再说一遍，为什么我们听了，从来没有听懂过呢？我想请问对方辩友，您说荀子说性恶，但是所有的学者都知道荀子是"无善无恶说"。

蒋昌建：我第三次请问对方辩友，善花如何开出恶果呢？第一个所谓恶的老师从哪来呢？

吴淑燕：我倒想请问对方同学了，如果人性本恶，是谁第一个教导人性要本善的？这第一个到底为什么会自我觉醒？

季　翔：我方三辩早就解释过了，我想第四次请问对方辩友，善花是如何结出恶果的？

王信国：我再说一次，善花为什么结出恶果，有善端，但是因为后天的环境和教育的影响，使他做出恶行。对方辩友应该听清楚了吧？我再次请问对方辩友，今天泰丽莎修女为什么会做出善行呢？

季　翔：如果恶都是由外部环境造成的，那外部环境中的恶又是从何而来的呢？

蔡仲达：对方辩友，请你们不要回避问题，台湾的正严法师救济安徽的大水，按你们的推论不就是毁灭人性吗？

严　嘉：但是对方要注意到，8月28号《联合早报》也告诉我们这两天新加坡游客要当心，因为台湾出现了千面迷魂这种大盗。（笑声、掌声）

许金龙：我们就很担心如果人性本恶成立的话，那样不过是顺性而为，有什么需要惩罚的呢？

蒋昌建：对方终于模糊了，我倒想请问，你们开来开去，善花如何开出恶果，第五次了啊！（笑声、掌声）

吴淑燕：我方已经说过了，是因为外在环境的限制，我倒想请问对方同学了，对方同学告诉我们，人有欲望就是本恶，那么对方同学想不想赢这场比赛呢？如果想的话，您可真是恶啊！（笑声、掌声）

姜　丰：对方辩友口口声声说，因为没有善端就没有善。我们要问的是，都是善的话，那第一个恶人从哪里来？又哪里有你们所说的那种环境呢？

许金龙：环境大险，天险较恶。对方辩友，您没有听说过吗？环境会让人去行恶的。

严　嘉：对方似乎认为有了外部恶的环境，人就会变恶。请问在南极，在生活条件非常艰苦的沙漠之中，人就会变坏了吗？

王信国：我方没有这样说，对方又在第二次栽赃，我是要告诉大家，是说人有善端，好的环境会让人变好，坏的环境会让人变坏。

季　翔：如果都如对方所说的那样，人性本善，都是阳光普照，雨水充足，那还培育它干什么呢？让它自生自灭好了。（笑声、掌声）。

许金龙：照对方辩友那样说的话，人性本恶，我们要教育干什么？因为"师傅领进门，修行在个人"这句话早就不成立，应该是"师傅领进门，教鞭跟你一辈子"。（笑声、掌声）

严　嘉：按照对方辩友的这种逻辑，那么教化应该是非常容易的，每个人都是"心有灵犀一点通"了？（笑声、掌声）

王信国：我倒想请问对方辩友，在人性本恶之下，我们为什么要法律，为什么要惩治的制度呢？

姜　丰：对呀，这不正好论证了我方观点嘛！（笑声、掌声）如果人性都是善的还要法律和规范干什么？（掌声）

蔡仲达：犯错、犯罪都是人性本恶，就符合您本恶的立场了吗？那么犯罪干嘛要处罚他呢？

蒋昌建：我还没听清楚，你们论述人性是本善的，是指进化论原始社会的本，还是指人一生下来的本，请回答！

许金龙：我方早就说过的嘛！孟子说良心啊，你有没有恻隐之心，你有没有不安不忍之心，这就是良心嘛！你怎么不听清楚了呢？（笑声、掌声）

蒋昌建：如果人生来就是善的话，那我想那个"宝贝"纸尿布怎么那么畅销啊？（笑声、掌声）

吴淑燕：我想请问对方同学，再次请问你，如果人性本恶的话，到底是谁第一个去教导人要行善的呢？

季　翔：我方已经不想再次回答同样一个问题了！我倒想请问孟子不也说过"形色，天性也"嘛！请问什么叫天性呀？

许金龙：您讲得吞吞吐吐，我实在听不懂。对方辩友，请您回答我们荀子主张性恶说，还是性无善无恶。

严　嘉：这点都搞不清楚，还来辩论性善性恶？（笑声、掌声）我想请问，孔子说："七十而从心所欲，不逾矩"，像这样的圣人都要修炼到古稀之年，何况我们凡夫俗子呢？（掌声）

王信国：对方辩友，所有的问题，所有的问题都不告诉我们答案。我倒想请问对方辩友的是，康德的主张到底是有没有道德？

姜　丰：不是我们不告诉对方，是我们一再一再地告诉，你们都不懂。（笑声、掌声）

许金龙：对方辩友这句话回答的什么，我们实在没有听出来。不过我想告诉对方辩友解决一下性恶的问题吧！荀子说："无为则性不能自美。"说性像泥巴一样，它塑成砖就塑成砖，塑成房子就塑成房子，这是无恶无善说啊！对方辩友。

蒋昌建：荀子也说，后天的所谓善是在"注错习之所积耳"，什么叫"注错习之所积耳"呀？请回答。

许金龙：荀子说错了！荀子说他看到什么是恶的，还是说没有看到善，你就说是恶的。没有看到善是不善，不是恶，对方辩友。

蒋昌建：你说荀子说错了就说错了吗？那要那么多儒学家干什么？（笑声、掌声）

许金龙：儒学就是来研究荀子到底是说了性恶还是性善嘛！

季　翔：荀子明明白白地告诉我们："人性恶，其善者伪也。"（掌声）

蔡仲达：对方同学，如果说，荀子说恶就是恶的话，那我们今天还要辩什么呢？

严　嘉：对方辩友不要一再地引语录了，我们看看事实吧！历史上那么多林林总总的真龙天子们，他们有几个不是后宫嫔妃三千，但为什么自己消费不了，却还要囤积居奇，到最后暴殄天物呢？（笑声、掌声）

王信国：那也请对方辩友看看历史上的仁人志士的善行，对方辩友如何来解释呢？

姜　丰：没有规矩不成方圆，到底何为善？何为恶？

吴淑燕：要谈现实，就来谈现实吧！如果人性本恶，我和对方同学订立契约，对方可千万不能相信哪，因为我可能会占你便宜呀！（笑声）

蒋昌建：对方说，有人的话，那就是人性善的，拳击场上没有恻隐之心，没有慈让之心，那些观众，那些拳击者就不是人了？请回答。

许金龙：拳击场上是比竞技，有竞赛规则，又不是拿刀子来互相砍杀，对方辩友。（笑声）我们看看伊索比亚的难民，谁不会掉泪，谁不会动心忍性呢？

主　席：经过了精彩激烈的自由辩论之后，我们的节目到这里暂时告一个段落，广告过后我们再见。

（该案例选自1993年国际大专辩论会"人性本善"。正方为台湾大学队，反方为复旦大学队。）

案例点评：从这个例子中可以看出，无论是正方还是反方都不打无准备之仗，在辩论前都做了充分的准备。在陈述观点的时候，双方都能够有理有据，有条不紊，从而形成各自的气场，起到先声夺人的作用。在陈词过程中，双方可以说是针锋相对，对抗性极强，同时反方针对正方的陈述，及时调整进攻策略，让自己的观点阐述得更加有说服力。

示例2

正方：对方三辩提出的问题从逻辑来看，好像是说越穷道德就越好，有这个可能。但我认为这是一种虚伪的表现：让穷人继续穷吧，可是我可以说他道德好。这样我就不用掏腰包去帮助他解决温饱了。这是一个很方便的虚伪做法。（掌声）

反方：穷人的孩子早当家，欧阳修、笛卡尔和范仲淹，哪一个不是在贫困中培养起他们的高尚的道德呢？（掌声）

（该案例选自1993年国际大专辩论会"温饱是谈道德的必要条件"。正方为剑桥大学队，反方为复旦大学队。）

案例点评：正方运用逻辑方法把反方的观点推到了极致，结论是证明了富人的虚伪，这一结论很容易使观众产生共鸣。很明显，反方很难就这一结论进行辩驳，于是避其锋芒，金蝉脱壳，用一句俗语巧转语机，紧接着列举了古今中外名人在贫困中培养道德的事例，分散了对方的注意力，化解了危机。

示例3

正方：对方辩友认为，成百上千的医务工作者在研究艾滋病，只是在寻找钥匙啊？（掌声）

反方：我们不能仅仅让医学来参与！在非洲很多地方，艾滋病已经导致了"千山鸟飞绝，万径人踪灭"，还要让医学这个"孤舟蓑笠翁"来"独钓寒江雪"吗？（掌声）

（该案例选自1993年国际大专辩论会"艾滋病是医学问题，不是社会问题"。正方为悉尼大学队，反方为复旦大学队。）

案例点评：正方悉尼大学队辩手提出了极有力度的反诘，医生及医学科研工作者所致力的事业是神圣且又极为艰辛的,并非寻找钥匙那般容易。反方辩手深知就这个问题与对方辩论下去只能别动挨打,于是巧妙地躲开,避而不谈医务工作者的努力和辛苦,引用古诗名句,既转移了对方的攻击目标,又很巧妙地论证了己方的观点。

示例 4

反方二辩陈锦添:谢谢主席。大家好!一粒苹果,不管再怎么切,它终将也只能是一粒苹果。今天对方似乎为我们列举了很多种"恶",但其实只有一种,那就是贪钱。世间的万恶真的就只有贪钱一种吗?今天对方说,"万"不叫作"全"。那我想问对方辩友,今天我说"你万万不可同意我的立场",是不是说,你大部分时候不同意,偶尔可以同意一下呢?(掌声)对方主辩的逻辑很有趣,他告诉我们,因为对金钱的追求是无限的,而对财富的占有却是有限的,所以金钱就是万恶之源了。那么我说,我对道德的追求也是无限的,可是我所拥有的道德也是有限的,所以道德也是万恶之源吗?(掌声)照这样的逻辑,健康也是万恶之源,爱情也是万恶之源了。(笑声、掌声)OK,继续阐述我方立场。我方认为钱不是万恶之源,为什么呢?因为钱无法全面地涵盖世间所有的恶。根据人类学的研究,我们知道恶的形态主要分为四大类,而其中有三大类跟钱完全没有关系,另外一类,对方已经帮我说了。我们说,信念极端之恶。1995年,东京的地铁站发生了毒气的事件,结果造成了12人死亡,5500人进入医院治疗。我们还看到,十字军东征的时候,不只是成年人受伤害,而很多无辜的、手无寸铁的妇人和小孩躲在教堂里面,结果也被活活地烧死。我们看到这种死伤流血的案例,难道不在对方所谓的万恶里面吗?如果在万恶里面的话,那跟钱到底有什么关系呢?请对方二辩待会儿稍微浪费一点时间为我解释一下……大马有一个痴心汉,因为他的女友另结新欢,结果,他就把他的女友分尸13段。这个恶的导因到底是因为他内心本来的憎恨,还是因为他的女友没有给他分手费呢?(笑声、掌声)我们还看到,价值的非理性违反。我们知道,今天不忠、不孝、不仁等都是恶。可是,吴三桂让清兵入关,他为的是陈圆圆,而不是美元。(笑声)如果你走在路上,看到一只狗,你踢它一脚,看到一只猫,你踩它一下,到底这是因为你有暴力倾向,还是因为那只狗和那只猫欠你钱呢?(笑声、掌声)综上所述,世间的很多恶都不在于钱,钱不能引导恶的出现。钱到底能是万恶之源吗?如果真的是万恶之源的话,请对方解释以上种种的恶到底跟钱有什么直接的关系。谢谢。(掌声)

正方三辩余磊:谢谢主席。评委,各位好!对方同学的问题我会一一解答,请不要着急。首先,对方二辩告诉大家,"万万不可"的"万"表示一切的意思。您搞错了,"万万不可"的"万"字是一个副词,而我们今天说的"万恶之源"的"万"字是一个形容词,您把副词和形容词来做类比,是不是叫作"把马嘴安到牛头上"呢?(掌声) 对方同学今天要我方解决的第一个问题是邪教。您知不知道,您举的那个麻原彰晃的例子,麻原彰晃的一根头发卖给他的教徒要卖30000日元,一杯洗澡水要卖50000日元,他嘴上不说,心里想的还是钱呐!(掌声)其次,对方同学谈到了家庭暴力。让我们想一下,家庭暴力大多数是男人打女人。男人打女人的时候说什么?"我辛辛苦苦赚钱养家,你还不好好伺候我!"还是钱呐!(掌声)第三点,对方同学还谈到了仇恨。让我们想一下,仇恨是什么?中国人说杀父之仇,夺妻之恨。可是现在有的人没有钱可以卖老婆,有了钱可以出卖自己的父亲,这不是仇恨吗?最大的仇恨都是由钱而引起,对方同学还能否认钱是万恶之源吗?(掌声)第四点,对方同学还提到了吴三桂,他说吴三桂是为了陈圆圆。这样的借口对方同学能相信吗?如果吴三桂真的是为了陈圆圆,他在清兵入关之后已经做了云南王,陈圆圆也已经到手了,为什么还要高官厚禄,还要做皇帝呢?还是为了钱呐!对方同学以上种种例证都不能证明,如何否认我方观点呢?(掌声)刚才我方二辩已经从东西方的历史给大家证明了钱是万恶之源。现在,再让我们来看看这个现实的社会……在经济领域,由于金钱的巨大魔力,导致人们违背自己的天理良知去制造假冒伪劣,牺牲自己的恻隐之心来打击竞争对手,甚至在面对冰冷的绞刑架时,依然能够表现出飞蛾扑火般的莽撞与冲动;在日常生活领域,同样因为钱,一些人可以杀人放火、抢劫绑架、拐卖人口、贩卖毒品,这些活动,哪一样没有深深地打上金钱的烙印呢?面对金钱造成的骇人听闻的一切,如果对方同学还能告诉大家钱不是万恶之源的话,我只能用巴尔扎克的一句话来与对方共勉:金钱无孔不入地渗透到我们的社会当中,他控制了法律,控制了政治,控制了经济,控制了道德。当我们的一切为金钱所控制的时候,我们将何去何从?谢谢各位。(掌声)

（该案例选自2001年国际大专辩论会"钱是不是万恶之源"。正方为武汉大学队,反方为马来亚大学队。）

案例点评：正方所提出的观点以及反驳对方的观点中,有几个点反驳得相当不错。反方提出邪教以及家庭暴力这样的恶并不是由钱引起的,正方的三辩举出了翔实的事例,有邪教贩卖相关的物品,有人为了金钱出卖父亲、贩卖妻子,瞬间将正方从下风地位逆转;在反方提出了恶在先而钱在后时,正方同样举出了详尽的数据,说明在钱出现之后,恶的种类和形式大幅度增多,而在原始社会阶段,所谓的恶并非道德上的恶,那时的人类还没有恶这一概念。

示例 5

反方四辩胡渐彪：谢谢。其实刚才一连串的争议都起源于对方一辩在展开命题的时候所犯下的几个关键错误。一开始他们提出了两个前提,用这两个前提开展他们的立论。第一,他告诉我们,今天所谓的"万"不指全部。但是对方辩友用《辞海》断章取义,只看一个"万"字,不看"万恶之源"这四个字,是不是有点离题之嫌呢?对方辩友的第二个前提是人本身是没有恶性的,这个恶从哪里来呢?是外在诱惑出来的。然后他们就告诉我们,钱怎么重要,怎么诱惑我做恶事。我想请问各位,真的是人没有恶的本性吗？请大家摸着自己的良心，人类本身的贪婪，人类本身的那种兽性是从哪里来的呢？如果钱是万恶之源，那钱还没有发明之前，这种兽性跟贪婪性为什么就突然间不叫作恶了呢？根据这两个前提，他们提出三个论点。第一个，钱本身能够等价交换，所以钱是万恶之源。那我想请问各位，为什么钱能够有等价交换这种能力呢？是因为经济发展。按照对方辩友的逻辑，是不是要告诉我们，经济发展才是真正的万恶之源呢？第二个论点，他告诉我们，今天钱能够成为一个人的精神价值，但是这真的是一个必然判断吗？今天一个丈夫殴打他的老婆，本身可能是因为工作上不满意，可能因为情绪的宣泄，这和钱有什么关系呢？第三个论点，他告诉我们，今天钱本身是一个目的，是一个工具，因此是源。对方辩友对此的阐述错误了，目的和工具不等于一个推导的导因。我们说目的和原因有什么差别呢？一者是说从哪里来，一者是说到哪里去。如果两者等同的话，那么目的和原因有什么差别？对方辩友又告诉我们，今天钱本身是一个很重要的手段，是手段就说明它是一个中性体。如果钱是中性体的话，我想请问各位，怎么还会突然间变成了万恶之源呢？对方提出了大量的例子，告诉我们说有很多人贪钱。姑且不论贪钱不贪钱的问题，我们只要看一看，这个贪钱本身只是众恶之中的一小部分，如何构成万恶？再者，如果对方辩友举的例子是贪钱的话，那么我请问各位，是钱是恶之源，还是贪是恶之源呢？对方辩友这种只看一半，不看另一半的做法能够让我们大家信服吗？而今天我们认为钱不是万恶之源，不是我们想为钱多说好话，而是想给钱一个确切的定位。我们看得到，确实有人为了钱去做恶事，可也有人为了钱去做善事啊！今天我为了钱奉公守法赚钱，但是与此同时帮助国家发展，是善是恶呢？如果这个万恶之源一时会推出善，一时又会推出恶，那它怎么还会是万恶之源呢？如果对方辩友告诉我们，这个钱能够推导出万恶之源，又能够推导出万善之源，那就是告诉我们，它有时是万恶之源，有时突然间又不是万恶之源。那您是不是一半论证自己立场，一半论证我方立场了呢？（掌声）

我们姑且把那善的一半掩起来不看，我们效仿对方辩友，只看恶的那一部分好不好？人类学家告诉我们，社会上出现的恶基本上包含四个层面：第一个就是极端（时间警示）的信念带来的恶；第二个就是非理性价值的违反；第三个就是非分之情欲，像邪教、恐怖分子、塔利班毁佛事件，甚至南京大屠杀，这些恶和钱有什么关系呢？还是对方四辩想告诉我们，由于这些恶都没有钱涉及在内，所以它们就不是恶呢？那我突然间恍然大悟，原来日本人篡改教科书是有根据的，那个不叫作恶，因为没有钱涉及在内。就算我们今天把这三个没有和钱有关系的恶都撇开不谈，我们只看涉及钱的恶好不好呢？涉及钱又怎么样？代表钱是万恶之源吗？诚如刚才所说的贪钱，钱是恶，还是贪是恶？对方辩友把"一"当作"万"的推论方式能够论证万恶之源吗？在数学上，把"一"当作"万"，本身就是一个推断错误；在逻辑上，以一当万，以偏概全，就不能够得出一个有效的推论；在内容上，盖着一大部分，只看一小部分，就是以偏概全的诡辩，只看恶的那一部分，有关系到恶就当作恶（时间到）的源是来自钱……

正方四辩周玄毅：谢谢主席。大家好！的确呀，辩论是对于语言和文字的玩味。今天呢，我们也很欣赏对方四位同学玩味的能力。然而请问大家了，玩味的前提究竟是什么？是对于基本的概念有一个规范，有一个标准。今天，这样一本最权威的《汉语大辞典》告诉大家，"万"字一共有9种意思：五种是名词，一种是数词，还有三种分别代表极大的、极度的、极多的。因此今天我方只需要证明，钱产生了这个世界上种类繁复、数量极多的罪恶，我方的观点就可以得到证明。而对方同学今天告诉大家，我方要证明钱产生了世界上一切的、微小的、琐碎的、细微的罪恶，这是不是有一点"纸糊的月亮当太阳——偷天换日"的嫌疑呢？（掌声）而且我还要提醒大家，《辞海》是一本辞书，而"万恶之源"是一个短语，一个短语居然能在《辞海》里面出现，这是不是有些奇怪呢？总结对方同学今天的观点，其实无非是说恶源于人的内心，源于人的本性。可是请大家想一想，什么才是人的本性呢？孟子说："人性之善也，犹水之就有下也。"我们人都有是非、恻隐、恭敬、羞辱之四端，这才是本心，这才是本性。当心中有了恶念，就像是清澈的湖水里泛起了污秽，这污秽之源到底是湖水本身呢，还是外部的杂质呢？外在诱惑就是我们人心中的杂质，而金钱作为一般等价物，则是这种种外部诱惑的抽象化身，所以我们才说钱是万恶之源。的确，是人类创造了钱，然而金钱的魔力却又使人们拜倒在它的脚下。当我们善良的本心被金钱所异化时，对方同学却把这被异化的本心当作了罪恶之源，这是不是有些欲加之罪呢？的确，金钱是人类的创造物，然而当我们发现这一个创造物能够购买世界上一切的物质财富，染及人类最纯洁的灵魂时，它还仅仅只是一个创造物、一个工具那么简单吗？当我们发现金钱会异化人的本性，奴役人的自由时，对方同学还能够否认钱是万恶之源吗？

事实胜于雄辩。今天，我们一起在历史中回顾金钱如何腐蚀了强大的罗马帝国和中世纪的天主教会，这个时候对方同学告诉大家，钱不是万恶之源；我们一起在现实中看到了，走私、贩毒、战争、有组织犯罪如何都是因为金钱而生，对方同学仍然告诉大家，钱不是万恶之源；我们一起看到了，人类几千年的文明史都处于对金钱的追求之中，充满着血腥、暴力、仇恨与背叛，对方同学仍然告诉大家，钱不是万恶之源。此刻，就在对方辩友侃侃而谈为金钱进行辩护的同时，我们不知道在金钱魔杖的运转之下，又有多少奸商一夜暴富，有多少暴徒铤而走险。我们不知道，多少人正在用闪闪发光的黄金去引诱那些原本纯朴、善良的灵魂，又有多少灵魂在金钱的引诱之下一步一步走向堕落的深渊。面对这一切，我们不能不觉察到金钱（时间警示）光辉背后罪恶的阴影，我们不能不聆听金钱喧嚣声中良知的呻吟。是的，钱是万恶之源。然而，万恶之源本身并不是恶。只要我们发扬自身的理性和良知，在历史的舞台上，钱仍然有自己应该有的位置，这个恶之源同样可以开放出美丽的善之花。的确，总有一种力量能让我们迷失本性，那是金钱无所不能的魔力。然而，同时也有一种力量让我们返回本心，那是

我们心中永恒不灭的人性之光。谢谢。（掌声）

（该案例选自2001年国际大专辩论会"钱是不是万恶之源"。正方为武汉大学队，反方为马来亚大学队。）

案例点评：该案例是双方第四辩手的总结陈词。正方的四辩辞藻十分华丽，但没有强有力地打击对方、巩固自己的观点。总体来说，正方四辩的观点就是"万"是指种类繁多而并非所有，对于反方的问题"为何有人用万恶之源开出了善之花"也只是略略地用人性一笔带过，有点太过单薄。而反方的四辩先是指明了正方的定义断章取义，接着从人没有恶的本性以及金钱有助经济发展的角度巩固自身的观点，最后从正方的角度一点点地剖析对方所立的论点，得出自身的观点，反方四辩最后的结辩为反方增色不少。

专项训练

1. 就以下辩题，组队进行正反双方辩论。选出辩论主席、正反双方辩手和评委。

（1）人生机遇比奋斗更重要/奋斗比人生机遇更重要

（2）文物古迹应以保护为主/文物古迹应以开发为主

（3）网络使人更亲近/网络使人更疏远

（4）赞成为了漂亮而去整容/不赞成为了漂亮而去整容

2. 语言表达综合训练。

请将《朗读者》第一期《遇见》中的开场白和结束语文字标上声母、韵母和声调，进行仿说训练，注意发音的准确、自然、流畅以及情感的真挚。

开场白：

董卿：今天是《朗读者》节目第一次和观众见面，所以我们第一期节目的主题词也特意选择了"遇见"。古往今来，有太多太多的文字，在描写各种各样的遇见。"蒹葭苍苍，白露为霜；所谓伊人，在水一方"，这是撩动心弦的遇见；"这位妹妹我曾经见过"，这是宝玉和黛玉之间，初见面时欢喜的遇见；"幸会，今晚你好吗？"这是《罗马假日》里，安妮公主糊里糊涂地遇见；"遇到你之前，我没有想过结婚；遇到你之后，我结婚没有想过和别的人"，这是钱钟书和杨绛之间决定一生的遇见。所以说，遇见仿佛是一种神奇的安排，它是一切的开始。也希望从今天开始，《朗读者》和大家的遇见，能够让我们彼此之间感受到更多的美好。

结束语：

董卿：一位老人，用毕生的心血，毕生的精力，毕生的热情，在东西方文学的世界里架起了一座桥梁，让我们有可能到达彼岸，让我们有可能遇见。今天是《朗读者》第一次和大家的遇见，也希望从今往后，能够遇见无声的文字，遇见有声的倾诉；遇见一花一叶，遇见大千世界。

第五章

岗位专项语言训练

第一节 导游讲解语言

近年来,我国旅游行业日益兴盛,职业导游员的素质及水平也随着旅游行业的发展不断提高。导游员在整个导游过程中,在对游客迎送、景点讲解、生活服务的过程中都需要使用导游讲解自己的语言。良好的导游讲解语言是导游员必备的职场基本能力,可以使自己的工作得心应手,使游客流连忘返。因此,培养导游员的语言运用能力非常重要。

一、导游讲解语言技巧

导游员要想提高语言运用能力,掌握并灵活运用导游讲解语言的技巧尤为重要。

1. 欢迎词的语言技巧

导游员初见游客时要礼貌地致欢迎词。欢迎词要热情洋溢、真诚友善,内容一般包括问候语、自我介绍及同行的司机介绍、表达服务意愿和祝福。

1)叙述式

用清楚、简洁的语言进行自我介绍,明确游览项目。

示例

女士们、先生们,你们好!欢迎大家光临天坛。我是××旅行社导游员刘红,大家可以称呼我小刘,也可以叫刘导。我的手机号码是13889××××××。这是我们此次行程的司机王师傅。我非常高兴能有机会陪同各位一道欣赏、领略这雄伟壮丽、庄严肃穆的古坛神韵。让我们共览这"人间天上"的风采，共度一段美好的时光。

（选自https://zhidao.baidu.com/question/173240488.html）

2）抒情式

用饱含深情、真挚动人的语言将游客带入美好的境界。

示例

各位亲爱的游客朋友们，你们好！我是××旅行社导游员张斌，大家可以称呼我小张，很高兴能为大家服务，欢迎各位来我们杭州旅游。来杭州之前，您一定听说过"上有天堂，下有苏杭"这句名言吧？其实把杭州比喻成人间天堂，很大程度上是因为有了西湖。千百年来，西湖风景展现了经久不衰的魅力，她的风姿倩影令多少人一见钟情。就连唐朝大诗人白居易离开杭州时还念念不忘西湖："未能抛得杭州去，一半勾留是此湖。"朋友们，下面就随我一起从岳庙码头乘船去游览西湖。

（选自https://wenku.baidu.com/view/56e38d4e852458fb770b5632.html）

3）幽默式

用幽默、风趣的语言化解矛盾，表达态度，使气氛和谐，容易让游客接受。

示例

Hello！各位游客朋友，大家好！欢迎各位来到风景秀美、气候宜人、美食成堆、美女如云、帅哥成林的历史文化名城长沙。俗话说得好，"百年修得同船渡，千年修得共枕眠"，现在流行的说法呢就是百年修得同车行，我们大家今天在同一辆车里可是百年才修来的缘份呐，小×真是深感荣幸啊。司机师傅可是一等一的好男人啊，大家看看此时此刻为我们遮风挡雨的旅游车，它就是我们师傅一个流动的家啊，当然师傅也很爱它，现在不是很流行房车吗？我们姑且把我们的旅游车也看作新款的房车，我想说的是，在大家离开这个流动的家时，一定要做个潇洒状：挥一挥衣袖，不留下一片云彩！好，在这里呢，请大家把你们最热烈的掌声送给我们一等一的好男人！

（选自https://www.gexingshuo.com/article/19499.html）

2. 欢送词的语言技巧

导游欢送词是旅游行程的小结，是导游接待工作的尾声。如果说欢迎词给游客留下美好的第一印象是重要的，那么，送别时的欢送词能够给游客留下终生难忘的回忆。

欢送词通常应包括的内容有表示惜别、感谢合作、小结旅游、征求意见、期盼重逢、美好祝愿。

示例1

到这里，大家的哈尔滨之行就要结束了。相信中央大街的古典、索菲亚教堂的端庄、防洪纪念塔的挺拔，还有冰雪大世界的神奇一定还让您意犹未尽，里道斯红肠、东方饺子王的饺子一定还在您的唇齿间留香。如果此次旅行中您有什么不满意之处还请多多包涵，小王也在这里感谢大家一路上对我工作的支持和理解。大家对我像朋友一样，大家的热情和友好让我深受感染，我会把大家的热情和友好传达给更多的人，也希望我们之间的友情像哈尔滨啤酒一样源远流长。这种友情不因时间和空间的距离而减少，只会越来越醇香和绵长。在离别之际，小王送大家一句话：我们常说因为生活我们不能失去工作，我们努力地工作是为了生活，那反过来我们也不能因为工作失去生活，在您忙碌的工作之余别忘了给自己留一点空间，出来旅行一次，有机会再到哈尔滨来，小王和我所在的旅行社将为您提供更好的服务。最后祝大家归途一切顺利，一路平安！

（选自https://wenku.baidu.com/view/6da3df7cf08583d049649b6648d7c1c709a10b50.html）

示例2

各位朋友，时间过得太快，转眼间三天已经过去了。在此，我不得不为大家送行，心中真的有许多眷恋。无奈，天下没有不散的宴席，也没有永远在一起的朋友，但愿我们还有再见的机会。各位朋友在大连期间游览了市容和海滨风光，参观了旅顺近代史遗迹，到了……并且品尝了大连海鲜，有的朋友还购买了不少大连的土特产，真可谓收获多多。相信在各位朋友的生命中，从此将增添一段新的记忆，那就是大连，但愿它留给大家的印象是美好的。今后如果再来，或有亲友、同事到大连，请提前打声招呼，我们一定热情接待。最后，预祝各位朋友在今后的人生旅途中万事顺意，前程无量！

（选自https://www.51test.net/show/9159046.html）

3. 解说词的语言技巧

景点解说时，要根据不同的景点、不同类型的游客等采取不同的表达方式，使用不同的技巧，使讲解形式活泼、多样、富有美感。讲解景点时，要做到知识性、趣味性、科普性、互动性和幽默性。

1）知识性

导游员不能只顾跟游客闲聊，介绍景点是导游员重要的工作任务。好的景点解说词可以令游客大开眼界，通过旅游增长知识、丰富阅历也是旅行的一大魅力。因此，导游员要认真地向游客传播景点中的文学、历史等相关知识，保证知识的准确性。

夫子庙又叫孔庙、文庙，是祭祀我国著名的大教育家、思想家孔子的地方。孔子在古代被人们尊称为孔夫子，故其庙宇俗称夫子庙。由于儒学的正统地位，它的创始人孔子备受封建社会历朝历代的统治者和士子们的尊崇，祀奉他的孔庙遍布全国各地，有的地方还不仅只有一个。夫子庙大多与教育设施（如学宫、贡院等）布置在一起，即所谓的庙附于学，一般在学宫的前面或一侧。历史上，南京城区的夫子庙曾有三处，一处在今市政府大院内，另一处在朝天宫，现在我们要参观、游览的是第三处，也是最有名气的一处。它是宋景佑元年（1034年）从朝天宫迁来的，初为建康府学，元为集庆路学，明初为国学，后为应天府学，清迁出府学，改为江宁、上元两县学。咸丰年间毁于兵火，同治年间（1869年）重建，抗战中为日军焚毁。现存夫子庙为20世纪80年代初重建。它采用前庙后学，孔庙在前，学宫在后，后来设立的贡院被布置在学宫的左侧。因此，南京夫子庙比较完整的格局包括三部分，即孔庙、学宫、贡院。以大成殿为中心的南北中轴线及两侧的主要建筑和以明远楼为中心的江南贡院陈列馆成为夫子庙最主要的旅游观光点。

（选自https://zhidao.baidu.com/question/2076323968940863108.html）

2）趣味性

导游员在解说中可以适当穿插典故、传说、笑话、千古名句等增加情趣，使解说词生动活泼，引人入胜，让游客更有兴致。

朋友们，断桥残雪景点到了。这桥为何叫断桥呢？它的名字来自中国民间故事《白蛇传》。传说，白娘子原本是一条在山野中修炼的小白蛇，有一天，小白蛇被一个捕蛇老人抓住了，差一点遭遇杀身之祸，幸亏被一个小牧童所救。经过一千七百年的修炼，白娘子终于化作人形，经观音的指点，来到杭州西湖，在断桥上，找到了前世的救命恩人许仙，并嫁给了他。传说中的许仙和白娘子动人的爱情故事，让断桥成为西湖上众多桥中最著名的桥。每当瑞雪初霁，站在宝石山上向南眺望，断桥的石拱桥面无遮无拦。阳光下冰雪消融，露出了斑驳的桥栏，而桥的两端还在皑皑白雪的覆盖下。依稀可见的桥身似隐似现，而涵洞中的白雪熠熠生光，与灰褐色的桥面形成反差，远远望去似断非断，故称断桥。

（选自https://wenku.baidu.com/view/a41f7898fe00bed5b9f3f90f76c66137ef064f17.html）

3）科普性

导游员是文化的传播者，在带领游客遍览名山大川之时也不能忽视对科学知识的讲解。这样既能满足游客的好奇心，又能满足很多游客增长知识的需要。当然，这需要导游员具备广泛的知识面。

示例

　　看了金鞭岩的雄姿，大家可能会奇怪：大自然为何会如此神奇？据科学论证，3亿多年以前，这里曾是一片汪洋大海。大约1亿年前，由于海浪的冲击，石英砂岩在海底沉积了500多米厚，后来，经新构造运动强烈抬升，这里成为陆地。地面抬升以后，在流水的作用下，一些细小的沙石被冲走，加上在重力作用下岩石的崩塌，又被雨水、溪流慢慢地冲刷等综合作用，使张家界地区在漫长的岁月中经风化、流水切割，逐渐形成了由一系列柱峰、方山、峡谷组合而成的奇特的石英砂岩峰林地貌。看到此情此景，没有人不为大自然的鬼斧神工而惊叹！

　　（选自https://wenku.baidu.com/view/d35f5f4181eb6294dd88d0d233d4b14e85243e8e.html）

　　4）互动性

　　导游员不要一味只顾自己讲解，要留心观察游客的反应，适当地与游客做交流，可以加入现场提问、猜谜语等环节，让游客身心放松，同时拉近导游员与游客之间的距离。

示例

　　游客朋友，我们旅游的目的地山西永济就要到了。地处黄河中游的山西，有许多值得去的地方……传说中"四大美人"中的一位就出生在永济的独头村。朋友们，你们知道是哪一位美人吗？或者我们一起来猜猜，四选一，看谁先猜出正确答案……这位朋友答对了，就是杨贵妃，我们掌声鼓励！

　　5）幽默性

　　马不停蹄的旅途很容易让游客产生疲劳，这时候，幽默就是调节气氛的一剂良方，它既可以增添导游员的魅力，也可以让解说词不流于说教。需要注意的是，幽默要体现智慧，分寸得当，而不是低俗的逗趣。

示例

　　下面我们就要到地下室去参观马王堆一号汉墓的主人——西汉女尸辛追了。在下楼之前，我想提醒各位一件事，辛老太太已经在地下埋葬了两千一百多年，睡得正香呢！咱们看的时候得安静点，别打扰了人家的好梦。如果您不小心将她老人家吵醒了，后果可得自负！

二、导游讲解语言实训

　　5～10人一组，到沈阳故宫或学院导游数字模拟实训大厅进行仿真游览。同学们可以轮流担任各景点的导游员。要求：导游员按照沈阳故宫导游解说词的内容，采用导讲解语言技巧，为游客提供服务。

沈阳故宫导游解说词

各位游客大家好，沈阳故宫始建于公元1625年，先后经过三次大规模建设，形成了东、中、西三路格局。东路建立于清太祖努尔哈赤时期，主要建筑是大政殿和十王庭；中路建于清太宗皇太极时期，主要的建筑是大清门、崇政殿、凤凰楼、清宁宫；西路呢，建于清乾隆年间，主要建筑是戏台、嘉荫堂、文溯阁和仰熙斋，它因存放《四库全书》而闻名。现在，我们就来领略一下昔日皇宫的风采。

首先我们看到的是……

（选自http://www.yuwenmi.com/fanwen/jieshuoci/1294868.html）

第二节　乘务服务语言

乘务服务要善于察言观色，掌握多种语言表达方式，学会使用礼貌用语，避免语言平淡、乏味、机械。无论是客运服务，还是航空服务、铁路服务，语言是乘务服务过程中判定服务质量的主要因素之一。得体的语言、动听的声音不仅能体现个人涵养，还能迅速拉近人与人之间的距离，化干戈为玉帛。掌握乘务服务语言的技巧，对于乘务服务人员来说是至关重要的。

一、乘务服务语言技巧

1. 敬语

敬语是说话人表达对听话人的尊敬时使用的语言，是展示说话人风度和魅力必不可少的基本要素之一。一般而言，敬语可分为以下几种。

（1）问候型敬语。通常有"您好""早上好""久违了"等。

（2）请求型敬语。主要有"请""劳驾""承蒙关照""拜托"等多种不同的表达方式。

（3）道谢型敬语。除了"谢谢"，还有"承蒙夸奖""不胜荣幸""承蒙提携"等。

2. 委婉语与致歉语

（1）委婉语。委婉语是用来在服务工作中表达不宜直言的事情的语言，通常在一些正规的场合以及一些有长辈和女性在场的情况下，被用来替代那些比较随便甚至粗俗的话语。例如，想要上厕所时，宜说："对不起，我去一下洗手间。"让对方等候时，要说："请稍等。"

（2）致歉语。致歉语是在服务过程中麻烦、打扰、妨碍了别人时，及时向对方表示道歉的语言，如"对不起""非常抱歉""请原谅""不好意思""给您添麻烦了""打扰了""请多包涵"等。注意，工作中要规范使用致歉语，应得体大方、言行统一。

3. 广播用语

广播时，必须使用普通户，语速中等，语调平缓，音量适中，不可使乘客收到惊吓；应吐字清晰，内容简洁明了。

示例1

各位贵宾：欢迎您搭乘××航空，第×号班机（经过_____）前往_____。今天的飞行是由本机机长××、事务长/座舱长××、_____位空服员、_____位_____籍空服员为大家服务，如果您需要任何协助，请通知空服人员。

各位贵宾午安：我们即将开始下降，预计下午_____：_____降落在××机场，请系好您的安全带，本人谨代表××航空公司及全体组员谢谢您的搭乘并祝您旅途愉快！

各位贵宾：我们现在已经降落在××国际机场了，在安全带的指示灯没有熄灭、班机没有停妥前，请您不要离开座位。下机时，请不要忘了随身携带的行李。打开座位上方的行李柜时，请您特别留意以免行李滑落下来。非常感谢您搭乘××航空公司的班机，并希望能再次为您服务。

（选自https://www.51test.net/show/4947747.html）

示例2

女士们、先生们：你们好！欢迎乘坐龙达客运班车，本次班车由沈阳发往开原方向，行程120千米，正点运行大约1小时20分，本次班车终点站为开原客运站。为了您和他人的身体健康，请不要在车厢内吸烟，行驶途中请您系好安全带以保证您的人身安全，您在旅途中有什么要求，请随时向我们提出，我将尽力帮助解决。我们将自觉地接受广大旅客的监督，欢迎您在意见簿上留下宝贵的意见。我们的服务监督电话是024-88152×××。祝大家旅途愉快，现在开始买票，票价为35元，请大家准备好零钱，谢谢大家合作！车窗两侧有我们公司的二维码，扫二维码关注"沈阳龙达客运"下次坐车即可在网上购票，谢谢。

4. 接听电话用语

接听电话时，要主动报出自站名、岗位及自己的姓名，如"××车站，××岗位，我是×××，您好！"

询问对方时，应使用敬语，如"您好，请问你是哪里？"

在电话转接或中途需要暂时中断时应说："对不起，请您稍等。"

当对方找的人不在时，应礼貌地询问对方的姓名以及是否需要转告，并认真做好记录。

二、乘务服务语言实训

模拟工作现场用普通话广播。

发车前服务用语：

各位旅客你好，欢迎乘坐天兴客运班车，我是本次班车的乘务员，我的服务代码是007，本次旅途由我和驾驶员为您服务。本次班车是由沈阳发往通化方向，全程275千米，正点运行大约4小时，途中经过快大、206等站，中途停靠永陵服务区。请不要在货仓内和行李架上存放贵重物品，请您随身带好笔记本电脑、现金等贵重物品，以防丢失。为了您和他人的旅途安全，请您不要在车厢内吸烟，不要在车内随意走动，系好安全带，保持车内卫生。本次旅行我们将热情、真诚地为您服务，祝您旅途愉快。

中途服务区服务用语：

旅客朋友们，永陵服务区快要到了，我们在这里休息5分钟，下车的旅客请保管好随身物品，以防丢失。为了不影响您和他人的旅程，我们将在5分钟后准时发车，谢谢大家合作。

中途停靠站服务用语：

各位旅客，快大站就要到了，下车的旅客请在车辆停稳后带好随身物品准备下车，下一站是206站，中途不再停车，谢谢大家合作。

各位旅客，206站快要到了，下车的旅客请在车辆停稳后带好随身物品准备下车，下一站是本次班车的终点站通化老站，中途不再停车，谢谢大家合作。

终点站服务用语：

各位旅客，终点站通化老站到了，由于大家的协助，本次班车安全、顺利到达目的地，我代表天兴公司向大家表示感谢。为了您的安全，请您在车辆停稳后带好行李物品准备下车，欢迎您再次乘坐天兴客运班车，下次旅行再见！

欢迎语：

您好，通化方向，请出示车票，上车对号入座，请您系好安全带。

欢送语：

慢走，再见，欢迎下次乘坐。

火车站广播：

旅客朋友，大家好！欢迎朋友们乘坐本次列车来到曲靖，如果大家有什么困难和要求请随时与我们联系，如果您对我们的工作有什么意见，欢迎写在留言簿上。预祝大家有个好心情，轻轻松松度过旅行生活。曲靖市位于云南省东北部，东与贵州省、广西壮族自治区毗邻，南与文山州、红河州接壤，西与昆明市、东川市连接，北靠昭通市和贵州毕节地区，是边疆中的内地。素有"云南咽喉"之称的曲靖，距省会昆明市135千米，面积33.821平方千米，地形地貌多样，民族风情各异。在这里，您可以可领略彝、壮、苗、瑶等各民族独特的语言、服装、风俗和信仰。主要风景名胜有珠江源、千佛塔及罗平多依河、九龙瀑布群、鲁布革风景区等。

曲靖火车站建设于1966年，是贵昆线上客货运输的重要枢纽，是云南省通往东部和整个中原地区的东大门，还是云南省内仅次于昆明站的最大客货运输大站。曲靖火车站为曲靖地区经济、社会发展做出了巨大贡献，为市民出行提供了极大方便。2007年6月1日昆明至曲靖城际列车的开通使昆明曲靖两城实现同城效应，它如同一条无形的纽带，将昆明与曲靖间的距离缩短，并在加深两地商务、文化交流方面扮演了重要角色。欢迎各位旅客光临曲靖，祝您旅途愉快，曲靖期待您的到来，我们将竭诚为您服务！

（选自https://wenku.baidu.com/view/5acf670ed5d8d15abe23482fb4daa58da1111c0d.html）

机场广播：

各位旅客，现在播放民航局公告，禁止旅客随身携带液态物品乘机，请各位旅客在办理登机牌的同时，将各类液态物品、膏状、胶状物品提前托运。禁止旅客利用客票交换、捎带非旅客本人的行李物品。禁止旅客携带打火机、火柴等各类火种登机。谢谢各位旅客的配合。

（选择https://wenku.baidu.com/view/f361ed19a1c7aa00b52acbf0.html）

客运站广播：

各位旅客，身高超过1.5米的儿童请购买全票，持一张全票的旅客可免费携带一名1.2米以下的儿童。携带免费乘车儿童超过一人或要求供给座位的，须购买儿童票。各位旅客，车站是旅客的"临时之家"，为了使大家有一个良好的旅行环境，请爱护公共设施，保持清洁卫生，讲究文明礼貌。车内不准吸烟，不准随地吐痰，行车时不要与驾驶员闲谈及妨碍驾驶员操作，不遵守汽车客运规章且不听劝告者不准乘车。请各位旅客朋友与我站工作人员共同构建一个和谐、舒适的乘车环境。祝您旅途愉快。

第三节　营销语言

营销通常是指营销员向顾客推销商品、促成交易的商务活动。合理运用营销语言是营销中较为常用的基础技能，是与顾客进行情感沟通的技巧，是一门把话说得悦耳动听、滴水不漏的经商艺术，是赢得顾客、扩大市场的成功法宝。营销语言运用得好可以使营销化难为易、化繁为简，可以让顾客变拒为纳、变疑为信。

一、营销语言技巧

1. 营销陈述技巧

营销陈述就是在营销过程中，营销人员向客户进行的产品或服务方面的清晰而简明的介绍。营销陈述的具体技巧如下。

（1）用通俗的语言介绍。通俗易懂的语言最容易被大众接受，所以，在语言使用上营销人员要多用通俗的语言，让客户听得懂。营销人员介绍产品和交易条件时，应简洁、明了，表达方式应直截了当。若表达不清、语焉不详，就可能产生沟通障碍，进而影响成交。

（2）采取讲故事的方式介绍。将产品在生产、研发及销售过程中发生的，能够突出产品质量和特色的小故事讲给顾客听，可以成功吸引顾客注意，激发客户的兴趣和对产品的信心。

一位顾客在海尔牌冰箱前徘徊了很久，她不放心地问营销人员："你们的产品质量有保障吗？"营销人员没有直接回答，而是给这位顾客讲述了海尔集团的总裁张瑞敏先生带领员工砸冰箱的故事。故事讲完，那位顾客毫不犹豫地买下了海尔冰箱。

（3）用形象的描绘介绍。有人说，打动了客户的心就打开了客户的钱包。这种说法虽然有些戏谑，但是也恰恰表明，要让客户的心感受到产品的好。最能够打动客户的心的方法就是形象的描绘。如果告诉客户，你购买产品后就能得到哪些好处，那么客户肯定能动心。因为你让他们感受到了购买产品后的"美好"，为得到这些"美好"，他们自然心甘情愿地掏腰包。

一位先生和太太一起逛商场，太太试穿了一件紫色的羊绒大衣，卖衣服的营销人员对她说了一句话，使本来只想试试并没有购买欲望的她毫不犹豫地掏出了钱包，先生拉都拉不住。这位营销人员对那位太太说的什么话竟然有如此大的魔力？这句话就是：

"穿上这件衣服可以成全您的美丽。"

（选自：蒋红梅.演讲与口才实训教程[M].北京：清华大学出版社，2017.）

（4）用幽默、有趣的语言介绍。如果在营销的过程中巧妙地加入幽默、有趣的语言，可以化解尴尬和不必要的冲突，能够产生令人意想不到的效果。

示例

昆山有一家叫"泰远"的旅馆，它坐落于一个风景名胜区内。曾经有一位销售人员前往该旅社向这位老板推销券商理财产品。当他与旅馆老板进行磋商时，如同一般准客户的反应一样，老板这么对他说："这件事情让我再考虑一下，因为我还需要请示一下我的太太。"这家旅馆名叫"泰远"，与"太远"同音，因此在听完他的推托之词后，这位销售人员就说："来到贵店'太远'，如果是'太近'的话，多来几次也无妨，但是偏偏我身居在那遥远的上海……"听了这番话后，那位老板随之忍俊不禁，笑个不停，结果当天这位销售人员就谈成了这笔生意。

聪慧的销售人员灵机一动，通过旅馆的谐音制造了一个幽默，却产生了出其不意的效果，打动了客户。如果你能让客户开怀大笑，你就能赢得客户，这就是幽默的力量。

2.化解顾客异议的技巧

异议就是顾客的不同意见，其实质是客户对于产品或服务的不满意。商品交易中，顾客异议的情况司空见惯。营销人员遇到顾客异议，通常会先想办法让对方心理平衡，使顾客愉快地购买自己的产品。化解顾客的异议通常可以采取以下几种方法。

（1）直接反驳法。营销过程中，一般不要直接反驳顾客，直接反驳顾客容易陷入与顾客的争辩之中而不自觉，往往事后懊恼却很难挽回。但在有些情况下，销售人员必须直接反驳以纠正顾客的错误观点。例如，当顾客对本公司的服务、诚信有所怀疑时，当顾客引用的资料不正确时。注意，千万不要伤害到客户的自尊。

示例

客户：该商用楼的公摊面积比例比其他楼盘高出不少。

销售人员：您大概误解了，这个楼盘公共设施占楼盘总面积的18.2%，一般大厦的比例为19%，我们的反而要低一些。

客户：你们公司的售后服务不好，需要维修时总是来得很慢。

销售人员：我相信您了解到的一定是个案，可能会有这种情况发生，对此，我们也很抱歉。事实上，我们的经营理念是"服务第一"，公司在全省各地的技术服务部门都设立了电话服务中心,以便随时联络在外的服务人员,希望能以最快的速度来完成售后服务工作,以达成电话叫修后2小时一定到现场修复的承诺。

(2)补偿处理法。补偿法又称抵消法、平衡法或者利弊分析法,是指利用客户异议以外的,能够对客户异议予以其他利益补偿的方法来处理客户异议。推销人员利用补偿处理法化解客户异议,承认缺点,讲明优点,利用优点抵消缺点,使客户达到心理平衡。

示例

在一次冰箱展销会上,一位打算购买冰箱的顾客指着不远处的一台冰箱对身边的推销人员说:"A牌的冰箱和你们的冰箱同一类型、同一规格、同一星级,可是它的制冷速度要比你们的快,噪音也要小一些,而且冷冻室比你们的大12升,看来你们的冰箱不如A牌的冰箱呀!"推销人员回答说:"是的,你说的不错,我们冰箱噪声是大点,但仍然在国家标准允许的范围以内,不会影响您和家人的生活与健康,我们的冰箱制冷速度慢,可费电量却比A牌冰箱少得多。我们冰箱的冷冻室小但冷藏室很大,能储藏更多的食物,您一家三口人,能有多少东西需要冷冻呢?再说我们的冰箱在价格上要比A牌冰箱便宜300元,保修期也要长6年,我们还可以上门维修。"顾客听了,脸上露出欣然之色。

(选自https://www.shangxueba.com/ask/9949231.html)

(3)理解价值法。顾客想买到质量上乘的产品,但是往往会对商品价格提出异议,认为价格比较昂贵。处理这种异议的方法就是让顾客相信产品的质量与价格是成正比的,要让顾客充分认识到产品的质量、性能及服务都优于同类产品。

(4)反向质疑法。反向质疑法是指销售人员利用客户提出的异议,直接以询问的方式向客户提出问题,引导客户在回答问题的过程中不知不觉地回答了自己提出的异议,甚至否定自己,同意销售人员观点的异议化解方法。这种方法是销售人员利用客户异议,根据实际情况,通过运用为何、何事、何处、何时、何人和如何等问题反问客户的一种处理方法。这是所有应对方法中最高明的一招,与其自己来说,不如让客户说出他的看法,把攻守形势反转过来。

示例

客户: 你的产品确实不错,不过,我现在还不想买。
销售人员: 这位先生,既然产品很好,您为什么现在不买呢?
客户: 产品虽然不错,可它不值这个价啊?

销售人员：那您说说这样的产品应该卖什么价格？
客户：反正太贵了，我们买不起。
销售人员：这位先生，看您说的！若连您都买不起，还有谁买得起？您给还个价吧。

以上这个例子中，销售人员对待客户异议，没有马上讲事实、摆道理，而是向客户提出问题，引导客户自己否定自己，最终达成交易。

二、营销语言实训

示例 1

一位财政金融计算器的推销人员向一家公司的经理推销自己的产品。
顾客：你们的产品价格太高了。
推销人员：太高？
顾客：你们产品的价格几乎比你们的竞争对手的价格高出25美元。
推销人员：这正是您应该买我们产品的原因啊。我们的产品有许多好的品质，每个人都认为其物有所值。其他品牌中，没有任何一种产品能有我们产品这样独特的时间特征。您只要按这个按钮，就会看到时间和日期。
顾客：这很好，但我感兴趣的是我的秘书能用于计算薪水总额、税收及其他商业申请表的计算器。
推销人员：您所说的仅仅是这种计算器最基本的功能。
顾客：是这样的，你们有没有比这更便宜的计算器？
推销人员：我明白您的意思了。价格固然重要，但我认为质量也是一个重要的考虑因素，我们的计算器保证可以使用5年而不需要维修，这比竞争对手产品的有效使用期要多出2年，这就相当于每月的花费仅2美元。
顾客：也许你是正确的，但我还需要考虑一下。
推销人员：经理，您付给您的秘书多少工资？
顾客：每小时10美元。
推销人员：哦，先前我计算过，用我们的计算器可使您的秘书每天节省2小时的工作时间，相当于每天节省20美元，一周就是100美元。这些都代表您腰包中的金钱。如果您还下不了决心，这可是一个损失。
顾客：这么说的话，那我就买吧。

问题：
（1）推销人员是采用哪些方法来处理顾客异议并说服顾客购买产品的？
（2）你遇到这种情况时会怎么处理？

示例 2

一位顾客在购买吸尘器时提出:"这种型号的吸尘器价格太贵,几乎比另外一个型号贵了一倍。"推销员回答道:"先生您说得很对,这个款式的价格确实比较高,但是它的功能也是其他产品不能相比的。它有内置的可以灵活拆卸的垃圾桶,方便您及时清理吸尘器中的垃圾;它内置了雾化装置,确保洗尘过程中不会产生任何扬尘。而且它能够处理一些比较顽固的污垢,使洗尘效果更好,更加省时、省力。所以,一分价钱一分货,它的性价比还是很高的。"

问题:推销员运用了哪种处理顾客异议的方法?

第四节 管理语言

管理语言是管理者在计划、组织、指挥、决策、协调、激励、控制过程中为实现良好沟通而使用的语言。良好的沟通是企事业单位各部门之间及部门内部各岗位之间协调互助的基础,成功的管理语言表达是各级领导在管理过程中不可或缺的法宝。

一、管理语言的功能

1. 提高工作效能

在企事业单位内,畅通无阻的沟通可以起到振奋员工士气、提高工作效率的作用。随着社会的发展,人们开始了由"经纪人"向"社会人""文化人"的角色转换。人们不再一味追求高薪、福利等物质待遇,而是要求能积极参与企业的创造性实践,满足自我实现的需求。良好的管理沟通,使员工能自由地和他人,尤其是管理者谈论自己的看法和主张,使员工的参与感得到满足,从而激发员工的工作积极性和创造性。

2. 获取所需信息

顾客需求信息、制造工艺信息、财务信息等都需要准确而有效地传达给相关部门和人员。各部门之间、各岗位之间必须进行有效的语言沟通,以获得其所需要的信息。如果制造部门不能及时获得研发部门和市场部门的信息,会造成难以估量的后果。企业出台任何决策都需要通过书面的或口头的、正式的或非正式的语言沟通方式和渠道传达给合适的对象。

3. 激发员工创造性

在有效的人际沟通中,沟通者互相讨论、启发、共同思考、探索,往往能迸发出创意的火花。惠普公司要求工程师们将手中的工作显示在计算机上,以便大家一起出谋划策,共同解决困难。员工对于本企业有着深刻的理解,他们往往能先发现问题和症结所在。有效的管理沟通机制使企业各阶层员工都能分享自己的想法,并考虑付诸实施的可能性。这是企业创新的重要来源之一。

二、管理语言运用技巧

1. 谈心的语言技巧

通常，人们将管理者称为上司或领导。领导才能不是表现在告诉别人如何完成工作，而是使别人发挥能力完成它，这主要通过语言沟通来完成。管理者应有计划地与员工谈心。

（1）亲近下属。面对上司，下属的心态各异：害怕、戒备、试探、轻视、敬佩、激动、兴奋、不以为然、针锋相对等。因此，若想得知下属内心真正所想，上司与下属谈话时必须避免自鸣得意或命令、训斥的口吻，而是要放下架子，平易近人地进行沟通。这样，下属才会敞开心扉。

（2）换位思考。站在他人的立场上分析问题，能给他人一种为他着想的感觉，这种投其所好的技巧常常具有较强的说服力。上司要有针对性地解决下属的思想问题，并把解决思想问题与解决实际问题结合起来。

（3）正确对待下属谈话中的停顿。下属在回答问题时产生停顿可能有两种原因：一种是为了确认上司的态度，不清楚上司的看法或未受到鼓励时，谈话可能会停止，这时上司最好能及时予以回应，如"请继续""好，请往下说"等；另一种原因可能是短暂的思维停顿、受外界的干扰或自身过于激动等。这时，上司应当用反响提问法，用问题的形式重复谈话内容，来引出下属的谈话。

2. 褒扬的语言技巧

市场经济下的现代社会，金钱奖励固然是有效的方法，但用褒扬来激励员工，却往往会收到意想不到的效果。

（1）褒扬要具体。表扬他人时，最好就事论事，哪件事做得好，什么地方值得赞扬，说得具体，见微知著，才能使受夸奖者高兴，从而引起感情的共鸣。例如，"小赵本月表现不错，为客户服务时仪态端庄，礼貌用语使用得体，为客户办理入住时业务熟练，效率提高很多"就比管理者只说"小赵本月表现不错"效果好很多。

（2）褒扬要及时。员工某项工作做得好，应及时夸奖，迟到的褒奖会使效果大打折扣。

（3）褒奖要诚恳。避免空洞、刻板的公式化的夸奖，或不带感情的机械性话语，"放之员工而皆准"，会令人有言不由衷之感。

> **示例**
>
> 有一次，心理学家丹·艾瑞里应以色列英特尔工厂之邀去做个实验，判断哪种激励方式最能提高工人的工作效率。他把156个工人随机分为四组。第一组是现金激励组，保留此前的激励方式。第二组为披萨激励组，工厂送一份可随时兑现的披萨代金券。第三组为语言赞扬组，直属上司给达到目标的工人发短信，"亲爱的××，感谢你昨天的

勤勉和工作成果，我非常认可！"第四组则是对照组，没有现金，没有披萨，没有短信，什么也没有。结果，在有奖励发放的第一天，披萨组提升效率6.7%，位居第一。语言组提升6.6%，可谓惠而不费。现金组提升4.9%，对照组排在最后。问题出在接下来的三天。从第二天开始，现金组的表现出现断崖式急跌，第三、第四天工作状态略有回升，但整个周期下来，平均工作效率下降了6.5%。披萨组的表现类似现金组，整个周期的平均工作效率下降了2.1%。相对来说，总体表现最好的是语言表扬组，其次是对照组，第三名是披萨组，最差的竟然是现金激励组。

出自人民日报悦读：是什么偷了工作动力——观点——人民网 http://opinion.people.com.cn/GB/n1/2017/0627/c1003-29364202.html

3.批评的语言技巧

古人云："其身正，不令而行。其身不正，虽令不从"。在管理过程中，适当的批评不仅能防止错误的再度发生，而且能帮助下属排除心理障碍，更好地树立信心。懂得批评艺术的管理者是受下属敬爱的管理者。

（1）选择适当的场合和时机。批评下属时，要选择有利的时机，采取适宜的方式。首先需要让下属在沟通前做好心理准备，然后再与下属一起分析失败的原因，下属就可能欣然接受你的忠告了。批评作为一种微妙的沟通，其效果不尽取决于信息内涵，还要受环境和条件的制约。在不同情况下要采取不同的沟通方式，要抓住最有利的沟通时机。

（2）糖衣式批评。在批评之前，领导可以先给下属一些安慰。例如，动机良好而效果不佳，不妨先肯定其良好的愿望，然后再分析错误的原因，这样就容易让人接受了。

（3）建议式批评。无论是忠告还是批评，都要明确目的是使事情按正确的方向发展。管理工作中，大多数上司在批评时，往往把重点放在指责下属"错"的地方，却不能善意地指明"对"的应该怎么做。下属更多地感受到的是个人的不满意。因此，最好的批评应该是探讨式的，即站在对方的角度分析错误的原因，寻求正确的做法。

（4）暗示式批评。采用声东击西的办法，让别人慢慢察觉自己的过失。这与模糊式批评有异曲同工之妙。这种批评既照顾了别人的面子，又指出了问题所在，并且在表述上有较大的回旋余地，可以避免直接点名批评的一些负面效应。采用名言、俗话或楷模来作为正确做法的榜样，暗示下属的错误，可以使其自觉并真切地感受到上司的大度与关爱。

有一次，一个企业举办一个大型活动，邀请了很多知名人士，而活动的策划者由于工作疏忽没能将桌签（与会专家的姓名台卡）带到会场，此时，会议再有10分钟就要

开始了。恰巧这个企业的老总在会议的前一天晚上，最后一个离开办公室时看到遗忘在办公室上的桌签，于是就将其收好放到自己车上，第二天带到会场来了。就在策划者急得焦头烂额之际，老总将桌签递了过去："细节决定成败，下次可要注意了。"从此以后，该员工再也没有犯过类似错误，并且后来多次为企业策划出重要的、具有影响力的活动，取得了很好的业绩。

（5）自我批评。有经验的领导认为，开口批评下属之前，先检讨一下自己所持的什么态度是积极还是消极？人有情绪时常常无好话，既理不清，也讲不明，尤其容易冲动而失去理智。因为情绪有极强的传染力，一旦对方感觉这一点，立刻会激起同样的情绪，这种互为影响的情绪会把沟通带入僵局。承认自己的过失是沟通的润滑剂，可解冻、改善与转化沟通的问题。

三、管理语言实训

示例1

××机械总厂生产一项新产品，将其部分零件委托一家分厂制造，当该分厂将零件的半成品交给总厂时，不料全不符合总厂要求。由于迫在眉睫，总厂技术负责人只得令其尽快重新制造，但分厂负责人认为他完全是按总厂的规格制造的，不想再重新制造，双方僵持了很久。遇见这种局面，总厂厂长在问明原委后，便对分厂负责人说："我想这件事完全是由于总厂方面设计不周所致，而且还令你吃了亏，实在抱歉。今天幸好是由于你们帮忙，才让我们发现竟然有这样的缺点。只是事到如今，任务总是要完成的，你们不妨将它制造得更完美一点，这样对你我双方都有好处。"分厂负责人听后，欣然应允。

出自管理口才 - 豆丁网 https://www.docin.com/p-251137982.html

示例2

有位上司要让一位下属到偏远地方就职，他先把下属要去的地方的营业状况说得一团糟，然后以无限信任的语气说："如果长此下去，那个营业处非关门不可，幸好现在有你，只要你一到那边，必能起死回生，使业务蒸蒸日上。"

出自管理口才 - 豆丁网 https://www.docin.com/p-251137982.html

示例3

一次，某乡党委为了加强机关干部管理，在考勤和住宿等方面做了一系列规定，并辅之经济约束措施，决定由一位不久前到机关担任传达工作的老同志负责考勤。这位老同志认为这项工作最容易得罪人，不愿意干，并讲了自己过去说是办事太认真，坚持原则，得罪了不少人，要吸取这个"教训"，克服这个"缺点"。听了他的话，乡领导没有直接批评他，而是委婉地讲了一个故事："某电影制片厂导演为拍好一部片子，四处寻找合适的演员。一天，他发现了一个合适人选，便通知他准备一下来试镜头。这个被导演相中的演员非常高兴，理了发，换上新衣，对着镜子左照右照，总感到自己的两粒犬牙式的牙齿不好看，于是到医院将牙拔掉了。他兴致勃勃地去应试。导演见到他，失望地说：'对不起，你身上最珍贵的东西被你自己当缺陷给毁了，影片已经不需要你了'。"故事讲完后，这位老同志懂得了坚持原则、办事认真正是他自己最珍贵的品格，愉快地接受了任务。

出自管理口才 - 豆丁网 https://www.docin.com/p-251137982.html

第五节　谈判语言

在谈判中，语言表达能力十分重要，因为叙事清晰、论点明确、证据充分的语言能够有力地说服对方，协调双方的目标和利益，保证谈判的成功。广义地说，凡是生活中的讨价还价都是谈判；狭义地说，谈判是指有准备、有步骤地寻求意见，进行利益协调，通过口头协商，并以书面形式予以反映的磋商过程。

一、谈判语言的功能

1. 表达双方的诉求

谈判双方代表聚在一起，讨论某项交易内容，首先要介绍各自的观点、要求。能否通过语言把它明确、清晰、简要地表达出来，这就要看谈判者的说话艺术了。

2. 说服对方达成一致

在谈判中，谈判者常常为各自的利益争执不下，这时，谁能说服对方接受自己的观点，使对方做出让步，谁就获得了成功。反之，不能说服对方，就不能克服谈判中的障碍，也就不能取得谈判的胜利。

二、谈判语言运用技巧

语言是传递信息的媒介，是人与人之间进行交流的工具。谈判则是人们运用语言传达意见、交流信息的过程。在谈判中，信息的传递与接收是至关重要的，这就要求谈判人员掌握良好的语言沟通技巧，并且在谈判过程中运用这些技巧来取得谈判的成功。

1. 谈判中提问的技巧

常见的提问类型如下。

（1）封闭式提问，指在一定范围内引出肯定或否定问题的答复。

（2）开放式提问，指在广泛的领域内引起的广泛答复。

（3）证实式提问，指针对对方的答复重新措辞，使对方证实或补充的答复。例如，"根据您刚才的陈述，我这样理解……对吗？"

（4）引导式提问，对答复具有强烈的暗示性，是反义疑问句的一种。例如，"你是不是更喜欢……"

（5）选择式提问，是将自己的意见摆明，让对方在划定的范围内进行选择。

示例1

刘先生到一家公司应聘某一职务，希望月薪8000元。而公司老板说："在这个等级里，我只能付给你每月7000～7500元，你想要多少？"很明显，你会说"7500元"，而老板又好像不同意，说："7300元如何？"刘先生继续坚持7500元，其结果是老板投降。表面上，刘先生好像占了上风，沾沾自喜，实际上，老板运用了选择式提问技巧，使刘先生自己放弃了争取8000元月薪的机会。

示例2

某商场休息室里经营咖啡和牛奶，刚开始服务员总是问顾客"先生，喝咖啡吗"或者"先生，喝牛奶吗"，销售额平平。后来，老板要求服务员换一种问法："先生，喝咖啡还是牛奶？"结果其销售额大增。原因在于，第一种问法容易得到否定回答，而后一种选择式提问，大多数情况下，顾客会选一种。

出自http://m.sohu.com/a/17787636_183324

（6）探索式提问，指针对双方所讨论的问题要求进一步引申或说明。探索式提问不仅起到探测、挖掘更多信息的作用，而且还显示出发问者对问题的重视。例如，"我们负责运输，贵方在价格上是否再考虑考虑？""如果我们提出××价格，你方会如何考虑？"

（7）婉转式提问，指在没有摸清对方虚实的情况下，采用婉转的方式，在适当的场所或时机向对方提问题。婉转式提问既可避免被对方拒绝而出现的难堪，又可以自然地探出对方虚实，从而达到自己的目的。例如，"这种产品的功能还不错吧！您能评价一下吗？"

2. 谈判中回答问题的技巧

（1）面对难回答的问题，可将问题推给对方，为自己争取思考的时间。例如，"在答复您的问题之前，我想先听听贵方的意见。"

（2）面对不想回答的问题，可采取模糊应答法进行回避。例如，"很抱歉，我并没有第一手资料，所以不好说。"

（3）当对方的观点有一定道理时，可采用逆转式语句，即"是……但是……"。

例如,"我们的价格是高了一点,但我们的产品在关键部位使用了优质进口零件,大大延长了产品的使用寿命。"

示例

在一次记者招待会上,一位西方记者问周总理:"中国人民银行有多少资金?"这个问题涉及国家机密,周总理说:"中国人民银行发行面额为十元、五元、二元、一元、五角、二角、一角、五分、二分、一分的十种主辅币人民币,合计为十八元八角八分。"总理既未泄密,又极风趣地回答了问题,赢得了听众的热烈掌声。

出自http://www.yidianzixun.com/article/0JZCSqGp

3. 谈判中说服对方的技巧

1)说服的三阶段

(1)消除对抗阶段。要想说服对方,首先要找到与对方的共鸣点,消除对方的对抗情绪,以双方都感兴趣的问题作为跳板,因势利导地解开对方思想的症结,说服才能奏效。

(2)耐心说服阶段。在对方与己方建立了一定程度的人际关系之后,己方可以开始自己的说服过程。为使己方的说服显得特别恳切,谈判者应说明对方的利弊得失,以及自己的一部分或全部的利己动机。

(3)提议接纳阶段。为使对方接纳己方提议,并防止其中途变卦,应设法令接纳的手续变得简单。

2)说服的技巧

(1)说服顽固者的技巧。顽固者往往比较固执己见,表面上不轻易地"投降",甚至还可能态度十分生硬,有时还会大发雷霆。有时他们尽管明知自己已经错了,但由于自尊心的作用,也不会轻易地承认自己的错误,除非给他一个"台阶"。因此,在说服顽固者时,通常可采取以柔克刚的办法,十分冷静和耐心地与之交谈,力求通过感化向谈判目标推进。同时,要尽力寻求对方的弱点,包括对方的谈判实力和个性弱点,把诱发需求和个性弱点结合起来,也许有成功的希望。还可以采用虚虚实实、软硬兼施的方法。

示例

春秋战国时期,苏秦的弟弟苏代说服西周,顺利地解决了一次东西周之间的水利纠纷。

当时,东周为了发展农业,提高农作物的产量,准备改种水稻。而西周地势较高,掌握着水资源。西周知道东周改种水稻的消息后,坚持不给东周放水,东周非常着急,于是发出通告,谁能说服西周放水,国家就给予重奖。这时,苏秦的弟弟苏代自告奋勇去说服西周。他到西周之后就对西周人说:"我听说你们不给东周放水,这个决定可不高明啊。"西周人问:"怎么不高明呢?"苏代说:"你们不给东周放水,他们就没有办法改种水稻,只能种小麦,这样,他们就再也不用求你们了。你们和东周打交道也就没有主动权了。"西周人问:"苏先生,以你的意见怎么办好呢?"苏代说:"我的意见是给东周放水,让他们顺利地改种水稻,改种水稻就常年需要水,这样,东周的经济命脉就掌握在你们手里了。你们一断水他们就完蛋,他们时刻都得仰仗你们,巴结你们。"西周人听了觉得有道理,不仅同意给东周放水,还重重奖励了苏代。

出自https://www.docin.com/p-1435833219.html

(2)抓住时机举实证。这里所讲的时机包括两个方面的含义:一是己方要把握对说服工作有利的时机,趁热打铁,重点突破;二是向对方说明,这正是接受意见的最佳时机。让对方了解,人往往由于未能很好地听取别人的意见而永远地失去了成功的机会,对方就会自动做出抉择。

在抓住时机的同时举例实证,讲一讲实证例子的具体情节,帮助己方证明自己观点的正确性,也是非常有帮助的。例如,在证明自己能够如期履约时,只靠做保证或表决心是不能说明问题的,对方也不会信服。这时可在适当的时候列举己方过去与某客商如期履约的实例,特别是己方在比较艰难的情况下仍如期履约的实例,这对说服对方相信自己是非常有效果的。

(3)由浅入深、从易到难。开始时,可以避开重大难题,先解决那些容易说服的问题,打开缺口后再逐步扩展。一时难以解决的问题可以暂时抛开,等待适当的时机再解决。

(4)将尚未解决的问题掺在已经解决的问题中进行说服,这样可以使本来没有解决的问题很快得以解决。必须指出的是,运用这种说服技巧时,不可把相互抵触的问题放在一起,因为这样只能使问题更加复杂。另外,运用此法还必须掌握好时机,不可急于求成。

(5)对比效果说服法。人在做出判断时,往往会在无意识之中将要判断的事物与同类事物做比较。也就是说,一个人会以社会上的一般常识,也就是共通的感觉作为判断的基准,以衡量两个事物的优劣,这是一般人共同的心理。

3)说服的原则

(1)在说服谈判对手时,谈判人员应注意不要只谈自己的理由,要给对方发表意见的机会。

(2)针对对方的心理及需求特点时,强调双方立场、期望一致的方面。

(3)态度诚恳,平等相待,消除对方的戒心和成见。

(4)不要操之过急,以免欲速则不达。

(5)要先谈好的信息和有利的情况,再谈坏的消息和不利的情况,对有利的信息要多次重复。

(6)语言要朴实亲切,富有感染力,不要过多地讲大道理。

(7)强调互相合作、互惠互利的可能性、现实性,使对方在自身利益认同的基础上,接受你的意见和建议。

三、谈判语言实训

在某次交易会上,我方外贸部门与某客商洽谈出口业务。在第一轮谈判中,客商采取各种招数来摸我方的底,罗列过时行情,故意压低购货的价格。我方立即中止谈判,收集相关的情报,了解到日本一家同类厂商发生重大事故停产,并了解到该产品可能有新用途,再仔细分析了这些情报以后,谈判继续。我方根据掌握的情报后发制人,告诉对方,我方的货源不多,产品的需求很大,日本厂商不能供货。对方立刻意识到我方对这场交易背景的了解程度,甘拜下风。在经过一些小的交涉之后,对方欣然接受了我方的价格,购买了大量产品。

出自http://www.wendangku.net/doc/89bac24514791711cc7917fe.html

思考: 在不利情形下,谈判该怎么进行?

评析: 掌握情报,淡定陈述,后发制人。在商业谈判中,口才固然重要,但是最本质、最核心的是对谈判内容的把握,而这种把握常常建立在对谈判背景深入了解的基础上。深入了解情况与沉稳表达要完美结合。

第六节 命题说话

说话是语言表达能力的综合展示,是人与人交流时不可或缺的手段。在普通话水平测试中,命题说话极其重要(分值占总测试内容的40%)。在测试中,命题说话是即兴发挥的,对表达的要求较高。命题说话作为普通话水平测试的试题之一,就是考查应试者在没有文字凭借的情况下,说普通话的能力和所能达到的规范程度。

一、命题说话的评分标准

与朗读不同,命题说话没有文字凭借,语音也不好控制。在普通话水平测试中,有3分钟的时间准备所要回答的话题,论述时间不得少于3分钟,要求十分严格。命题说话的评分标准如下。

1. 语音标准程度(共25分,分六档)

(1)语音标准,极少有失误(扣0分、1分、2分)。

(2)语音错误在10次以下,有方音,但不明显(扣3分、4分)。

(3)语音错误在10次以下,方音比较明显;或语音错误在10~15次,方音不明显(扣5分、6分)。

(4)语音错误在10~15次,方音明显(扣7分、8分)。

（5）语音错误超过15次，方音明显（扣9分、10分、11分）。

（6）语音错误多，方音重（扣12分、13分、14分）。

2. 词汇、语法规范程度（共10分，分三档）

（1）词汇、语法规范（扣0分）。

（2）词汇、语法偶有不规范情况（扣1分、2分）。

（3）词汇、语法屡有不规范情况（扣3分、4分）。

3. 自然流畅程度（共5分，分三档）

（1）语言自然流畅（扣0分）。

（2）语言基本流畅，口语化较差，有背稿子的表现（扣0.5分、1分）。

（3）语言不连贯，语调生硬（扣2分、3分）。

4. 说话不足3分钟（酌情扣分，分三档）

（1）缺时1分钟以内（含1分钟）（扣1分、2分、3分）。

（2）缺时1分钟以上（扣4分、5分、6分）。

（3）时间不满30秒（含30秒），本测试项成绩记为0分。

二、命题说话的特点

从命题说话的评分标准来看，命题说话的测评内容包括四个方面：第一，语音标准程度；第二，词汇、语法规范程度；第三，自然流畅程度；第四，说话时间。那么，在命题说话测试中应该注意什么问题呢？命题说话又有哪些特点呢？

1. 命题说话是综合素质的表现

命题说话不仅考查个人的语音、词汇、语法掌握情况，而且考查应试者的各种综合能力和水平，如认识水平、知识结构、思维能力、语言素养、应变能力、心理素质等，尤其是准确的发音、丰富的词汇、语句的表达等，这些都构成了高分的基础。

2. 命题说话必须言之有物

命题三分钟时间并不能表达太多内容，但没有经过训练的人还是不知道应该说什么，更不知道怎么说了。由于命题说话的题目是特定的，这给应试者指明了"说"的方向，应试者可以根据给定的题目确定一个主题，然后准备内容即可。

例如"一次难忘的旅行"，在记忆中搜索"一次旅行"，这次旅行必须是"难忘"的。在时间、地点、人物、事件（景物、场景）、感受等的描述中，五官的惬意、感觉的美好、心灵的熨帖等就在字里行间突现出来了。

又如"谈谈社会公德"，首先要确定"谈"，然后诠释什么是公德（公共道德），阐述为什么要遵守社会公德，如何遵守社会公德，人们的道德底线是什么，人们追求的最高道德标准是什么，社会公德和社会进步有什么必然联系等。不是无话可说，而是确定说什么，怎么说。

总体来说，叙述性的命题说话应有内容；议论性命题说话应有思想，这才符合言之有物的要求。

3.命题说话必须遵从口语化原则

现代汉语的口语和书面语虽然没有明显区别，但命题说话时还是要注意尽量使用短句，尽可能做到通俗易懂，不使用长篇的引文和古汉语，以免引起背书之嫌。即便是准备极其充分，甚至熟练到能将内容倒背如流，也应该像平时说话一样，自然地将内容讲述出来才好。

三、话题的类型及命题内容

普通话水平测试中给定的命题有30个，大致可分为学习、生活类话题，人物性话题，事务性话题，谈论性话题，事件性话题五大类。

（1）学习、生活类话题：我的学习生活、我的业余生活、我的假日生活、我的愿望（或理想）。

（2）人物性话题：我的朋友、我尊敬的人、我的成长之路。

（3）事务性话题：我的家乡（或熟悉的地方）、我喜爱的动物（或植物）、我喜爱的职业、我喜爱的文学（或其他）艺术形式、我喜欢的季节（或天气）、我喜欢的节日、我喜欢的明星（或其他知名人士）、我喜爱的书刊、我知道的风俗、我所在的集体（学校、机关、公司等）、我向往的地方、我和体育。

（4）谈论性话题：谈谈服饰、谈谈美食、谈谈社会公德（或职业道德）、谈谈个人修养、谈谈对环境保护的认识、谈谈卫生与健康、谈谈科技发展与社会生活。

（5）事件性话题：童年的记忆、难忘的旅行、学习普通话的体会、购物（消费）的感受。

命题说话模拟话题

（1）我尊敬的人
（2）我最要好的同学（或朋友）
（3）我喜欢的明星（或其他知名人士）
（4）童年的记忆
（5）我的成长之路
（6）我的愿望（或理想）
（7）难忘的旅行
（8）我的学习生活
（9）我的业余生活
（10）我的假日生活

（11）我的家乡（或熟悉的地方）
（12）我向往的地方
（13）我知道的风俗
（14）我和体育
（15）我所在的集体
（16）我喜欢的节日
（17）我喜欢的书刊
（18）我喜欢的季节（或天气）
（19）我喜爱的动物（或植物）
（20）我喜爱的职业
（21）学习普通话的体会
（22）购物（消费）的感受
（23）我喜爱的文学（或其他艺术形式）
（24）谈谈美食
（25）谈谈卫生与健康
（26）谈谈对环境保护的认识
（27）谈谈个人的习惯与修养
（28）谈谈科技发展与社会生活
（29）谈谈社会公德（或职业道德）
（30）谈谈服饰（或社会生活）的变化

四、命题说话的要求

普通话水平测试中的命题说话类似于命题作文。下面介绍命题说话的要求。

1. 语音自然

所谓自然，就是不局促、不勉强，即不装腔作势（拿腔作调），不矫揉造作（阴阳怪气），要真实、有感情。

1）不出错，克服方音

在训练不够或内容没有准备好的情况下，容易出现重复、结巴、拖长音儿、口头语等现象，这些一定要克服。测试并没有要求在3分钟之内说多少字，所以，应试者应从容不迫地表达，这样，出错的概率会大大降低。

通常情况下，朗读时能很好地克服方音，但在平时说话时方音较重，所以应在平时就加强练习。

例如，辽北地区把"我们"读成了"mngmen"，把"棉袄"读成了"miánnǎo"；辽南地区把"漆黑"读成了"mòhě"，把"喝水"读成了"hǎfěi"等。这样，命题说话时表达得再流利也要被扣分。

另外，要想更好地使用普通话，必须少用方言土语。例如，叙述中，使用"在我们那地方"就比"在我们那地界儿"要好得多。

2）清晰，注意轻重

说话时，吐字应该清晰，这是命题说话的最起码要求。说话的感情色彩要靠吐字的清晰和抑扬顿挫反映出来，叙述要有高低快慢、轻重缓急之分，重音要突出。

示例1

记得小时候，父亲总是在忙，以至于在我的记忆里，我很少能够见到他——晚上，母亲哄我躺下，可我无论如何也不肯睡觉，为的是要等父亲回来，可终于困得不行了，还是睡了过去。第二天我早早醒来，第一句话是"爸爸——""爸爸上班去了"妈妈赶紧把我抱起来，因为每每这时，我都会大哭起来……

朗读这一段时，语速要慢，有加重号的词要重读，要表达对父亲的深厚感情。

示例2

"孔雀开屏时，从前面看是美丽的羽毛，从后面看是难看的屁股。"这是一位哲学家充满幽默的名言。我们不是哲学家，但生活中要有哲学意识：事物都有正反两方面，有白天就有黑夜；有阳光就有阴影。或者遇到事儿后，认为天要塌下来了，过后想想有点可笑——不但天没塌，就是房子也没塌。所以遇到问题先别想"死"，先想"辙"。

朗读这一段时，语气要坚定，态度要明确，让人信服。

2. 用词准确

在表述过程中，准确使用词语是让人听明白的前提。

1）句子要短，这样听起来省力

示例1

在那里（历史的枝头），你可以从众生相所包含的甜酸苦辣、百味人生中寻找你自己；你境遇中的那点儿苦痛，也许相比之下，再也难以占据一席之地；你会较容易地获得从不悦中解脱灵魂的力量，使之不致变得灰色。（《作品55号》）

这句话哲理性较强，句子较长，不容易被听者理解。遇到这种情况，可以使用多个短句将意思表达清楚。

示例2

纵观历史，人生可以用八个字概括：酸甜苦辣，百味人生。你可能认为自己最倒霉，但看看旁人，你可能会发现自己的境遇并不最坏，因而，就获得了将自己的灵魂从不快中解脱出来的力量，生活也不再是灰色的了。

2）注意歧义句

有些句子写在纸上一看就懂，但是，读出来就是歧义句。例如，大家最后投票表决，结果是全部同意。其中的"全部同意"在字音上和"全不同意"毫无区别，这句话读出来就会产生歧义。

3. 语句通畅

词与词之间，词组与词组之间要保持语音的通畅，让人听明白要说的意思。

示例

生命 在海洋里诞生 绝不是偶然的，海洋的物理和化学性质，使它成为 孕育原始生命的 摇篮。

我们知道，水 是生物的 重要组成部分，许多动物组织的 含水量 在百分之八十以上，而一些海洋生物的 含水量 高达 百分之九十五。水 是新陈代谢的 重要媒介，没有它，体内的 一系列 生理和生物化学反应 就无法进行，生命 也就停止。因此，在短时期内 动物缺水 要比缺少食物 更加危险。（作品13号）

另外，3分钟的命题说话内容中，开头的铺垫、中间的陈述和结尾的补充等都要前后照应。

4. 结构合理

在只有腹稿的情况下，注意结构的逻辑性尤为重要，不能大头小尾，不能有头无尾，更不能想到哪儿说到哪儿。所以，在准备提纲时就应该考虑内容分配是否得当和结构是否合理。

五、命题说话的准备

就像老师上课前要备课一样，命题说话前也要有充分的准备。

1. 审题

普通话水平测试命题说话的话题中，大部分是与"我"和"我"的认识有关的话题，如我的经历、我的爱好、我的看法等。

审题时，要尊重题意。例如"我的假日生活"，最好只叙述假日期间的生活情况，不要掺杂假日的工作、学习情况。

2. 立意

立意应积极向上，并且要体现时代感和进取精神，最好要有思想，有独到见解。

示例1

"父母与孩子的关系"——血缘关系、亲情关系、良师益友的关系……不难看出,最后一种关系是人们期待的。古代,孩子对父母唯命是从,我国自古就有"父叫子死,子不死不孝"的说法。而今,不论是从亲情角度还是从人权角度,父母与子女的关系都应该是平等的、互助的。

示例2

"我的梦想——走遍天下"——不是看景儿,不是游山玩水,而是读万卷书,行万里路;仁者爱山,智者乐水。

要给自己的立意列举适当的理由。

3. 提纲编写

编写一个最简单的、最基本的提纲——我要说什么?为什么说?怎么说?

例如"我喜欢的季节",可以编写以下提纲。

(1) 能想到的古诗名句:日出江花红胜火,春来江水绿如蓝;沾衣欲湿杏花雨,吹面不寒杨柳风;随风潜入夜,润物细无声;春种一粒粟,秋收万颗子。

(2) 找到一个话题的切入点:"甦"(sū)是"苏"字的繁体,更生为苏,可见其寓意,春天是万物复苏的季节。

(3) 展开丰富的联想:联想起新生,联想起希望,企盼着诞生,企盼着成长,企盼着成熟和收获。

(4) 抒发自己的感情:春天,一切都是新的,一切都令人向往。

4. 腹稿

要广开思路、广开言路,说话不要间断,直到时间到了为止。如果有可能,应该事先对每一个给定的话题进行周密的设计。

5. 语言组织

平时应进行发音、朗读、交谈、演讲、辩论逐项训练,培养命题说话中的即兴语言组织能力,对每个话题进行演练。只有多加训练才能掌握命题说话的要领。

6. 音量

测试时,考生的音量要适中。测试页面上有一个试音条,试音条中有一道黄线,考生音量要达到试音条黄线以上才符合标准,否则会由于音量过小而影响计算机录音。

六、命题说话参考文稿

童年的记忆

每当看着活泼可爱、天真无邪的小孩从我身边蹦蹦跳跳经过时,总会勾起我对童年往事的回忆。

　　我的童年是快乐而又幸福的。那时候的我和同龄的孩子一样，是那么的贪玩、调皮。捉迷藏、过家家、上山采蘑菇、爬树掏鸟窝、下河摸鱼虾，这些可都是我们小孩最喜欢玩的事。特别是下河捉鱼，这是我们最拿手的本领。一有空，我们就呼朋引伴向村边的那条小河奔去。大伙跑到河边时，连裤腿也顾不上挽起来，就争先恐后地跳进河里去了。其实这条小河只是一条小水沟！水不深，只没到膝盖，水清澈见底，但可以看到一小群一小群的小鱼游来游去。我们下水后，就在水里跑来跑去，"扑通扑通"的，水花乱溅，我们乐得哈哈大笑，一会儿，清澈的水就被我们搞得浑浊不清，甚至连水底的淤泥也翻了上来。这样一来，那些原本还在逍遥自在游玩的小鱼就被迫把头浮出水面呼吸，而我们呢？一看到那些小鱼就飞快地伸出小手把它们迅速地从水中抓起来，放进事先准备好的小塑料桶里。于是，这些可怜却又可爱的鱼儿只能乖乖地在桶里游来游去了。每一次，我们都是采用这种方法，先把鱼儿搞得晕头转向，再来个浑水摸鱼，于是几乎每次都能满载而归。但回到家总免不了挨大人的骂，为什么呢？因为每次捉鱼回来，总搞得浑身上下湿漉漉的，衣服上、脸上，甚至头发上都沾着泥，活像一个小泥人。即使是这样，也丝毫没有挫伤我们贪玩的积极性。那条小河成了我记忆中童年的乐园。回忆总是美好的，虽然属于我的童年已离我远去，但童年那段无忧无虑的时光依旧散发着迷人的芬芳。

　　（选自http://www.sohu.com/a/257782815_99909545）

我喜爱的文学（或其他）艺术形式

　　工作之余，我最喜欢读书了。在书籍的海洋里遨游，真是一件非常惬意的事情，因为这样不仅可以使我忘却身边的烦恼，而且还可以增长知识、开阔眼界。自识字以来，我看了很多的书，有李白和杜甫的诗歌，也有余秋雨的散文。但我最喜欢小说，每当自己买回一本新的小说后，总会迫不及待地翻开它，一读就放不开手，遇到感人的情节时，也会掉下眼泪。小说读了不少，包括《呼啸山庄》《复活》这样的国外名著，也有《家》《平凡的世界》这样的中国名著，还有我最喜欢的《西游记》《红楼梦》等中国古典小说。

　　《西游记》既有神话小说的离奇又有武侠小说的精彩，满足了我的好奇心，因此也让我爱不释手。《西游记》塑造了很多个性鲜明的人物形象：唐僧的善良、孙悟空的机智勇敢、猪八戒的好吃懒做和沙僧的忠厚老实，都给人留下了深刻的印象。直到现在，我脑海中依然会浮现出孙悟空与妖怪打斗的场面，我不仅被孙悟空的勇敢与机智所佩服，也为唐僧的顽固不化而感到惋惜。后来，有时间又把《西游记》读了几遍，每次都有新的收获。慢慢地，我读懂了唐僧的良苦用心，也被他的菩萨心肠所感动！是啊！只有尊重生命、爱惜生命，才能使自己有一颗宽容、博爱的心。

《红楼梦》也是我喜爱的一部小说……

（选自 http://m.sohu.com/a/257782666_99909545）

学习普通话的体会

我们训练普通话差不多有半个月了，这段时间我真的学到了许多知识。读了十几年的书，语文成绩一直很好，所以我认为我的普通话还是不错的，但通过几天的普通话训练课程，我发现自己的普通话存在很大的问题，在读书的时候都没有注意到，因此我决定要加倍努力学习普通话。这一段时间，每天雷打不动地拿出两个小时听要考的文章，而且跟着读。比如有的字既是翘舌音又是后鼻音，这时我很难读清楚，只能读慢一点，把每个音都发准、发满，这样重复多次地练习，读好后再加快语速。虽然这样的练习使我的舌头有点儿不舒服，但想到可以提高普通话水平，这点儿累又算得了什么呢？不仅如此，我还常常利用在寝室的时间，读文章给发音比我标准的舍友听，让她一个字、一个词语地给我纠正，直至把一篇文章读得准确无误为止。经过一个星期的训练，我的普通话终于有点儿起色了，我感到很开心。练习了这么长时间的普通话，不仅使我的普通话标准了许多，而且也提高了我的打字速度。自从知道了学习普通话的好处之后，我越来越喜欢练习它了，有时读文章的时候，还时常通过翻字典来纠正发音。在以后的学习中，我会经常这么做，不仅可以纠正字音和提高普通话水平，还可以在学习普通话的过程中寻找乐趣，让我真正领悟到学普通话的好处。

（选自http://www.sohu.com/a/257774857_99909545）

七、命题说话实训

1. 人物事务性话题

1）我尊敬的人

题目解析：令自己尊敬的人可以是伟人、英雄或者其他有着非凡才干的社会知名人士，也可以是身边的普通人，如父母、长辈、老师、同学、朋友等。令自己尊敬的人也可以是某一类人，如军人、运动员、消防员、警察、医生、建筑工人等。叙述时要围绕"尊敬"二字，通过具体事例讲述这个人或者这类群体令自己尊敬的理由，以及自己的内心感受。

思路提示：先说出令自己尊敬的人是谁，再描述其外貌特点，列举体现此人令自己尊敬的具体事例。如果自己尊敬的人是某一群体，可以先叙述为什么对这一类人产生敬意，再列举具体事例进行说明，可以是自己亲眼所见的事情或者新闻媒体报道的事情，也可以结合优秀影视作品中的情节叙述。

温馨提示：审题时应注意题目。若题目是"我尊敬的人"，说明令自己尊敬的人也可以不止一个。例如，在介绍了令自己尊敬的老师之后，如果还有剩余时间，还可以介绍令自己尊敬的某个同学。

2）我所在的集体（学校、机关、公司等）

题目解析：集体是一种组织形式，是拥有一定的活动范围，具有共同的经济基础、思想基础、政治目的和社会利益的团体，可分为社会性质的团体和国家机构性质的团体。

思路提示：首先介绍一下这个团体的性质、成员、特点，之后可以详细介绍团体里的某几个成员和开展的活动，最后谈一谈身处这个团体之中的感受。

温馨提示：这个团体要充满正能量，积极向上。

3）我喜爱的季节（或天气）

题目解析：令你喜爱的季节可以是四季中的某一个，也可以是所有季节。天气可以是雨、雪、阴、晴等。

思路提示：首先说明自己喜爱的季节是哪一个，然后描述这个季节的气候特点、景色变化，人们在这个季节中通常会有怎样的穿着，会参与哪些活动；小动物在这个季节有怎样的表现；在自己喜爱的季节中，自己的心情如何，会想到什么。

温馨提示：有的考生会把题目理解成我最喜爱的季节（或天气），因此只对一个季节（或天气）进行叙述，导致话题内容不饱满。所以，审题很关键。

4）我喜爱的文学（或其他艺术形式）

题目解析：艺术形式包括小说、散文、诗歌、剧本、戏曲、戏剧、舞蹈、绘画、演奏、影视等，可以选择其中一种或多种进行讲述。

思路提示：介绍你所喜爱的艺术形式是什么，描述这种艺术形式的特点，讲述你为什么喜爱这种艺术形式，举例说明。例如，在介绍小说时，可以举出一部自己喜欢的作品，谈谈它的写作风格、塑造的艺术形象，以及带给自己的影响。

温馨提示：有的考生说自己喜爱的艺术形式是看书，于是谈自己有多么喜欢看书。看书并不是艺术形式，而是人的一种行为。

5）我喜爱的职业

题目解析：令自己喜爱的职业可以是自己向往的职业，也可以是自己目前从事的职业，如军人、医生、护士、厨师、营销员等。

思路提示：先介绍自己喜爱的职业是什么；再介绍是什么人或者怎样的契机令你喜欢上这个职业的，这个职业中涌现出哪些令你尊敬的代表人物，以及从事这个职业的人为社会做出了怎样的贡献；最后可以谈一谈你为从事该职业做了哪些努力。

温馨提示：令自己喜欢的职业可以是一个，也可以是多个。如果是多个，最好着重介绍其中一两个。

6）我喜爱的书刊

题目解析：从自己读过的书刊中挑选喜欢的一本或一类进行介绍，可以是小说、散文、漫画、诗集、文选、传记、杂志等。

思路提示：先介绍自己喜欢的书刊名称；再介绍它的形式、内容、包装、功能等，可以选取其中某章节或段落详细介绍；最后谈一谈这本书给你的影响。

温馨提示：一定要选择一本对其内容非常了解的书刊，否则话题会不充分。

7）我知道的风俗

题目解析：各地区的风俗多种多样，习惯也不尽相同。应试者可以选择自己熟悉的风俗进行介绍，如春节贴对联、包饺子、放鞭炮，中秋节吃月饼，端午节赛龙舟，以及婚丧嫁娶时的一系列风俗等。

思路提示：先介绍自己知道的风俗是什么，然后介绍这个风俗出现在什么节日或者场合中，最后说明这个风俗的来历和寓意。

温馨提示：有人将风俗与某些节日相混淆。风俗不一定都出自节日，节日也不一定会形成风俗。例如，教师节、建军节、儿童节都是节日，却不是风俗。

8）我和体育

题目解析：讲自己与体育运动之间的联系，可以是自己的亲身经历，也可以是通过书籍、媒体而得到的对某项体育运动的了解，还可以讲述体育明星的体育成就。

思路提示：可以谈自己参加过哪些体育运动，这项体育运动对人体有哪些好处，讲述这项体育运动的起源、特点，目前在世界上发展得如何等。也可以讲爱上体育运动之后自身发生的变化。

温馨提示：一些智力类的项目也属于体育运动范畴，如围棋、国际象棋等。

2. 谈论性话题

1）谈谈美食

题目解析：美食即美味的食物。自己觉得美味的食物就可以称为美食，可以是街边小吃，也可以是山珍海味。

思路提示：说明你喜欢的美食是什么，可以讲述它出自哪里，是否有典故和历史渊源，可以介绍这道美食的做法以及它给自己带来的感受。

温馨提示：不能从头至尾描述一道美食的做法，"背菜谱"不符合命题中"谈谈"的要求。

2）谈谈服饰

题目解析：服饰指服装、配饰，涉及的范围很广，包括衣服、鞋帽、首饰、箱包等。

思路提示：可以谈服饰的历史变迁、各朝代服饰的演变，也可以谈在各种场合应如何着装、佩戴首饰。

温馨提示：对于一些潮流服饰要客观、辩证地谈论。

3）谈谈社会公德（或职业道德）

题目解析：社会公德是一种行为规范，是存在于社会群体中的道德。职业道德是各种职业应遵从的行业准则和职业操守。应试者可以选择社会上存在的良好或是不良的社会现象展开讲述。

温馨提示：社会公德和职业道德只能选择其一。

4）谈谈个人修养

题目解析：修养指人的综合素质、内在品性，如文字修养、音乐修养。应试者可以从是什么、做什么、怎么做三方面谈一谈对修养的理解和认知。

思路提示：首先表明对个人修养的看法，然后介绍好的个人修养带给自己和世人的感受，最后说明提高个人修养的途径、办法。

温馨提示：结合具体场合与事例去谈。

5）谈谈科技发展与社会生活

题目解析：应试者不要看到"科技发展"几个字就觉得无从下手，其实我们身边就有很多能体现科技发展的产品，这些产品无时无刻不影响着我们的生活，如微信、高铁等。

思路提示：列举身边的科技产品及工具，介绍它们是如何一步步发展而来的，以及它们给人们的生活带来了哪些影响。

温馨提示：科技发展给人们的生活带来的影响是双面的，也可以对比谈一谈科技发展带来的消极影响。

6）谈谈对环境保护的认识

题目解析：可采用"大题小做"的方法将一个社会化、国际化的话题生活化、细节化，同时做到正面叙述与反面评理相结合，紧扣主题，使叙述完整、流畅。

思路提示：表明观点，介绍环境保护的重要性，再谈谈我们可以从哪些方面去保护环境，以及每个人应怎样从小事做起保护环境。

温馨提示：将内容具象化，依托现实生活进行介绍。

7）谈谈卫生与健康

题目解析：要谈卫生与健康之间的关系，可以从个人卫生对个人健康的影响的角度入手，也可以从环境卫生对人身心健康的影响的角度入手。

思路提示：表明自己对卫生与健康关系的认识，列举一些正面的例子说明怎样以良好的卫生习惯促进身体健康，再列举反例谈不良的卫生习惯对健康的影响。

温馨提示：要结合身边具体事例。

3. 事件性话题

1）童年的记忆

题目解析：每个人的童年都会有无数件有趣、淘气、难忘的事情，将这些事情一件件叙述出来。

思路提示：讲述童年经历的事情，可以是与朋友玩耍、与友人相处，或者经历的一次旅行、演出等甜蜜或心酸的往事。

温馨提示：注意命题中"童年"的限制，讲述青年或成年以后的回忆则离题。

2）难忘的旅行

题目解析：令自己难忘的旅行可以是一个人独行，也可以是与亲朋好友一起旅行。讲述旅行的过程。

思路提示：叙述这次旅行是与谁同行、去哪里，介绍目的地的自然环境和人文景观，以及自己在旅行中品尝了哪些美食、见到了哪些美景、结识了什么样的人等。

温馨提示：可以描述人物的心理活动。

3）学习普通话的体会

题目解析：讲述内容要围绕学习普通话而展开，可以以普通话水平测试的四大模块为线索，介绍学习字词、朗读、命题说话的感受。

思路解析：可以先讲述学习普通话之前自己的语音、语调存在哪些问题；然后介绍学习的过程中如何纠正错误，以及学习方法和学习效果怎样；最后说明通过学习普通话，自己有什么感悟。

温馨提示：可以举例讲述学习普通话的感受、过程、经历和经验。

4）购物（消费）的感受

题目解析：购物指购买物品，而消费不一定换来商品，也许会换来服务。例如，洗浴、旅游等都需要消费。

思路提示：可以讲述一次难忘的购物经历，也可以谈网络购物（消费）与实体店购物（消费）的不同感受，还可以谈一谈在自己目前的年龄段应如何合理消费。

温馨提示：可以采取夹叙夹议的方式谈购物（消费）的感受。

专项训练

1. 假如有几家企业来你就读的大学参观，作为学生导游，你会如何向你的服务对象介绍你的学校？如何设计欢迎词、欢送词？

2. 如果有乘客不按自己的座号乘车、随处放行李、乱扔果壳，作为乘务员，你将如何劝说？所有学生分成两组，一组扮演乘客，一组扮演乘务员。

3. 分组完成地铁播报、火车播报、飞机播报、轮渡播报等专项训练。

4. 反复练习命题说话，注意时间的把握，要达到3分钟。

附录A 中华人民共和国国家通用语言文字法

（2000年10月31日第九届全国人民代表大会常务委员会第十八次会议通过）

第一章 总则

第一条 为推动国家通用语言文字的规范化、标准化及其健康发展，使国家通用语言文字在社会生活中更好地发挥作用，促进各民族、各地区经济文化交流，根据宪法，制定本法。

第二条 本法所称的国家通用语言文字是普通话和规范汉字。

第三条 国家推广普通话，推行规范汉字。

第四条 公民有学习和使用国家通用语言文字的权利。

国家为公民学习和使用国家通用语言文字提供条件。

地方各级人民政府及其有关部门应当采取措施，推广普通话和推行规范汉字。

第五条 国家通用语言文字的使用应当有利于维护国家主权和民族尊严，有利于国家统一和民族团结，有利于社会主义物质文明建设和精神文明建设。

第六条 国家颁布国家通用语言文字的规范和标准，管理国家通用语言文字的社会应用，支持国家通用语言文字的教学和科学研究，促进国家通用语言文字的规范、丰富和发展。

第七条 国家奖励为国家通用语言文字事业做出突出贡献的组织和个人。

第八条 各民族都有使用和发展自己的语言文字的自由。

少数民族语言文字的使用依据宪法、民族区域自治法及其他法律的有关规定。

第二章 国家通用语言文字的使用

第九条 国家机关以普通话和规范汉字为公务用语用字。法律另有规定的除外。

第十条 学校及其他教育机构以普通话和规范汉字为基本的教育教学用语用字。法律另有规定的除外。

学校及其他教育机构通过汉语文课程教授普通话和规范汉字。使用的汉语文教材，应当符合国家通用语言文字的规范和标准。

第十一条 汉语文出版物应当符合国家通用语言文字的规范和标准。

汉语文出版物中需要使用外国语言文字的，应当用国家通用语言文字作必要的注释。

第十二条 广播电台、电视台以普通话为基本的播音用语。

需要使用外国语言为播音用语的，须经国务院广播电视部门批准。

第十三条 公共服务行业以规范汉字为基本的服务用字。因公共服务需要，招牌、广告、告示、标志牌等使用外国文字并同时使用中文的，应当使用规范汉字。

提倡公共服务行业以普通话为服务用语。

第十四条 下列情形，应当以国家通用语言文字为基本的用语用字：

（一）广播、电影、电视用语用字；

（二）公共场所的设施用字；

（三）招牌、广告用字；

（四）企业事业组织名称；

（五）在境内销售的商品的包装、说明。

第十五条 信息处理和信息技术产品中使用的国家通用语言文字应当符合国家的规范和标准。

第十六条 本章有关规定中，有下列情形的，可以使用方言：

（一）国家机关的工作人员执行公务时确需使用的；

（二）经国务院广播电视部门或省级广播电视部门批准的播音用语；

（三）戏曲、影视等艺术形式中需要使用的；

（四）出版、教学、研究中确需使用的。

第十七条 本章有关规定中，有下列情形的，可以保留或使用繁体字、异体字：

（一）文物古迹；

（二）姓氏中的异体字；

（三）书法、篆刻等艺术作品；

（四）题词和招牌的手书字；

（五）出版、教学、研究中需要使用的；

（六）经国务院有关部门批准的特殊情况。

第十八条 国家通用语言文字以《汉语拼音方案》作为拼写和注音工具。

《汉语拼音方案》是中国人名、地名和中文文献罗马字母拼写法的统一规范，并用于汉字不便或不能使用的领域。

初等教育应当进行汉语拼音教学。

第十九条 凡以普通话作为工作语言的岗位，其工作人员应当具备说普通话的能力。

以普通话作为工作语言的播音员、节目主持人和影视话剧演员、教师、国家机关工作人员的普通话水平，应当分别达到国家规定的等级标准；对尚未达到国家规定的普通话等级标准的，分别情况进行培训。

第二十条 对外汉语教学应当教授普通话和规范汉字。

第三章 管理和监督

第二十一条 国家通用语言文字工作由国务院语言文字工作部门负责规划指导、管理监督。

国务院有关部门管理本系统的国家通用语言文字的使用。

第二十二条 地方语言文字工作部门和其他有关部门，管理和监督本行政区域内的国家通用语言文字的使用。

第二十三条 县级以上各级人民政府工商行政管理部门依法对企业名称、商品名称以及广告的用语用字进行管理和监督。

第二十四条 国务院语言文字工作部门颁布普通话水平测试等级标准。

第二十五条 外国人名、地名等专有名词和科学技术术语译成国家通用语言文字，由国务院语言文字工作部门或者其他有关部门组织审定。

第二十六条 违反本法第二章有关规定，不按照国家通用语言文字的规范和标准使用语言文字的，公民可以提出批评和建议。

本法第十九条第二款规定的人员用语违反本法第二章有关规定的，有关单位应当对直接责任人员进行批评教育；拒不改正的，由有关单位作出处理。

城市公共场所的设施和招牌、广告用字违反本法第二章有关规定的，由有关行政管理部门责令改正；拒不改正的，予以警告，并督促其限期改正。

第二十七条 违反本法规定，干涉他人学习和使用国家通用语言文字的，由有关行政管理部门责令限期改正，并予以警告。

第四章 附 则

第二十八条 本法自2001年1月1日起施行。

附录B　朗读作品

作品1号

　　那是力争上游的一种树，笔直的干，笔直的枝。它的干呢，通常是丈把高，像是加以人工似的，一丈以内，绝无旁枝；它所有的丫枝呢，一律向上，而且紧紧靠拢，也像是加以人工似的，成为一束，绝无横斜逸出；它的宽大的叶子也是片片向上，几乎没有斜生的，更不用说倒垂了；它的皮，光滑而有银色的晕圈，微微泛出淡青色。这是虽在北方的风雪的压迫下却保持着倔强挺立的一种树！哪怕只有碗来粗细罢，它却努力向上发展，高到丈许，两丈，参天耸立，不折不挠，对抗着西北风。

　　这就是白杨树，西北极普通的一种树，然而决不是平凡的树！

　　它没有婆娑的姿态，没有屈曲盘旋的虬枝，也许你要说它不美丽，——如果美是专指"婆娑"或"横斜逸出"之类而言，那么，白杨树算不得树中的好女子；但是它却是伟岸，正直，朴质，严肃，也不缺乏温和，更不用提它的坚强不屈与挺拔，它是树中的伟丈夫！当你在积雪初融的高原上走过，看见平坦的大地上傲然挺立这么一株或一排白杨树，难道你就只觉得树只是树，难道你就不想到它的朴质，严肃，坚强不屈，至少也象征了北方的农民；难道你竟一点儿也不联想到，在敌后的广大土地上，到处有坚强不屈，就像这白杨树一样傲然挺立的守卫他们家乡的哨兵！难道你又不更远一点想到这样枝枝叶叶靠紧团结，力求上进的白杨树，宛然象征了今天在华北平原纵横决荡用血写出新中国历史的那种精神和意志。

节选自茅盾《白杨礼赞》

Zuòpǐn 1 hào

　　Nà shì lìzhēng shàngyóu de yī zhǒng shù, bǐzhí de gàn, bǐzhí de zhī.Tā de gàn ne, tōngcháng shì zhàng bǎ gāo, xiàng shìjiā yǐ rén gōng shìde, yī zhàng yǐ nèi, jué wú páng zhī; tā suǒyǒu de yā zhī ne, yīlǜ xiàng shàng, érqiě jǐnjǐn kàolǒng, yě xiàngshì jiāyǐ réngōng shìde, chéngwéi yī shù, Juéwú héng xié yì chū; tā de kuāndà de yèzi yě shì piànpiàn xiàngshàng, jīhū méiyǒu xié shēng de, gèng bùyòng shuōdàochuí le; tā de pí, guānghuá ér yǒu yínsè de yùn quān, wēiwēi fàn chū dànqīngsè. Zhè shì suī zài běifāng de fēngxuě de yāpò xià què bǎochí zhe juéjiàng tǐnglì de yīzhǒng shù! Nǎpà zhǐyǒu wǎn lái cūxì ba, tā què nǔlì xiàngshàng fāzhǎn, gāo dào zhàngxǔ, liǎng zhàng, cāntiān sǒnglì, bùzhébùnáo, duìkàng zhe xīběi fēng.

Zhè jiùshì báiyángshù, xīběi jí pǔtōng de yīzhǒng shù, rán'ér jué bù shì píngfán de shù!

Tā méiyǒu pósuō de zītài, méi yǒu qūqū pánxuán de qiúzhī, yěxǔ nǐ yào shuō tā bù měilì, ——rúguǒ měi shì zhuān zhǐ "pósuō" huò "héng xié yì chū" zhīlèi éryán, nàme, báiyángshù suàn bù dé shù zhōng de hǎo nǚzǐ; dànshì tā quèshì wěi'àn, zhèngzhí, pǔzhí, yánsù, yě bù quēfá wēnhé, gèng bùyòng tí tā de jiānqiáng-bùqū yǔ tǐngbá, tā shì shù zhōng de wěizhàngfu! Dāng nǐ zài jīxuě chū róng de gāoyuán shàng zǒu guò, kànjiàn píngtǎn de dàdì shàng àorán-tǐnglì zhème yī zhū huò yī pái báiyángshù, nándào nǐ jiù zhǐ juéde shù zhǐ shì shù, nándào nǐ jiù bù xiǎngdào tāde pǔzhí, yánsù, jiānqiáng bùqū, zhìshǎo yě xiàngzhēng le běifāng de nóngmín; nándào nǐ jìng yī diǎnr yě bù liánxiǎng dào, zài díhòu de guǎngdà tǔ dì shàng, dàochù yǒu jiānqiáng-bùqū, jiù xiàng zhè báiyángshù yīyàng àorán tǐnglì de shǒuwèi tāmen jiāxiāng de shàobīng! Nán dào nǐ yòu bù gèng yuǎn yī diǎn xiǎngdào zhèyàng zhīzhī yèyè kàojǐn tuánjié, lìqiú shàngjìn de báiyángshù, wǎn rán xiàngzhēngle jīntiān zài Huáběi píngyuán zònghéng jué dàng yòng xuě xiě chū xīn zhōngguó lìshǐ de nà zhǒng jīngshén hé yìzhì.

Jiéxuǎn zì Máo Dùn 《Báiyáng Lǐ Zàn》

作品2号

两个同龄的年轻人同时受雇于一家店铺,并且拿同样的薪水。

可是一段时间后,叫阿诺德的那个小伙子青云直上,而那个叫布鲁诺的小伙子却仍在原地踏步。布鲁诺很不满意老板的不公正待遇。终于有一天,他到老板那儿发牢骚了。老板一边耐心地听着他的抱怨,一边在心里盘算着怎样向他解释清楚他和阿诺德之间的差别。

"布鲁诺先生,"老板开口说话了,"您现在到集市上去一下,看看今天早上有什么卖的。"

布鲁诺从集市上回来向老板汇报说,今早集市上只有一个农民拉了一车土豆在卖。

"有多少？"老板问。

布鲁诺赶快戴上帽子又跑到集市上，然后回来告诉老板一共四十袋土豆。

"价格是多少？"

布鲁诺又第三次跑到集市上问来了价格。

"好吧，"老板对他说，"现在请您坐到这把椅子上一句话也不要说，看看阿诺德怎么说。"

阿诺德很快就从集市上回来了，向老板汇报说到现在为止只有一个农民在卖土豆，一共四十口袋，价格是多少；土豆质量很不错，他带回来一个让老板看看。这个农民一个钟头以后还会弄来几箱西红柿，据他看价格非常公道。昨天他们铺子的西红柿卖得很快，库存已经不多了。他想这么便宜的西红柿，老板肯定会要进一些的，所以他不仅带回了一个西红柿做样品，而且把那个农民也带来了，他现在正在外面等回话呢。

此时老板转向了布鲁诺，说："现在您肯定知道为什么阿诺德的薪水比您高了吧！"

节选自张健鹏、胡足青主编《故事时代》中《差别》

Zuòpǐn 2 hào

Liǎng gè tónglíng de nián qīng rén tóng shí shòugù yú yī jiā diànpù, bìngqiě ná tóngyàng de xīnshuǐ.

Kěshì yī duàn shíjián hòu, jiào Anuòdé de nàgè xiǎohuǒzi qīngyún-zhíshàng, ér nàgè jiào Bùlǔnuò de xiǎohuǒzi què réngrán zài yuándì-tàbù. Bùlǔnuò hěn bù mǎnyì láobǎn de bùgōngzhèng dàiyù. Zhōngyú yǒu yī tiān, tā dào lǎobǎn nàr fā láosāo le. Lǎobǎn yī biān nàixīn de tīng zhe tā de bàoyuàn, yī biān zài xīnlǐ pánsuàn zhe zěnyàng xiàng tā jiěshì qīngchǔ tā hé Anuòdé zhī jiān de chābié.

"Bùlǔnuò xiānsheng," lǎobǎn kāikǒu shuōhuà le, "nín xiànzài dào jíshì shàng qù yīxià, kànkan jīntiān zǎoshang yǒu shénme mài de."

Bùlǔnuò cóng jíshì shàng huílái xiàng lǎobǎn huìbào shuō, jīn zǎo jíshì shàng zhǐyǒu yígè nóngmín lā le yī chē tǔdòu zài mài.

"Yǒu duōshǎo?" lǎobǎn wèn.

Bùlǔnuò gǎnkuài dài shàng màozi yòu pǎo dào jíshì shàng, ránhòu huílái gàosù lǎobǎn yī gòng sìshídài tǔdòu.

"Jiàgé shì duōshǎo?"

Bùlǔnuò yòu dìsāncì pǎodào jíshì shàng wèn lái le jiàgé.

"Hǎoba," lǎobǎn duì tā shuō, "xiànzài qǐng nín zuò dào zhè bǎ yǐzi shàng yī jù huà yě bù yào shuō, kànkan Anuòdé zěnme shuō."

Anuòdé hěnkuài jiù cóng jíshìshàng huílái le, xiàng lǎobǎn huìbào shuō dào xiànzài wéizhǐ zhǐyǒu yīgè nóngmín zài mài tǔdòu, yīgòng sìshí kǒudai, jià gé shì duōshǎo; tǔdòu zhìliàng hěn bùcuò, tā dài huílái yīgè ràng lǎobǎn kànkan.Zhè ge nóngmín yī gè zhōngtóu yǐhòu hái huì nòng lái jǐ xiāng xīhóngshì, jù tākàn jià gé fēicháng gōngdào. Zuótiān tāmen pùzi de xīhóngshì mài de hěn kuài, kù cún yǐjīng bù duō le. Tā xiǎng zhème piányi de xīhóngshì, lǎobǎn kěndìng huì yào jìn yīxiē de, suǒyǐ tā bùjǐn dàihuíle yīgè xīhóngshì zuò yàngpǐn, érqiě bǎ nàge nóngmín yě dài lái le, tā xiànzài zhèng zài wàimiàn děng huíhuà ne .

　　Cǐshí lǎobǎn zhuǎn xiàng le Bùlǔnuò, shuō: "xiànzài nín kěndìng zhīdào wèi shénme Anuòdé de xīnshuǐ bǐ nín gāo le ba!"

　　　　Jiéxuǎn zì Zhāng Jiànpéng, Hú Zuqīng zhǔbiān《Gùshì shídài》zhōng《Chābié》

作品3号

　　我常常遗憾我家门前那块丑石：它黑黝黝地卧在那里，牛似的模样；谁也不知道是什么时候留在这里的，谁也不去理会它。只是麦收时节，门前摊了麦子，奶奶总是说：这块丑石，多占地面呀，抽空把它搬走吧。

　　它不像汉白玉那样的细腻，可以刻字雕花，也不像大青石那样的光滑，可以供来浣纱捶布。它静静地卧在那里，院边的槐荫没有庇覆它，花儿也不再在它身边生长。荒草便繁衍出来，枝蔓上下，慢慢地，它竟锈上了绿苔、黑斑。我们这些做孩子的，也讨厌起它来，曾合伙要搬走它，但力气又不足；虽时时咒骂它，嫌弃它，也无可奈何，只好任它留在那里了。

　　终有一日，村子里来了一个天文学家。他在我家门前路过，突然发现了这块石头，眼光立即就拉直了。他再没有离开，就住了下来；以后又来了好些人，都说这是一块陨石，从天上落下来已经有二三百年了，是一件了不起的东西。不久便来了车，小心翼翼地将它运走了。

　　这使我们都很惊奇，这又怪又丑的石头，原来是天上的啊！它补过天，在天上发过热、闪过光，我们的先祖或许仰望过它，它给了他们光明、向往、憧憬；而它落下来了，在污土里，荒草里，一躺就是几百年了！

　　我感到自己的无知，也感到了丑石的伟大，我甚至怨恨它这么多年竟会默默地忍受着这一切！而我又立即深深地感到它那种不屈于误解、寂寞的生存的伟大。

　　　　　　　　　　　　　　　节选自贾平凹《丑石》

Zuòpǐn 3 hào

　　Wǒ chángcháng yíhàn wǒjiā ménqián nà kuài chǒushí: tā hēiyǒuyǒu de wò zài nàlǐ, niú shìde múyàng; shéi yě bùzhīdào shì shénme shíhou liú zài zhèlǐ de, shéi yě bùqù lǐhuì tā.zhǐshì màishōu shíjié, ménqián tān le màizi, nǎinai zǒng shì shuō: zhè kuài chǒushí, duō zhàn dìmiàn ya, chōukòng bǎ tā bān zǒu ba.

　　Tā bùxiàng hànbáiyù nàyàng de xìnì, kěyǐ kèzì diāohuā, yě bùxiàng dàqīngshí nàyàng de guānghuá, kěyǐ gōng lái huànshā chuíbù. tā jìngjìngde wò zài nàlǐ, yuàn biān de huáiyīn méiyǒu bìfù tā, huāér yě bùzài zài tā shēnbiān shēngzhǎng.huángcǎo biàn fányǎn chūlái, zhǐwàn shàngxià, mànmànde, tā jìng xiù shàngle lǜtái, hēibān. Wǒmen zhèxiē zuò háizi de, yě tǎoyàn qǐ tā lái, céng héhuǒ yào bān zǒu tā, dàn lìqi yòu bùzú; suī shíshí zhòumà tā, xiánqì tā, yě wúkě-nàihé, zhǐhǎo rèntā liúzài nàlǐ le.

　　Zhōngyǒu yīrì, cūnzilǐ láile yīgè tiān wén xué jiā.Tā zài wǒjiā ménqián lùguò, tūrán fāxiàn le zhèkuài shítou, yǎnguāng lìjí jiù lāzhí le. Tā zài méiyǒu líkāi, jiù zhù le xiàlái; yǐhòu yòu láile hǎoxiē rén, dōu shuō zhèshì yīkuài yǔnshí, cóng tiānshàng luò xiàlái yǐjīng yǒu èr sān bǎi nián le, shì yī jiàn liǎobùqǐ de dōngxi. Bùjiǔ biàn lái le chē, xiǎoxīn-yìyì de jiāng tā yùn zǒu le.

　　Zhè shǐ wǒmen dōu hěn jīngqí, zhè yòu guài yòu chǒu de shítou, yuánlái shì tiānshàng de a!Tā bùguo tiān, zài tiānshàng fā guò rè, shǎn guò guāng, wǒmen de zǔxiān huòxǔ yǎngwàng guo tā, tā gěi le tāmen guāngmíng, xiàngwǎng, chōngjǐng; ér tā luòxiàlái le, zài wūtǔ lǐ, huāngcǎo lǐ, yī tǎng jiùshì jǐ bǎi nián le!

　　Wǒ gǎndào zìjǐ de wúzhī, yě gǎndào le chǒushí de wěidà, wǒ shènzhì yuànhèn tā zhème duō nián jìng huì mòmò de rěnshòu zhe zhè yīqiè! Ér wǒ yòu lìjí shēnshēn de gǎndào le tā nàzhǒng bù qūyú wùjiě, jìmò de shēngcún de wěidà.

Jiéxuǎn zì Jiǎ Píng'āo 《Chǒushí》

作品4号

　　达瑞八岁的时候,有一天他想去看电影。因为没有钱,他想是向爸妈要钱,还是自己挣钱,最后他选择了后者。他自己调制了一种汽水向过路的行人出售,可那时正是寒冷的冬天,没有人买,只有两个人例外——他的爸爸和妈妈。

　　他偶然有一个和非常成功的商人谈话的机会。当他对商人讲述了自己的"破产史"后,商人给了他两个重要的建议:一是尝试为别人解决一个难题;二是把精力集中在你知道的、你会的和你拥有的东西上。

  这两个建议很关键。因为对于一个八岁的孩子而言，他不会做的事情很多。于是他穿过大街小巷，不停地思考：人们会有什么难题，他又如何利用这个机会？

  一天，吃早饭时父亲让达瑞去取报纸。美国的送报员总是把报纸从花园篱笆的一个特制的管子里塞进来。假如你想穿着睡衣舒舒服服地吃早饭和看报纸，就必须离开温暖的房间，冒着寒风，到花园去取。虽然路短，但十分麻烦。

  当达瑞为父亲取报纸的时候，一个主意诞生了。当天他就按响邻居的门铃，对他们说，每个月只需付给他一美元，他就每天早上把报纸塞到他们的房门底下。大多数人都同意了，很快他有了七十多个顾客。一个月后，当他拿到自己赚的钱时，觉得自己简直飞上了天。

  很快他又有了新的机会，他让他的顾客每天把垃圾袋放在门前，然后由他早上运到垃圾桶里，每个月加一美元。之后他还想出了许多孩子赚钱的办法，并把它集结成书，书名为《儿童挣钱的二百五十个主意》。为此，达瑞十二岁时就成了畅销书作家，十五岁就有了自己的谈话节目，十七岁就拥有了几百万美元。

节选自〔德〕博多·舍费尔《达瑞的故事》，刘志明译

Zuòpǐn 4 hào

  Dáruì bāsuì de shíhou, yǒu yītiān tā xiǎng qù kàn diànyǐng. Yīnwèi méiyǒu qián, tāxiǎng shì xiàng bàmā yào qián, háishì zìjǐ zhèngqián, zuìhòu tā xuǎnzé le hòuzhě. Tā zìjǐ tiáozhì le yīzhǒng qìshuǐ, xiàng lùguò de xíngrén chushòu, kě nàshí zhèngshì hánlěng de dōngtiān, méiyǒu rén mǎi, zhǐyǒu liǎnggè rén lìwài——tā de bàba hé māma.

  Tā ǒurán yǒu yīgè hé fēicháng chénggōng de shāngrén tánhuà de jīhuì. Dāng tā duì shāngrén jiǎngshù le zìjǐ de "pòchǎnshǐ" hòu, shāngrén gěi le tā liǎnggè zhòngyào de jiànyì: yīshì chángshì wèi biérén jiějué yīgè nántí; èrshì bǎ jīnglì jízhōng zài nǐ zhīdào de, nǐ huì de hé nǐ yōngyǒu de dōngxi shàng.

  Zhè liǎnggè jiànyì hěn guānjiàn. Yīn·wèi duìyú yīgè bāsuì de háizi éryán, tā bùhuì zuò de shìqíng hěnduō. Yúshì tā chuānguò dàjiē-xiǎoxiàng, bùtíng de sīkǎo; rénmen huì yǒu shénme nántí, tā yòu rúhé lìyòng zhègè jīhuì?

  Yītiān, chī zǎofàn shí fùqin ràng Dáruì qù qǔ bàozhǐ. Měiguó de sòngbàoyuán zǒng shì bǎ bàozǐ cóng huāyuán líba de yīgè tèzhì de guǎnzi lǐ sāi jìnlái. Jiǎrú nǐ xiǎng chuānzhe shuìyī shūshū-fūfū de chī zǎofàn hé kàn bàozǐ, jiù bìxū líkāi wēnnuǎn de fángjiān, màozhe hán fēng, dào huāyuán qù qǔ. Suīrán lù duǎn, dàn shífēn máfan.

  Dāng Dáruì wèi fùqin qǔ bàozhǐ de shíhou, yígè zhǔyi dànshēng le. Dāngtiān tājiù àn xiàng le línju de ménlíng, duì tāmen shuō, měigè yuè zhǐ xū fùgěi tā yīměiyuán, tā jiù měitiān zǎoshang bǎ bàozhǐ sāidào tāmen de fángmén dǐxià.Dàduōshù de rén dōu tóngyì le，hěnkuài tājiù yǒu le qīshí duō gè gùkè．Yīgèyuè hòu，dāng tā ná dào zìjǐ zhuàn de qián shí，juéde zìjǐ jiǎnzhí fēi shàng le tiān．

　　Hěnkuài tā yòu yǒu le xīn de jīhuì，tā ràng tā de gùkè měitiān bǎ lājidài fàngzài ménqián，ránhòu yóu tā zǎoshàng yùn dào lājitǒng lǐ，měigèyuè jiā yīměiyuán.Zhīhòu tā hái xiǎngchū le xǔduō háizi zhuànqián de bànfǎ，bìng bǎ tā jíjié chéng shū，shū mǐng wéi《Értóng zhuànqián de èrbǎiwǔshígè zhǔyì》．Wèicǐ，Dáruì shíèrsuì shí jiù chéngle chàngxiāoshū zuòjiā，shíwǔsuì jiù yǒule zìjǐ de tánhuà jiémù，shíqīsuì jiù yōngyǒu le jǐbǎiwàn měiyuán．

　　　　　　Jiéxuǎnzì〔dé〕Bóduō·Shěfèi'ěr《Dáruì de gùshi》，Liú Zhìmíng yì

作品5号

　　这是入冬以来，胶东半岛上第一场雪。

　　雪纷纷扬扬，下得很大。开始还伴着一阵儿小雨，不久就只见大片大片的雪花，从彤云密布的天空中飘落下来。地面上一会儿就白了。冬天的山村，到了夜里就万籁俱寂，只听得雪花簌簌地不断往下落，树木的枯枝被雪压断了，偶尔咯吱一声响。

　　大雪整整下了一夜。今天早晨，天放晴了，太阳出来了。推开门一看，嗬！好大的雪啊！山川、河流、树木、房屋，全都罩上了一层厚厚的雪，万里江山，变成了粉妆玉砌的世界。落光了叶子的柳树上挂满了毛茸茸亮晶晶的银条儿；而那些冬夏常青的松树和柏树上，则挂满了蓬松松沉甸甸的雪球儿。一阵风吹来，树枝轻轻地摇晃，美丽的银条儿和雪球儿簌簌地落下来，玉屑似的雪末儿随风飘扬，映着清晨的阳光，显出一道道五光十色的彩虹。

　　大街上的积雪足有一尺多深，人踩上去，脚底下发出咯吱咯吱的响声。一群群孩子在雪地里堆雪人，掷雪球儿。那欢乐的叫喊声，把树枝上的雪都震落下来了。

　　俗话说，"瑞雪兆丰年"。这句话有充分的科学根据，并不是一句迷信的成语。寒冬大雪，可以冻死一部分越冬的害虫；融化了的水渗进土层深处，又能供应庄稼生长的需要。我相信这一场十分及时的大雪，一定会促进明年春季作物，尤其是小麦的丰收。有经验的老农把雪比做是"麦子的棉被"。冬天"棉被"盖得越厚，明春麦子就长得越好，所以又有这样一句谚语："冬天麦盖三层被，来年枕着馒头睡。"

　　我想，这就是人们为什么把及时的大雪称为"瑞雪"的道理吧。

　　　　　　　　　　　　　　　　节选自峻青《第一场雪》

Zuòpǐn 5 hào

Zhèshì rùdōng yǐlái, jiāodōng bàndǎo shàng dìyī chǎng xuě.

Xuě fēnfēn-yángyáng, xiàde hěndà. Kāishǐ hái bànzhe yīzhènr xiǎoyǔ, bùjiǔ jiù zhǐjiàn dàpiàn dàpiàn de xuěhuā, cóng tóngyún mìbù de tiānkōng zhōng piāoluò xiàlái. Dìmiàn shàng yīhuìr jiù bái le. Dōngtiān de shāncūn, dào le yèlǐ jiù wànlài-jùjì, zhǐ tīngde xuěhuā sùsù de búduàn wǎngxià luò, shùmù de kūzhī bèi xuě yāduàn le, ǒu'ěr gēzhī yīshēng xiǎng.

Dàxuě zhěngzhěng xiàle yīyè. Jīntiān zǎochén, tiān fàngqíng le, tàiyáng chūlái le. Tuīkāi mén yīkàn, hè! Hǎo dàde xuě a! Shānchuān, héliú, shùmù, fángwū, quándōu zhào shàng le yīcéng hòuhòu de xuě, wànlǐ jiāngshān, biànchéng le fěnzhuāng yùqì de shìjiè. Luò guāng le yèzi de liǔshù shàng guàmǎn le máoróngróng liàngjīngjīng de yíntiáor; ér nàxiē dōngxià chángqīng de sōngshù hé bǎishù shàng, zé guàmǎn le péngsōngsōng chéndiàndiàn de xuěqiúr. Yīzhèn fēng chuīlái, shùzhī qīngqīng de yáohuàng, měilì de yíntiáor hé xuěqiúr sùsù de luò xiàlái, yùxiè shìde xuěmòr suífēng piāoyáng, yìngzhe qīngchén de yángguāng, xiǎnchū yīdàodào wǔguāng-shísè de cǎihóng.

Dàjiē shàng de jīxuě zúyǒu yīchǐ duō shēn, rén cǎi shàngqu, jiǎo dǐxià fāchū gēzhīgēzhī de xiǎngshēng. Yīqúnqún háizi zài xuědìlǐ duīxuěrén, zhìxuěqiú. Nà huānlè de jiàohǎn shēng, bǎ shùzhī shàngde xuě dōu zhènluò xiàlái le.

Súhuàshuō, "Ruìxuě zhào fēngnián". Zhèjù huà yǒu chōngfèn de kēxué gēnjù, bìng búshì yījù míxìn de chéngyǔ. Hándōng dàxuě, kěyǐ dòngsǐ yībùfēn yuèdōng de hàichóng; rónghuàle de shuǐ shēn jìn tǔcéng shēnchù, yòunéng gōngyìng zhuāngjia shēngzhǎng de xūyào. Wǒ xiāngxìn zhè yīchǎng shífēn jíshí de dàxuě, yīdìng huì cùjìn míngnián chūnjì zuòwù, yóuqí shì xiǎomài de fēngshōu. Yǒu jīngyàn de lǎonóng bǎ xuě bǐzuòshì "màizi de miánbèi". Dōngtiān "miánbèi" gàide yuèhòu, míngchūn màizi jiù zhǎng de yuèhǎo, suǒyǐ yòu yǒu zhèyàng yījù yànyǔ: "Dōngtiān mài gài sāncéng bèi, láinián zhěnzhe mántou shuì."

Wǒ xiǎng, zhè jiùshì rénmen wèishénme bǎ jíshí de dàxuě chēngwéi "ruìxuě" de dàolǐ ba.

jiéxuǎn zì Jùn Qīng 《Dìyī chǎng xuě》

作品6号

我常想读书人是世间幸福人,因为他除了拥有现实的世界之外,还拥有另一个更为浩瀚也更为丰富的世界。现实的世界是人人都有的,而后一个世界却为读书人所独有。

由此我想，那些失去或不能阅读的人是多么的不幸，他们的丧失是不可补偿的。世间有诸多的不平等，财富的不平等，权力的不平等，而阅读能力的拥有或丧失却体现为精神的不平等。

一个人的一生，只能经历自己拥有的那一份欣悦，那一份苦难，也许再加上他亲自闻知的那一些关于自身以外的经历和经验。然而，人们通过阅读，却能进入不同时空的诸多他人的世界。这样，具有阅读能力的人，无形间获得了超越有限生命的无限可能性。阅读不仅使他多识了草木虫鱼之名，而且可以上溯远古下及未来，饱览存在的与非存在的奇风异俗。

更为重要的是，读书加惠于人们的不仅是知识的增广，而且还在于精神的感化与陶冶。人们从读书学做人，从那些往哲先贤以及当代才俊的著述中学得他们的人格。人们从《论语》中学得智慧的思考，从《史记》中学得严肃的历史精神，从《正气歌》中学得人格的刚烈，从马克思学得人世的激情，从鲁迅学得批判精神，从托尔斯泰学得道德的执着。歌德的诗句刻写着睿智的人生，拜伦的诗句呼唤着奋斗的热情。一个读书人，一个有机会拥有超乎个人生命体验的幸运人。

节选自谢冕《读书人是幸福人》

Zuòpǐn 6 hào

Wǒ chǎng xiǎng dúshū rén shì shìjiān xìngfú rén, yīnwèi tā chúle yōngyǒu xiànshí de shìjiè zhīwài, hái yōngyǒu lìng yīgè gèngwéi hàohàn yě gèngwéi fēngfùde shìjiè. Xiànshí de shìjiè shì rénrén dōu yǒu de, ér hòu yīgè shìjiè què wéi dúshū rén suǒ dúyǒu. Yóucǐ wǒ xiǎng, nàxiē shīqù huò bùnéng yuèdú de rén shì duōme de bùxìng, tāmen de sàngshī shì bùkě bǔcháng de. Shìjiān yǒu zhūduō de bùpíngděng, cáifù de bùpíngděng, quánlì de bùpíngděng, ér yuèdú nénglì de yōngyǒu huò sàngshī què tǐxiàn wéi jīngshén de bùpíngděng.

Yīgè rén de yīshēng, zhǐ néng jīnglì zìjǐ yōngyǒu de nà yīfèn xīnyuè, nà yīfèn kǔnàn, yěxǔ zài jiāshàng tā qīnzì wénzhī de nà yīxiē guānyú zìshēn yǐwài de jīnglì hé jīngyàn. Ránér, rénmen tōngguò yuèdú, què néng jìnrù bùtōng shí kōng de zhūduō tā rén de shìjiè. Zhèyàng, jùyǒu yuèdú nénglì de rén, wú xíng jiān huòdé le chāoyuè yǒuxiàn shēngmìng de wúxiàn kěnéngxìng. Yuèdú bùjǐn shǐ tā duō shí le cǎomù chóngyú zhī míng, érqiě kěyǐ shàng sù yuǎngǔ xià jí wèilái, bǎo lǎn cún zài de yǔ fēi cúnzài de qífēng yìsú.

Gèng wéi zhòngyào de shì, dúshū jiā huì yǔ rénmen de bùjǐn shì zhīshi de zēng guǎng, érqiě hái zàiyú jīngshén de gǎnhuà yǔ táoyě. Rénmen cóng dúshū xué zuò rén, cóng nàxiē wǎngzhé xiānxián yǐjí dāngdài cáijùn de zhùshù zhōng xué dé tāmen de réngé. Rénmen cóng《lún yǔ》zhōng xué dé zhìhuì dé sīkǎo, cóng《shǐ jì》zhōng xué dé yánsù de lìshǐ jīngshén, cóng《zhèngqì gē》zhōng xué dé réngé de gānglìe, cóng Mǎkèsī xué dé rénshì de jīqíng, cóng Lǔxùn xué dé pīpàn jīngshén, cóng Tuōěrsītài xué dé dàodé de zhízhuó. Gēde de shījù kè xiě zhe ruìzhì de rénshēng, Bàilún de shījù hūhuàn zhe fèndòu de rèqíng. Yīgè dúshū rén, yīgè yǒu jīhuì yōng yǒu chāohū gèrén shēngmìng tǐ yàn de xìngyùn rén.

Jiéxuǎn zì Xiè Miǎn《dúshū rén shì xìngfú rén》

作品7号

一天，爸爸下班回到家已经很晚了，他很累也有点儿烦，他发现五岁的儿子靠在门旁正等着他。

"爸，我可以问您一个问题吗？"

"什么问题？""爸，您一小时可以赚多少钱？""这与你无关，你为什么问这个问题？"父亲生气地说。

"我只是想知道，请告诉我，您一小时赚多少钱？"小孩儿哀求道。"假如你一定要知道的话，我一小时赚二十美金。"

"哦，"小孩儿低下了头，接着又说，"爸，可以借我十美金吗？"父亲发怒了："如果你只是要借钱去买毫无意义的玩具的话，给我回到你的房间睡觉去。好好想想为什么你会那么自私。我每天辛苦工作，没时间和你玩儿小孩子的游戏。"

小孩儿默默地回到自己的房间关上门。

父亲坐下来还在生气。后来，他平静下来了。心想他可能对孩子太凶了——或许孩子真的很想买什么东西，再说他平时很少要过钱。

父亲走进孩子的房间："你睡了吗？""爸，还没有，我还醒着。"孩子回答。

"我刚才可能对你太凶了，"父亲说，"我不应该发那么大的火儿——这是你要的十美金。""爸，谢谢您。"孩子高兴地从枕头下拿出一些被弄皱的钞票，慢慢地数着。

"为什么你已经有钱了还要？"父亲不解地问。

"因为原来不够，但现在凑够了。"孩子回答："爸，我现在有二十美金了，我可以向您买一个小时的时间吗？明天请早一点儿回家——我想和您一起吃晚餐。"

节选自唐继柳编译《二十美金的价值》

Zuòpǐn 7 hào

Yītiān, bàba xiàbān huí dào jiā yǐjīng hěn wǎn le, tā hěn lèi yě yǒudiǎnr fán, tā fāxiàn wǔ suì de érzi kào zài mén páng zhèng děngzhe tā.

"Bà, wǒ kěyǐ wèn nín yī gè wèntí ma?"

"Shénme wèntí?" "Bà, nín yīxiǎoshí kěyǐ zhuàn duōshǎo qián?" "Zhè yǔ nǐ wú guān, nǐ wèishénme wèn zhège wèntí?" fùqīn shēngqì de shuō.

"Wǒ zhǐ shì xiǎng zhīdào, qǐng gàosu wǒ, nín yīxiǎoshí zhuàn duōshǎo qián?" xiǎoháir áiqiú dào. "Jiǎrú nǐ yīdìng yào zhīdào de huà, wǒ yīxiǎoshí zhuàn èrshí měijīn."

"Ò," xiǎoháir dī xià le tóu, jiēzhe yòu shuō, "bà, kěyǐ jiègěi wǒ shí měijīn ma?" Fùqīn fā nù le: "Rúguǒ nǐ zhǐ shì xiǎng yào jiè qián qù mǎi háowúyìyì de wánjù de huà, gěi wǒ huí dào nǐ de fángjiān shuìjiào qù. Hǎohǎo xiǎngxiǎng wèishénme nǐ huì nàme zìsī. Wǒ měi tiān xīnkǔ gōngzuò, méi shíjiān hé nǐ wánr xiǎoháizi de yóuxì."

Xiǎoháir mòmò de huí dào zìjǐ de fángjiān guān shàng mén.

Fù qīn zuò xià lái hái zài shēngqì. Hòulái, tā píngjìng xiàlái le. Xīn xiǎng tā kěnéng duì háizi tài xiōng le——huòxǔ háizi zhēn de hěn xiǎng yào mǎi shénme dōngxi, zàishuō tā píngshí hěn shǎo yào guò qián.

Fù qīn zǒu jìn háizi de fángjiān："Nǐ shuì le ma?" "Bà, hái méi yǒu, wǒ hái xǐng zhe." Háizi huídá.

"Wǒ gāngcái kěnéng duì nǐ tài xiōng le," fùqīn shuō, "wǒ bù yīnggāi fā nàme dà de huǒr——zhèshì nǐ yào de shí měijīn." "Bà, xièxie nín." Háizi gāoxìng de cóng zhěntou xià ná chū yī xiē bèi nòng zhòu de chāopiào, mànmàn de shǔ zhe.

"Wèishénme nǐ yǐjīng yǒu qián le hái yào?" Fùqīn bù jiě de wèn.

"Yīn wèi yuánlái bù gòu, dàn xiànzài gòu le." Háizi huídá："Bà, wǒ xiànzài yǒu èrshí měijīn le, wǒ kěyǐ xiàng nín mǎi yī gè xiǎoshí de shíjiān ma？ Míngtiān qǐng zǎodiǎnr huíjiā——wǒ xiǎng hé nín yīqǐ chī wǎncān."

Jiéxuǎn zì Táng Jìliǔ biān yì《Èrshí měijīn de jiàzhí》

作品8号

我爱月夜，但我也爱星天。从前在家乡七八月的夜晚在庭院里纳凉的时候，我最爱看天上密密麻麻的繁星。望着星天，我就会忘记一切，仿佛回到了母亲的怀里似的。

三年前在南京，我住的地方有一道后门，每晚我打开后门，便看见一个静寂的夜。下面是一片菜园，上面是星群密布的蓝天。星光在我们的肉眼里虽然微小，然而它使我们觉得光明无处不在。那时候我正在读一些天文学的书，也认得一些星星，好像它们就是我的朋友，它们常常在和我谈话一样。

如今在海上，每晚和繁星相对，我把它们认得很熟了。我躺在舱面上，仰望天空。深蓝色的天空里悬着无数半明半昧的星。船在动，星也在动，它们是这样低，真是摇摇欲坠呢！渐渐地我的眼睛模糊了，我好像看见无数萤火虫在我的周围飞舞。海上的夜是柔和的，是静寂的，是梦幻的。我望着许多认识的星，我仿佛看见它们在对我眨眼，我仿佛听见它们在小声说话。这时我忘记了一切。在星的怀抱中我微笑着，我沉睡着。我觉得自己是一个小孩子，现在睡在母亲的怀里了。

有一夜，那个在哥伦波上船的英国人指给我看天上的巨人。他用手指着：那四颗明亮的星是头，下面的几颗是身子，这几颗是手，那几颗是腿和脚，还有三颗星算是腰带。经他这一番指点，我果然看清楚了那个天上的巨人。看，那个巨人还在跑呢！

节选自巴金《繁星》

Zuòpǐn 8 hào

Wǒ ài yuèyè, dàn wǒ yě ài xīngtiān. Cóngqián zài jiāxiāng qībāyuè de yèwǎn zài tíngyuàn lǐ nàliáng de shíhou, wǒ zuì àikàn tiānshàng mìmì-mámá de fánxīng. Wàngzhe xīngtiān, wǒ jiù huì wàngjì yīqiè, fǎngfú huí dào le mǔqīn de huáilǐ shìde.

Sānniánqián zài Nánjīng, wǒ zhù de dìfang yǒu yīdào hòumén, měiwǎn wǒ dǎkāi huòmén, biàn kànjiàn yīgè jìngjì de yè. Xiàmiàn shì yīpiàn càiyuán, shàngmiàn shì xīngqún mìbù de lántiān. Xīngguāng zài wǒmen de ròuyǎn lǐ suīrán wēixiǎo, ránér tā shǐ wǒmen juéde guāngmíng wúchù búzài. Nàshíhou wǒ zhèngzài dú yīxiē tiānwénxué de shū, yě rènde yīxiē xīngxing, hǎoxiàng tāmen jiùshì wǒde péngyou, tāmen chángcháng zài hé wǒ tánhuà yīyàng.

Rújīn zài hǎishàng, měiwǎn hé fánxīng xiāngduì, wǒ bǎ tāmen rènde hěn shúle. Wǒ tǎngzài cāngmiàn shàng, yǎngwàng tiānkōng. Shēnlánsè de tiānkōng lǐ xuánzhe wúshù bànmíng-bànmèi de xīng. Chuán zài dòng, xīng yězài dòng, tāmen shì zhèyàng dī, zhēnshì yáoyáo-yùzhuì ne! Jiànjiàn de wǒ de yǎnjing móhu le, wǒ hǎoxiàng kànjiàn wúshù yínghuǒchóng zài wǒde zhōuwéi fēiwǔ. Hǎishàng de yè shì róuhé de, shì jìngjì de, shì mènghuàn de. Wǒ wàngzhe xǔduō rènshide xīng, wǒ fǎngfú kànjiàn tāmen zài duì wǒ zhǎyǎn, wǒ fǎngfú tīngjiàn tāmen zài xiǎoshēng shuōhuà. Zhèshì wǒ wàngjì le yīqiè. Zài xīng de huáibào zhōng wǒ wēixiào zhe, wǒ chénshuì zhe. Wǒ juéde zìjǐ shì yīgè xiǎoháizi, xiànzài shuì zài mǔqīn de huáilǐ le.

Yǒu yī yè, nàge zài Gēlúnpō shàngchuán de yīngguórén zhǐ gěi wǒ kàn tiānshàng de jùrén. Tā yòng shǒu zhǐzhe: nà sìkē míngliàng de xīng shì tóu, xiàmiàn de jǐkē shì shēnzi, zhè jǐkē shì shǒu, nà jǐkē shì tuǐ hé jiǎo, háiyǒu sānkē xīng suànshì yāodài. Jīng tā zhè yīfān zhǐ diǎn, wǒ guǒrán kàn qīngchule nàge tiānshàng de jùrén. Kàn, nàge jùrén háizài pǎo ne!

Jiéxuǎn zì Bā Jīn 《Fánxīng》

作品9号

　　假日到河滩上转转，看见许多孩子在放风筝。一根根长长的引线，一头系在天上，一头系在地上，孩子同风筝都在天与地之间悠荡，连心也被悠荡得恍恍惚惚了，好像又回到了童年。

　　儿时的放风筝，大多是自己的长辈或家人编扎的，几根削得很薄的篾，用细纱线扎成各种鸟兽的造型，糊上雪白的纸片，再用彩笔勾勒出面孔与翅膀的图案。通常扎得最多的是"老雕""美人儿""花蝴蝶"等。

　　我们家前院就有位叔叔，擅扎风筝，远近闻名。他扎得风筝不只体型好看，色彩艳丽，放飞得高远，还在风筝上绷一叶用蒲苇削成的膜片，经风一吹，发出"嗡嗡"的声响，仿佛是风筝的歌唱，在蓝天下播扬，给开阔的天地增添了无尽的韵味，给驰荡的童心带来几分疯狂。

　　我们那条胡同的左邻右舍的孩子们放的风筝几乎都是叔叔编扎的。他的风筝不卖钱，谁上门去要，就给谁，他乐意自己贴钱买材料。

　　后来，这位叔叔去了海外，放风筝也渐与孩子们远离了。不过年年叔叔给家乡写信，总不忘提起儿时的放风筝。香港回归之后，他在家信中说到，他这只被故乡放飞到海外的风筝，尽管飘荡游弋，经沐风雨，可那线头儿一直在故乡和亲人手中牵着，如今飘得太累了，也该要回归到家乡和亲人身边来了。

　　是的。我想，不光是叔叔，我们每个人都是风筝，在妈妈手中牵着，从小放到大，再从家乡放到祖国最需要的地方去啊！

节选自李恒瑞《风筝畅想曲》

ZuòPǐn 9 hào

　　Jiàrì dào hétān shàng zhuànzhuan, kànjiàn xǔduō háizi zài fàngfēngzheng. Yīgēngēn chángcháng de yǐnxiàn, yītóu jìzài tiānshàng, yītóu jì zài dìshàng, háizi tóng fēngzheng dōu zài tiān yǔ dì zhījiān yōudàng, lián xīn yě bèi yōudàng de huǎnghuǎng–hūhū le, hǎoxiàng yòu huí dào le tóngnián.

　　Ér shí de fàngfēngzheng, dàduō shì zìjǐ de zhǎngbèi huò jiārén biānzā de, jǐ gēn xiāo de hěn báo de miè, yòng xìshāxiàn zāchéng gèzhǒng niǎoshòu de zàoxíng, hú shàng xuěbái de zhǐpiàn, zài yòng cǎibǐ gōulè chū miànkǒng yǔ chìbǎng de tú'àn. Tōngcháng zāde zuìduōde shì "lǎodiāo" "měirénr" "huā húdié" děng.

Wǒmen jiā qiányuàn jiù yǒu wèi shūshu, shàn zā fēngzheng, yuǎnjìn wénmíng. Tā zāde fēngzheng bù zhǐ tǐxíng hǎokàn, sècǎi yànlì, fàngfēide gāoyuǎn, hái zài fēngzheng shàng bēng yīyè yòng púwěi xiāo chéng de mópiàn, jīng fēng yīchuī, fāchū "wēngwēng" de shēngxiǎng, fǎngfú shì fēngzheng de gēchàng, zài lántiān xià bōyáng, gěi kāikuò de tiāndì zēngtiān le wújìn de yùnwèi, gěi chídàng de tóngxīn dàilái jǐ fēn fēngkuáng.

Wǒmen nàtiáo hútòng de zuǒlín-yòushè de háizi men fàng de fēngzheng jīhū dōushì shūshu biānzā de. Tāde fēngzheng bù mài qián, shéi shàngmén qù yào, jiù gěi shéi, tā lèyì zǐji tiē qián mǎi cáiliào.

Hòulái, zhèwèi shūshu qùle hǎiwài, fàngfēngzheng yě jiàn yǔ háizi men yuǎnlí le. Bùguò niánnián shūshu gěi jiāxiāng xiěxìn, zǒng bùwàng tíqǐ érshí de fàng fēng zheng. Xiāng gǎng huíguī zhīhòu, tā zài jiāxìn zhōng shuōdào, tā zhèzhī bèi gùxiāng fàngfēi dào hǎiwài de fēngzheng, jǐnguǎn piāodàng yóuyì, jīngmù fēngyǔ, kě nà xiàntóur yīzhí zài gùxiāng hé qīnrén shǒuzhōng qiānzhe, rújīn piāo de tài lèi le, yě gāi yào huíguī dào jiāxiāng hé qīnrén shēnbiān láile.

Shìde. Wǒ xiǎng, bù guāng shì shūshu, wǒmen měigèrén dōushì fēngzheng, zài māma shǒuzhōng qiānzhe, cóng xiǎo fàng dào dà, zài cóng jiāxiāng fàng dào zǔguó zuì xūyào de dìfang qù a!

Jiéxuǎn zì Lǐ Héngruì《Fēngzheng chàngxiǎngqǔ》

作品10号

爸不懂得怎样表达爱，使我们一家人融洽相处的是我妈。他只是每天上班下班，而妈则把我们做过的错事开列清单，然后由他来责骂我们。

有一次我偷了一块糖果，他要我把它送回去，告诉卖糖的说是我偷来的，说我愿意替他拆箱卸货作为赔偿。但妈妈却明白我只是个孩子。

我在运动场打秋千跌断了腿，在前往医院途中一直抱着我的，是我妈。爸把汽车停在急诊室门口，他们叫他驶开，说那空位是留给紧急车辆停放的。爸听了便叫嚷道："你以为这是什么车？旅游车？"

在我生日会上，爸总是显得有些不大相称。他只是忙于吹气球，布置餐桌，做杂务。把插着蜡烛的蛋糕推过来让我吹的，是我妈。

我翻阅照相册时，人们总是问："你爸爸是什么样子的？"天晓得!他老是忙着替别人拍照。妈和我笑容可掬地一起拍的照片，多得不可胜数。

我记得妈有一次叫他教我骑自行车。我叫他别放手,但他却说是应该放手的时候了。我摔倒之后,妈跑过来扶我,爸却挥手要她走开。我当时生气极了,决心要给他点儿颜色看。于是我马上爬上自行车,而且自己骑给他看。他只是微笑。

我念大学时,所有的家信都是妈写的。他除了寄支票外,还寄过一封短柬给我,说因为我不在草坪上踢足球了,所以他的草坪长得很美。

每次我打电话回家,他似乎都想跟我说话,但结果总是说:"我叫你妈来接。"

我结婚时,掉眼泪的是我妈。他只是大声擤了一下鼻子,便走出房间。

我从小到大都听他说:"你到哪里去?什么时候回家?汽车有没有汽油?不,不准去。"爸完全不知道怎样表达爱,除非……

会不会是他已经表达了,而我却未能察觉?

节选自〔美〕艾尔玛·邦贝克《父亲的爱》

Zuòpǐn 10 hào

Bà bù dǒngde zěnyàng biǎodá ài, shǐ wǒmen yìjiā rén róngqià xiāngchǔ de shì wǒ mā. Tā zhǐshì měitiān shàngbān xiàbān, ér mā zé bǎ wǒmen zuò guò de cuò shì kāiliè qīngdān, ránhòu yóu tā lái zémà wǒmen.

Yǒu yīcì wǒ tōule yīkuài tángguǒ, tā yào wǒ bǎ tā sòng huíqù, gàosu mài táng de shuō shì wǒ tōu lái de, shuō wǒ yuànyì tì tā chāixiāng xièhuò zuòwéi péicháng. Dàn māmā què míngbai wǒ zhǐ shì gè háizi.

Wǒ zài yùndòngchǎng dǎqiúqiān diēduànle tuǐ, zài qiánwǎng yīyuàn túzhōng yìzhí bàozhe wǒde, shì wǒ mā. Bà bǎ qìchē tíng zài jízhěnshì ménkǒu, tāmen jiào tā shǐ kāi, shuō nà kòngwèi shì liúgěi jǐnjí chēliàng tíngfàng de. Bà tīngle biàn jiàorǎng dào: "nǐ yǐwéi zhè shì shénme chē? lǚ yóuchē?"

Zài wǒ shēngrì huì shàng, bà zǒngshì xiǎn dé yǒuxiē bùdà xiāngchèn. Tā zhǐshì máng yú chuī qìqiú, bùzhì cānzhuō, zuò záwù. Bǎ chāzhe làzhú de dàngāo tuī guòlái ràng wǒ chuī de, shì wǒ mā.

Wǒ fānyuè zhàoxiàngcè shí, rénmen zǒngshì wèn: "nǐ bà shì shénme yàngzi de?" tiān xiǎodé! Tā lǎoshì mángzhe tì biérén pāizhào. Mā hé wǒ xiàoróng-kějū de yīqǐ pāi de zhàopiàn, duōde bùkě-shèngshǔ.

Wǒ jìde māyǒu yīcì jiào tā jiāo wǒ qízìxíngchē. Wǒ jiào tā bié fàngshǒu, dàn tā què shuō shì yīnggāi fàngshǒu de shíhou le. Wǒ shuāidǎo zhīhòu, mā pǎo guòlái fú wǒ, bà què huīshǒu yào tā zǒukāi. Wǒ dāngshí shēngqì jíle, juéxīn yào gěi tā diǎnr yánsè kàn. Yúshì wǒ mǎshàng pá shàng zìxíngchē, érqiě zìjǐ qí gěi tā kàn. Tā zhǐshì wēixiào.

Wǒ niàn dàxué shí, suǒyǒu de jiāxìn dōu shì mā xiě de. Tā chúle jì zhīpiào wài, hái jì guò yī fēng duǎn jiǎn gěi wǒ, shuō yīnwèi wǒ bùzài cǎopíng shàng tī zúqiú le, suǒyǐ tā de cǎopíng zhǎng de hěnměi.

Měicì wǒ dǎdiànhuà huíjiā, tā sìhū dōu xiǎng gēn wǒ shuōhuà, dàn jiéguǒ zǒngshì shuō: "Wǒ jiào nǐ mā lái jiē."

Wǒ jiéhūn shí, diào yǎnlèi de shì wǒ mā. Tā zhǐshì dàshēng xǐngle yīxià bízi, biàn zǒuchū fángjiān.

Wǒ cóng xiǎo dào dà dōu tīng tā shuō: "Nǐ dào Nǎlǐ qù? shénme shíhòu huíjiā? qìchē yǒu méiyǒu qìyóu? bù, bù zhǔn qù." bà wánquán bù zhīdào zěnyàng biǎodá ài. Chúfēi…

Huì bù huì shì tā yǐjīng biǎodá le, ér wǒ què wèi néng chájué?

Jiéxuǎn zì〔měi〕ai'ěrmǎ·Bāngbèikè《Fùqīn de ài》

作品11号

一个大问题一直盘踞在我脑袋①里：

世界杯怎么会有如此巨大的吸引力？除去足球本身的魅力②之外，还有什么超乎其③上而更伟大的东西④？

近来观看世界杯，忽然从中得到了答案：是由于一种无上崇高的精神情感——国家荣誉感！

地球上的人都会有国家的概念，但未必时时都有国家的感情。往往人到异国，思念家乡，心怀故国，这国家概念就变得⑤有血有肉⑥，爱国之情来得非常具体。而现代社会，科技昌达，信息快捷，事事上网，世界真是太小太小，国家的界限似乎⑦也不那么清晰了。再说足球正在快速世界化，平日里各国球员频繁⑧转会，往来随意，致使越来越多的国家联赛都具有国际的因素。球员们不论国籍，只效力于自己的俱乐部，他们比赛时的激情中完全没有爱国主义的因子⑨。

然而⑩，到了世界杯大赛，天下大变。各国球员都回国效力，穿上与光荣的国旗同样色彩的服装。在每一场比赛前，还高唱国歌以宣誓对自己祖国的挚⑪爱与忠诚。一种血缘⑫情感开始在全身的血管里燃烧起来，而且立刻热血沸腾⑬。

在历史时代，国家间经常发生对抗，好男儿戎装⑭卫国。国家的荣誉往往需要以自己的生命去换取。但在和平时代，唯有这种国家之间大规模对抗性的大赛，才可以唤起那种遥远而神圣的情感，那就是：为祖国而战！

节选自冯骥才《国家荣誉感》

语音提示：

①脑袋　nǎodai　　　　②魅力　mèilì
③其　qí　　　　　　　④东西　dōngxi
⑤变得　biànde　　　　⑥有血有肉　yǒuxiěyǒuròu
⑦似乎　sìhū　　　　　⑧频繁　pínfán
⑨因子　yīnzǐ　　　　　⑩然而　rán'ér
⑪挚　zhì　　　　　　⑫血缘　xuèyuán
⑬热血沸腾　rèxuèfèiténg　⑭戎装　róngzhuāng

作品12号

　　夕阳落山不久，西方的天空，还燃烧着一片橘红色的晚霞。大海，也被这霞光染成了红色，而且比天空的景色更要壮观。因为①它是活动的，每当一排排波浪涌起的时候②，那映照在浪峰上的霞光，又红又亮，简直就像一片片霍霍燃烧着的火焰，闪烁着，消失了。而后面的一排，又闪烁着，滚动着，涌了过来。

　　天空的霞光渐渐地淡下去了，深红的颜色变成了绯红③，绯红又变为浅红。最后，当这一切红光都消失了的时候，那突然显得④高而远了的天空，则呈现出一片肃穆的神色。最早出现的启明星，在这蓝色的天幕上闪烁起来了。它是那么大，那么亮，整个广漠的天幕上只有它在那里放射着令人注目的光辉，活像一盏悬挂在高空的明灯。

　　夜色加浓，苍空中的"明灯"越来越多了。而城市各处的真的灯火也次第亮了起来，尤其是围绕⑤在海港周围山坡上的那一片灯光，从半空倒映在乌蓝的海面上，随着波浪，晃⑥动着，闪烁着，像一串流动着的珍珠，和那一片片密布在苍穹⑦里的星斗互相辉映，煞⑧是好看。

　　在这幽美的夜色中，我踏着软绵绵⑨的沙滩，沿着海边，慢慢地向前走去。海水，轻轻地抚摸着细软的沙滩，发出温柔的刷刷声。晚来的海风，清新而又凉爽。我的心里，有着说不出的兴奋⑩和愉快。

　　夜风轻飘飘地吹拂着，空气中飘荡着一种大海和田禾相混合⑪的香味儿，柔软的沙滩上还残留着白天太阳炙晒⑫的余温。那些在各个工作岗位上劳动了一天的人们，三三两两地来到这软绵绵的沙滩上，他们浴着凉爽的海风，望着那缀⑬满了星星的夜空，尽情地说笑，尽情地休憩⑭。

　　　　　　　　　　　　　　　节选自峻青《海滨仲夏夜》

语音提示：

①因为　yīnwèi　　　　②时候　shíhou

③绯红　　fēihóng　　　　　　④显得　　xiǎnde
⑤围绕　　wéirào　　　　　　　⑥晃　　　huàng
⑦苍穹　　cāngqióng　　　　　 ⑧煞　　　shà
⑨软绵绵　ruǎnmiánmián　　　 ⑩兴奋　　xīngfèn
⑪混合　　hùnhé　　　　　　　 ⑫炙晒　　zhìshài
⑬缀　　　zhuì　　　　　　　　⑭休憩　　xiūqì

作品13号

生命在海洋里诞生绝不是偶然的，海洋的物理和化学性质，使它成为孕育原始生命的摇篮。

我们①知道②，水是生物的重要组成部分③，许多动物组织的含水量在百分之八十以上，而一些海洋生物的含水量高达百分之九十五。水是新陈代谢的重要媒介，没有它，体内的一系列生理和生物化学反应就无法进行，生命也就停止。因此，在短时期内动物缺水要比缺少食物更加危险。水对今天的生命是如此重要，它对脆弱的原始生命，更是举足轻重了。生命在海洋里诞生④，就不会有缺水之忧。

水是一种良好的溶剂。海洋中含有许多生命所必需的无机盐，如氯化钠⑤、氯化钾、碳酸盐、磷酸盐，还有溶解氧，原始生命可以毫不费力地从中吸取它所需要的元素。

水具有很高的热容量，加之海洋浩大，任凭夏季烈日曝晒⑥，冬季寒风扫荡，它的温度变化却比较⑦小。因此，巨大的海洋就像是天然的"温箱"，是孕育原始生命的温床。

阳光虽然为⑧生命所必需，但是阳光中的紫外线却有扼杀⑨原始生命的危险。水能有效地吸收紫外线，因而又为原始生命提供⑩了天然的"屏障⑪"。

这一切都是原始生命得以产生和发展的必要条件。

节选自童裳亮《海洋与生命》

语音提示：

①我们　　wǒmen　　　　　　②知道　　zhīdào
③部分　　bùfen　　　　　　　④诞生　　dànshēng
⑤氯化钠　lǜhuànà　　　　　　⑥曝晒　　pùshài
⑦比较　　bǐjiào　　　　　　　⑧为　　　wèi
⑨扼杀　　èshā　　　　　　　　⑩提供　　tígōng
⑪屏障　　píngzhàng

作品14号

读小学的时候,我的外祖母去世了。外祖母生前最疼爱我,我无法排除自己的忧伤,每天在学校的操场上一圈儿又一圈儿①地跑着,跑得②累倒在地上,扑在草坪上痛哭。

那哀痛的日子③,断断续续地持续了很久,爸爸妈妈④也不知道如何安慰我。他们知道与其骗我说外祖母睡着了,还不如对我说实话:外祖母永远不会回来了。

"什么是永远不会回来呢?"我问着。

"所有时间里的事物,都永远不会回来。你的昨天过去,它就永远变成昨天,你不能再回到昨天。爸爸以前也和你一样小,现在也不能回到你这么小的童年了;有一天你会长大,你会像外祖母一样老;有一天你度过了你的时间,就永远不会回来了。"爸爸说。

爸爸等于给我一个谜语,这谜语比课本上的"日历挂在墙壁,一天撕去一页,使我心里着急"和"一寸光阴一寸金,寸金难买寸光阴"还让我感到可怕;也比作文本上的"光阴似箭,日月如梭"更让我觉得⑤有一种说不出的滋味。

时间过得那么飞快,使我的小心眼儿里不只是着急,还有悲伤。有一天我放学回家,看到太阳快落山了,就下决心说:"我要比太阳更快地回家。"我狂奔回去,站在庭院前喘气的时候,看到太阳还露着⑥半边脸,我高兴地跳跃起来,那一天我跑赢了太阳。以后我就时常做那样的游戏,有时和太阳赛跑,有时和西北风比快,有时一个暑假才能做完的作业,我十天就做完了;那时我三年级,常常把哥哥五年级的作业拿来做。每一次比赛胜过时间,我就快乐得不知道怎么形容。

如果将来我有什么要教给我的孩子,我会告诉他:假若你一直和时间比赛,你就可以成功!

节选自〔中国台湾〕林清玄《和时间赛跑》

语音提示:

①一圈儿　yīquānr　　②跑得　pǎode
③日子　rìzi　　　　　④妈妈　māma
⑤觉得　juéde　　　　　⑥露着　lóuzhe

作品15号

三十年代初,胡适在北京大学任①教授。讲课时他常常对白话文大加称赞,引起一些只喜欢②文言文而不喜欢白话文的学生的不满。

一次，胡适正讲得③得意的时候，一位姓魏的学生④突然站了起来，生气地问："胡先生⑤，难道说白话文就毫无缺点吗？"胡适微笑着回答说："没有。"那位学生更加激动了："肯定有！白话文废话太多，打电报用字多，花钱多。"胡适的目光顿时变亮了。轻声地解释说："不一定吧！前几天有位朋友给我打来电报，请我去政府部门工作，我决定不去，就回电拒绝了。复电是用白话写的，看来也很省字。请同学们根据我这个意思，用文言文写一个回电，看看究竟是白话文省字，还是文言文省字？"胡教授刚说完，同学们立刻认真地写了起来。

十五分钟过去，胡适让同学举手，报告用字的数目，然后挑了一份用字最少的文言电报稿，电文是这样写的：

"才疏学浅，恐难胜任，不堪从命。"白话文的意思是：学问⑥不深，恐怕很难担任这个⑦工作，不能服从安排。

胡适说，这份写得确实不错，仅用了十二个字。但我的白话电报却只用了五个字："干不了，谢谢！"

胡适又解释说："干不了"就有才疏学浅、恐难胜任的意思；"谢谢"既对朋友的介绍表示感谢，又有拒绝的意思。所以，废话多不多，并不看它是文言文还是白话文，只要注意选用字词，白话文是可以比文言文更省字的。

节选自陈灼主编《实用汉语中级教程》（上）中《胡适的白话电报》

语音提示：

①任　　rèn
②喜欢　　xǐhuan
③讲得　　jiǎngde
④学生　　xuésheng
⑤先生　　xiānsheng
⑥学问　　xuéwen
⑦这个　　zhège

作品16号

很久以前，在一个漆黑的秋天的夜晚，我泛舟在西伯利亚一条阴森森的河上。船到一个转弯处，只见前面黑黢黢①的山峰下面一星火光蓦地②一闪。

火光又明又亮，好像就在眼前……

"好啦，谢天谢地！"我高兴地说，"马上就到过夜的地方③啦！"

船夫扭头朝身后的火光望了一眼，又不以为然地划起桨来。

"远着呢！"

我不相信他的话，因为火光冲破朦胧的夜色，明明在那儿闪烁。不过船夫是对的，事实上，火光的确还远着呢。

这些黑夜的火光的特点是：驱散黑暗，闪闪发亮，近在眼前，令人神往。乍④一看，再划几下就到了……其实却还远着呢!……

我们在漆黑如墨的河上又划了很久。一个个峡谷和悬崖⑤，迎面驶来，又向后移去，仿佛消失在茫茫的远方，而火光却依然停在前头⑥，闪闪发亮，令人神往——依然是这么近，又依然是那么远……

现在，无论是这条被悬崖峭壁的阴影笼罩的漆黑的河流，还是那一星明亮的火光，都经常浮现在我的脑际，在这以前和在这以后，曾有许多火光，似乎近在咫尺⑦，不止使我一人心驰神往⑧。可是生活之河却仍然在那阴森森的两岸之间流着，而火光也依旧非常遥远。因此，必须加劲划桨……

然而，火光啊……毕竟……毕竟就在前头!……

节选自〔俄〕柯罗连科《火光》，张铁夫译

语音提示：

①黑黢黢　hēiqūqū　　　②蓦地　mòdì
③地方　dìfang　　　　　④乍　zhà
⑤悬崖　xuányá　　　　　⑥前头　qiántou
⑦咫尺　zhǐchǐ　　　　　⑧心驰神往　xīnchí-shénwǎng

作品17号

对于一个在北平住惯的人，像我，冬天要是不刮风，便觉得是奇迹；济南①的冬天是没有风声的。对于一个刚由伦敦回来的人，像我，冬天要能看得见日光，便觉得②是怪事；济南的冬天是响晴的。……自然，在热带的地方，日光永远是那么③毒，响亮的天气，反有点儿叫人害怕。可是，在北方的冬天，而能有温晴的天气，济南真得④算个宝地。

设若单单是有阳光，那也算不了出奇。请闭上眼睛⑤想：一个老城，有山有水，全在天底下晒着阳光，暖和⑥安适地睡着，只等春风来把它们唤醒，这是不是理想的境界？小山把济南围了个圈儿，只有北边缺着点口儿。这一圈儿小山在冬天特别可爱，好像是把济南放在一个小摇篮里，它们安静不动地低声地说："你们放心吧，这儿准保暖和。"真的，济南的人们在冬天是面上含笑的。他们一看那些小山，心中便觉得有了着落⑦，有了依靠。他们由天上看到山上，便不知不觉地想起：明天也许就是春天了吧？这样的温暖，今天夜里山草也许就绿起来了吧？就是这点儿幻想不能一时实现，他们也并不着急，因为这样慈善的冬天，干什么还希望别的呢！

最妙的是下点儿小雪呀。看吧，山上的矮松越发的青黑，树尖儿上顶着一髻儿⑧白花，好像日本看护妇。山尖儿全白了，给蓝天镶上一道银边⑨。山坡上，有的地方雪厚点儿，有的地方草色还露着；这样，一道儿白，一道儿暗黄，给山们穿上一件带水纹儿的花衣；看着看着，这件花衣好像被风儿⑩吹动，叫你希望看见一点儿更美的山的肌肤。等到快日落的时候，微黄的阳光斜射在山腰上，那点儿薄雪⑪好像忽然害羞，微微露出点儿粉色。就是下小雪吧，济南是受不住大雪的，那些小山太秀气。

节选自老舍《济南的冬天》

语音提示：

①济南　jǐnán　　　　　②觉得　juéde
③那么　nàme　　　　　④真得　zhēnděi
⑤眼睛　yǎnjīng　　　　⑥暖和　nuǎnhuo
⑦着落　zhuóluó　　　　⑧髻儿　jìr
⑨银边　yínbiānr　　　　⑩风儿　fēng'ér
⑪薄雪　báoxuě

作品18号

纯朴的家乡村边有一条河，曲曲弯弯①，河中架一弯石桥，弓样的小桥横跨两岸。

每天，不管是鸡鸣晓月，日丽中天，还是月华泻地，小桥都印下串串足迹，洒落串串汗珠。那是乡亲②为了追求多棱③的希望，兑现④美好的遐想。弯弯小桥，不时荡过轻吟低唱，不时露出⑤舒心的笑容。

因而⑥，我稚小的心灵，曾将心声献给小桥：你是一弯银色的新月，给人间普照光辉；你是一把闪亮的镰刀，割刈⑦着欢笑的花果；你是一根晃悠悠⑧的扁担，挑起了彩色的明天！哦，小桥走进我的梦中。

我在飘泊他乡的岁月，心中总涌动着故乡的河水，梦中总看到弓样的小桥。当我访南疆探北国，眼帘闯进座座雄伟的长桥时，我的梦变得丰满了，增添了赤橙黄绿青蓝紫。

三十多年过去，我带着满头霜花回到故乡，第一紧要的便是去看望小桥。

啊！小桥呢？它躲起来了？河中一道长虹，浴着朝霞熠熠闪光。哦，雄浑的大桥敞开胸怀，汽车的呼啸、摩托的笛音、自行车的叮铃，合奏着进行交响乐；南来的钢筋、花布，北往的柑橙、家禽，绘出交流欢悦图……

啊！蜕变⑨的桥，传递了家乡进步的消息，透露⑩了家乡富裕的声音。时代的春风，美好的追求，我蓦地记起儿时唱给小桥的歌，哦，明艳艳的太阳照耀了，芳香甜蜜的花果捧来了，五彩斑斓的岁月拉开了！

我心中涌动的河水，激荡起甜美的浪花。我仰望一碧蓝天，心底轻声呼喊：家乡的桥啊，我梦中的桥。

节选自郑莹《家乡的桥》

语音提示：

①曲曲弯弯　qūqū-wānwān　　②乡亲　xiāngqin

③棱　léng　　　　　　　　　④兑现　duìxiàn

⑤露出　lòuchū　　　　　　　⑥因而　yīn'ér

⑦刈　yì　　　　　　　　　　⑧晃悠悠　huàngyōuyōu

⑨蜕变　tuìbiàn　　　　　　　⑩透露　tòulù

作品19号

　　三百多年前，建筑设计师莱伊恩受命设计了英国温泽市政府大厅。他运用工程力学的知识①，依据自己多年的实践，巧妙地设计了只用一根②柱子③支撑的大厅天花板。一年以后，市政府权威人士进行工程验收时，却说只用一根柱子支撑天花板太危险，要求莱伊恩再多加几根柱子。

　　莱伊恩自信只要一根坚固的柱子足以保证大厅安全，他的"固执④"惹恼了市政官员，险些被送上法庭。他非常苦恼，坚持自己原先的主张吧，市政官员肯定会另找人修改设计；不坚持吧，又有悖⑤自己为人的准则。矛盾了很长一段时间，莱伊恩终于想出了一条妙计，他在大厅里增加了四根柱子，不过这些柱子并未与天花板接触，只不过是装装样子。

　　三百多年过去了，这个秘密始终没有被人发现。直到前两年，市政府准备修缮⑥大厅的天花板，才发现莱伊恩当年的"弄虚作假"。消息传出后，世界各国的建筑专家和游客云集，当地政府对此也不加掩饰，在新世纪到来之际，特意将大厅作为一个旅游景点对外开放，旨在引导人们⑦崇尚和相信科学。

　　作为一名建筑师，莱伊恩并不是最出色的。但作为一个人，他无疑非常伟大，这种伟大表现在他始终恪守⑧着自己的原则，给高贵的心灵一个美丽的住所：哪怕是遭遇到最大的阻力，也要想办法抵达胜利。

节选自游宇明《坚守你的高贵》

语音提示：

①知识　zhīshi　　　　　　　②根　gēn

③柱子　zhùzi　　　　　　　④固执　gùzhí

⑤悖　　bèi　　　　　　　⑥修缮　　xiūshàn
⑦人们　　rénmen　　　　⑧恪守　　kèshǒu

作品20号

　　自从传言有人在萨文河畔①散步时无意发现了金子②后，这里便常有来自四面八方的淘金者。他们都想成为富翁，于是寻遍了整个河床，还在河床上挖出很多大坑，希望借助它们找到更多的金子。的确，有一些人找到了，但另外一些人因为一无所得而只好扫兴归去。

　　也有不甘心落空的，便驻扎③在这里，继续寻找。彼得·弗雷特④就是其中一员。他在河床附近买了一块没人要的土地，一个人默默地⑤工作。他为了找金子，已把所有的钱都押在这块土地上。他埋头苦干了几个月，直到土地全变成了坑坑洼洼⑥，他失望了——他翻遍了整块土地，但连一丁点儿金子都没看见。

　　六个月后，他连买面包的钱都没有了。于是他准备离开这儿到别处去谋生。

　　就在他即将⑦离去的前一个晚上⑧，天下起了倾盆大雨，并且一下就是三天三夜。雨终于停了，彼得走出小木屋，发现眼前的土地看上去好像和以前不一样：坑坑洼洼已被大水冲刷平整，松软的土地上长出一层绿茸茸的小草。

　　"这里没找到金子，"彼得忽有所悟地说，"但这土地很肥沃，我可以用来种花，并且拿到镇上去卖给那些富人，他们一定会买些花装扮他们华丽的客厅。如果真是这样的话，那么我一定会赚许多钱，有朝一日我也会成为富人……"

　　于是他留了下来。彼得花了不少精力培育花苗，不久田地里长满了美丽娇艳的各色鲜花。

　　五年以后，彼得终于实现了他的梦想——成了一个富翁。"我是唯一的一个找到真金的人！"他时常不无骄傲地告诉⑨别人，"别人在这儿找不到金子后便远远地离开，而我的'金子'是在这块土地里，只有诚实的人用勤劳才能采集到。"

节选自《金子》，陶猛译

语音提示：

①河畔　　hépàn　　　　　　②金子　　jīnzi
③驻扎　　zhùzhā　　　　　　④弗雷特　　fúléitè
⑤默默地　　mòmòde　　　　⑥坑坑洼洼　　kēngkeng-wāwā
⑦即将　　jíjiāng　　　　　　⑧晚上　　wǎnshang
⑨告诉　　gàosu

作品21号

　　我在加拿大学习期间遇到过两次募捐①,那情景至今使我难以忘怀。

　　一天,我在渥太华的街上被两个男孩子拦住去路。他们十来岁,穿得整整齐齐,每人头上戴着个做工精巧、色彩鲜艳的纸帽,上面写着"为帮助患小儿麻痹②的伙伴募捐。"其中的一个,不由分说就坐在小凳上给我擦起皮鞋来,另一个则彬彬有礼地发问:"小姐,您是哪国人?喜欢渥太华吗?""小姐,在你们国家有没有小孩儿患小儿麻痹?谁③给他们医疗费?"一连串的问题,使我这个有生以来头一次在众目睽睽④之下让别人擦鞋的异乡人,从近乎狼狈的窘态⑤中解脱出来。我们像朋友一样聊起天儿来……

　　几个月之后,也是在街上。一些十字路口处或车站坐着几位老人。他们满头银发,身穿各种老式军装,上面布满了大大小小形形色色的徽章、奖章,每人手捧一大束鲜花,有水仙、石竹、玫瑰⑥及叫不出名字的,一色雪白。匆匆过往的行人纷纷止步,把钱投进这些老人身旁的白色木箱内,然后向他们微微鞠躬,从他们手中接过一朵花。我看了一会儿,有人投一两元,有人投几百元,还有人掏出支票填⑦好后投进木箱。那些老军人毫不注意人们捐多少钱,一直不停地向人们低声道谢。同行⑧的朋友告诉我,这是为纪念第二次世界大战中参战的勇士,募捐救济残废军人和烈士遗孀,每年一次;认捐的人可谓踊跃,而且秩序井然,气氛⑨庄严。有些地方,人们还耐心地排着队。我想,这是因为他们都知道:正是这些老人们的流血⑩牺牲换来了包括他们信仰自由在内的许许多多。

　　我两次把那微不足道的一点儿钱捧给他们,只想对他们说声"谢谢"。

节选自青白《捐诚》

语音提示:

①募捐　mùjuān　　②麻痹　mábì
③谁　shéi　　　　④睽睽　kuíkuí
⑤窘态　jiǒngtài　　⑥玫瑰　méiguī
⑦填　tián　　　　⑧同行　tóngxíng
⑨气氛　qìfēn　　　⑩流血　liúxuè

作品22号

　　没有一片绿叶,没有一缕炊烟,没有一粒泥土,没有一丝花香,只有水的世界,云的海洋。

一阵台风袭过，一只孤单的小鸟无家可归，落到被卷到洋里的木板上，乘①流而下，姗姗而来，近了，近了!……

忽然，小鸟张开翅膀，在人们头顶盘旋了几圈儿，"噗啦②"一声落到了船上。许是累了？还是发现了"新大陆"？水手撵③它它不走，抓它，它乖乖地落在掌心。可爱的小鸟和善良的水手结④成了朋友。

瞧，它多美丽，娇巧的小嘴，啄⑤理着绿色的羽毛，鸭子样的扁脚，呈现出春草的鹅黄；水手们把它带到舱里，给它"搭铺"，让它在船上安家落户，每天，把分到的一塑料⑥筒淡水匀⑦给它喝，把从祖国带来的鲜美的鱼肉分给它吃，天长日久，小鸟和水手的感情日趋笃厚⑧。清晨，当第一束阳光射进舷⑨窗时，它便敞开美丽的歌喉，唱啊⑩唱，嘤嘤有韵，宛如春水淙淙⑪。人类给它以生命，它毫不悭吝⑫地把自己的艺术青春奉献给了哺育⑬它的人。可能都是这样？艺术家们的青春只会献给尊敬他们的人。

小鸟给远航生活蒙上了一层浪漫色调。返航时，人们爱不释手，恋恋不舍地想把它带到异乡。可小鸟憔悴了，给水，不喝!喂肉，不吃!油亮的羽毛失去了光泽。是啊⑭，我们有自己的祖国，小鸟也有它的归宿，人和动物都是一样啊⑮，哪儿也不如故乡好!

慈爱的水手们决定放开它，让它回到大海的摇篮去，回到蓝色的故乡去。离别前，这个大自然的朋友与水手们留影纪念。它站在许多人的头上，肩上，掌上，胳膊⑯上，与喂养过它的人们，一起融进那蓝色的画面……

节选自王文杰《可爱的小鸟》

语音提示：

①乘　chéng　　　　②噗啦　pūlā
③撵　niǎn　　　　　④结　jié
⑤啄　zhuó　　　　　⑥塑料　sùliào
⑦匀　yún　　　　　⑧笃厚　dǔhòu
⑨舷　xián　　　　　⑩啊　nga
⑪淙淙　còngcòng　　⑫悭吝　qiānlìn
⑬哺育　bǔyù　　　　⑭啊　ra
⑮啊　nga　　　　　⑯胳膊　gēbo

作品23号

纽约的冬天常有大风雪，扑面的雪花不但令人难以睁开眼睛①，甚至呼吸都会吸入冰冷的雪花。有时前一天晚上②还是一片晴朗，第二天拉开窗帘，却已经积雪③盈尺，连门都推不开了。

遇到这样的情况，公司、商店常会停止上班，学校也通过广播，宣布停课。但令人不解的是，唯有公立小学，仍然开放。只见黄色的校车，艰难地在路边接孩子④，老师则一大早就口中喷着热气，铲去车子⑤前后的积雪，小心翼翼地开车去学校。

据统计，十年来纽约的公立小学只因为超级暴风雪停过⑥七次课。这是多么令人惊讶的事。犯得着在大人都无须上班的时候让孩子去学校吗？小学的老师也太倒霉了吧？

于是，每逢大雪而小学不停课时，都有家长打电话去骂。妙的是，每个打电话的人，反应全一样——先是怒气冲冲地责问，然后满口道歉，最后笑容满面地挂上电话。原因是，学校告诉家长：在纽约有许多百万富翁，但也有不少贫困的家庭。后者白天开不起暖气，供不起午餐，孩子的营养全靠学校里免费的中饭，甚至可以多拿些回家当⑦晚餐。学校停课一天，穷孩子就受一天冻，挨⑧一天饿，所以老师们宁愿⑨自己苦一点儿，也不能停课。

或许有家长会说：何不让富裕的孩子在家里，让贫穷的孩子去学校享受暖气和营养午餐呢？

学校的答复是：我们不愿让那些穷苦的孩子感到他们是在接受救济⑩，因为施舍的最高原则是保持受施者的尊严。

节选自〔中国台湾〕刘墉《课不能停》

语音提示：

①眼睛　yǎnjing　　　　②晚上　wǎnshang
③积雪　jīxuě　　　　　④孩子　háizi
⑤车子　chēzi　　　　　⑥停过　tíngguo
⑦当　dàng　　　　　　⑧挨　ái
⑨宁愿　nìngyuàn　　　⑩救济　jiùjì

作品24号

十年，在历史上不过是一瞬间。只要稍加注意，人们就会发现：在这一瞬间里，各种事物都悄悄经历了自己的千变万化。

这次重新访日，我处处感到亲切和熟悉①，也在许多方面发觉了日本的变化。就拿奈良②的一个角落来说吧，我重游了为③之感受很深的唐招提寺，在寺内各处匆匆走了一遍，庭院依旧，但意想不到还看到了一些新的东西。其中之一，就是近几年从中国移植来的"友谊④之莲"。

在存放鉴真遗像的那个院子里，几株中国莲昂然挺立，翠绿的宽大荷叶正迎风而舞，显得十分愉快。开花的季节已过，荷花朵朵已变为莲蓬⑤累累。莲子⑥的颜色正在由青转紫，看来已经成熟了。

我禁不住想："因"已转化为"果"。

中国的莲花开在日本，日本的樱花开在中国，这不是偶然。我希望这样一种盛况延续不衰。可能有人不欣赏花，但决不会有人欣赏落在自己面前的炮弹。

在这些日子里，我看到了不少多年不见的老朋友，又结识了一些新朋友。

大家喜欢涉及⑦的话题之一，就是古长安和古奈良。那还用得着问吗，朋友们缅怀过去，正是瞩望⑧未来。瞩目于未来的人们必将获得未来。

我不例外，也希望一个美好的未来。

为了中日人民之间的友谊，我将不浪费今后生命的每一瞬间。

节选自严文井《莲花和樱花》

语音提示：

①熟悉	shúxī		②奈良	nàiliáng
③为	wèi		④友谊	yǒuyì
⑤莲蓬	liánpéng		⑥莲子	liánzǐ
⑦涉及	shèjí		⑧瞩望	zhǔwàng

作品25号

梅雨潭闪闪的绿色招引着我们，我们开始追捉①她那离合的神光了。揪②着草，攀③着乱石，小心探身下去，又鞠躬④过了一个石穹⑤门，便到了汪汪一碧的潭边了。

瀑布在襟袖⑥之间，但是我的心中已没有瀑布了。我的心随潭水的绿而摇荡。那醉人的绿呀！仿佛一张极大极大的荷叶铺着，满是奇异的绿呀。我想张开两臂抱住她，但这是怎样一个妄想啊。

站在水边，望到那面，居然觉着有些远呢！这平铺着、厚积着的绿，着实⑦可爱。她松松地皱缬⑧着，像少妇拖着的裙幅；她滑滑的明亮着，像涂了"明油"一般，有鸡蛋清那样软，那样嫩；她又不杂些尘滓⑨，宛然一块温润的碧玉，只清清的一色——但你却看不透她！

我曾见过北京什刹海⑩拂地⑪的绿杨，脱不了鹅黄的底子，似乎太淡了。我又曾见过杭州虎跑⑫寺近旁高峻而深密的"绿壁"，丛叠着无穷的碧草与绿叶的，那又似乎太浓了。其余呢，西湖的波太明了，秦淮河的也太暗了。可爱的，我将什么来比拟你呢？我怎么比拟得出呢？大约潭是很深的，故能蕴蓄着这样奇异的绿；仿佛蔚蓝的天融了一块在里面似的，这才这般的鲜润啊。

那醉人的绿呀!我若能裁⑬你以为带,我将赠给那轻盈的舞女,她必能临风飘举了。我若能挹⑭你以为眼,我将赠给那善歌的盲妹,她必明眸善睐⑮了。我舍不得你,我怎舍得你呢?我用手拍着你,抚摩⑯着你,如同一个十二三岁的小姑娘。我又掬⑰你入口,便是吻着她了。我送你一个名字,我从此叫你"女儿绿",好吗?

第二次到仙岩的时候,我不禁惊诧⑱于梅雨潭的绿了。

节选自朱自清《绿》

语音提示:

①追捉　　zhuī zhuō　　　　②揪　　jiū
③攀　　pān　　　　　　　　④鞠躬　　jūgōng
⑤穹　　qióng　　　　　　　⑥襟袖　　jīnxiù
⑦着实　　zhuòshí　　　　　⑧皱缬　　zhòuxié
⑨尘滓　　chénzǐ　　　　　　⑩什刹海　　shíchàhǎi
⑪拂地　　fúdì　　　　　　　⑫跑　　páo
⑬裁　　cái　　　　　　　　　⑭挹　　yì
⑮明眸善睐　　míngmóu-shànlài　⑯抚摩　　fǔmō
⑰掬　　jū　　　　　　　　　⑱惊诧　　jīngchà

作品26号

我们家的后园有半亩空地①,母亲说:"让它荒着②怪可惜的,你们那么爱吃花生,就开辟出来种花生吧。"我们姐弟几个都很高兴,买种③,翻地,播种,浇水,没过几个月,居然收获了。

母亲说:"今晚我们过一个收获节,请你们父亲也来尝尝④我们的新花生,好不好?"我们都说好。母亲把花生做成了好几样食品,还吩咐就在后园的茅亭里过这个节。

晚上天色不太好,可是父亲也来了,实在很难得。

父亲说:"你们爱吃花生吗?"

我们争着答应⑤:"爱!"

"谁能把花生的好处说出来?"

姐姐说:"花生的味⑥美。"

哥哥说:"花生可以榨油。"

我说:"花生的价钱便宜⑦,谁都可以买来吃,都喜欢吃。这就是它的好处。"

父亲说:"花生的好处很多,有一样最可贵:它的果实埋在地里,不像桃子、石榴、苹果那样，把鲜红嫩绿的果实高高地挂在枝头上，使人一见就生爱慕之心。你们看它矮矮地长在地上，等到成熟了，也不能立刻分辨出来它有没有果实，必须挖出来才知道。"

我们都说是，母亲也点点头。

父亲接下去说："所以你们要像花生，它虽然不好看，可是很有用，不是外表好看而没有实用的东西。"

我说："那么，人要做有用的人，不要做只讲体面，而对别人没有好处的人了。"

父亲说："对。这是我对你们的希望。"

我们谈到夜深才散。花生做的食品都吃完了，父亲的话却深深地印在我的心上。

节选自许地山《落花生》

语音提示：

①空地　kòngdì　　　　②荒着　huāngzhe
③买种　mǎizhǒng　　　④尝尝　chángchang
⑤答应　dāying　　　　⑥味　wèir
⑦便宜　piányi

作品27号

我打猎归来，沿着花园的林荫路走着。狗跑在我前边。

突然，狗放慢脚步，蹑足潜行①，好像嗅②到了前边有什么野物。

我顺着林阴路望去，看见了一只嘴边还带黄色、头上生着柔毛的小麻雀。风猛烈地吹打着林荫路上的白桦③树，麻雀从巢里跌落下来，呆呆地伏在地上，孤立无援地张开两只羽毛还未丰满的小翅膀。

我的狗慢慢向它靠近。忽然，从附近一棵树上飞下一只黑胸脯④的老麻雀，像一颗石子似的⑤落到狗的跟前。老麻雀全身倒竖着羽毛，惊恐万状，发出绝望、凄惨的叫声，接着向露出⑥牙齿、大张着的狗嘴扑去。

老麻雀是猛扑下来救护幼雀的。它用身体掩护着自己的幼儿……但它整个小小的身体因恐怖而战栗⑦着，它小小的声音也变得粗暴嘶哑，它在牺牲自己！

在它看来，狗该是多么庞大的怪物啊⑧！然而，它还是不能站在自己高高的、安全的树枝上……一种比它的理智更强烈的力量，使它从那儿扑下身来。

我的狗站住了，向后退了退……看来，它也感到了这种力量。

我赶紧唤住惊慌失措的狗，然后我怀着崇敬的心情，走开了。

是啊⑨，请不要见笑。我崇敬那只小小的、英勇的鸟儿⑩，我崇敬它那种爱的冲动和力量。

爱，我想，比死和死的恐惧更强大。只有依靠它，依靠这种爱，生命才能维持下去，发展下去。

节选自〔俄〕屠格涅夫《麻雀》，巴金译

语音提示：

①蹑足潜行　nièzú-qiánxíng　　②嗅　xiù
③白桦　báihuà　　　　　　　　④胸脯　xiōngpú
⑤似的　shìde　　　　　　　　　⑥露出　lòuchū
⑦战栗　zhànlì　　　　　　　　⑧啊　wa
⑨啊　ra　　　　　　　　　　　⑩鸟儿　niǎoér

作品28号

那年我六岁。离我家仅一箭之遥的小山坡旁，有一个早已被废弃的采石场，双亲从来不准我去那儿，其实①那儿风景十分迷人。

一个夏季的下午，我随着一群小伙伴②偷偷上那儿去了。就在我们穿越了一条孤寂的小路后，他们却把我一个人留在原地，然后奔③向"更危险的地带"了。

等他们走后，我惊慌失措地发现，再也找不到要回家的那条孤寂的小道了。像只无头的苍蝇④，我到处乱钻，衣裤上挂满了芒刺。太阳已经落山，而此时此刻，家里一定开始吃晚餐了，双亲正盼着我回家……想着想着，我不由得背靠着一棵树，伤心地呜呜大哭起来……

突然，不远处传来了声声柳笛。我像找到了救星，急忙循声走去。一条小道边的树桩上坐着一位吹笛人，手里还正削⑤着什么。走近细看，他不就是被大家称为"乡巴佬儿"的卡廷吗？

"你好，小家伙儿，"卡廷说，"看天气多美，你是出来散步的吧？"

我怯⑥生生地点点头，答道："我要回家了。"

"请耐心等上几分钟，"卡廷说，"瞧，我正在削一支柳笛，差不多就要做好了，完工后就送给你吧！"

卡廷边削边不时把尚未成形的柳笛放在嘴里试吹一下。没过多久，一支柳笛便递到我手中。我俩在一阵阵清脆悦耳的笛音中，踏上了归途……

当时，我心中只充满感激，而今天，当我自己也成了祖父时，却突然领悟到他用心之良苦！那天当他听到我的哭声时，便判定我一定迷了路，但他并不想在孩子面前扮演"救星"的角色⑦，于是吹响柳笛以便让我能发现他，并跟着他走出困境！就这样，卡廷先生以乡下人的纯朴，保护了一个小男孩儿强烈的自尊。

节选自《迷途笛音》，唐若水译

语音提示：

① 其实　　qíshí
② 小伙伴　　xiǎohuǒbànr
③ 奔　　bēn
④ 苍蝇　　cāngying
⑤ 削　　xiāo
⑥ 怯　　qiè
⑦ 角色　　juésè

作品29号

在浩瀚无垠的沙漠里，有一片美丽的绿洲，绿洲里藏着一颗闪光的珍珠。这颗珍珠就是敦煌①莫高窟②。它坐落在我国甘肃省敦煌市三危山和鸣沙山的怀抱中。

鸣沙山东麓③是平均高度为十七米的崖壁。在一千六百多米长的崖壁上，凿有大小洞窟七百余个，形成了规模宏伟的石窟群。其中四百九十二个洞窟中，共有彩色塑像④两千一百余尊，各种壁画共四万五千多平方米。莫高窟是我国古代无数艺术匠师留给人类的珍贵文化遗产。

莫高窟的彩塑，每一尊都是一件精美的艺术品。最大的有九层楼那么高，最小的还不如一个手掌大。这些彩塑个性鲜明，神态各异。有慈眉善目的菩萨⑤，有威风凛凛⑥的天王，还有强壮勇猛的力士……

莫高窟壁画的内容丰富多彩，有的是描绘古代劳动人民打猎、捕鱼、耕田、收割的情景，有的是描绘人们奏乐、舞蹈、演杂技的场面，还有的是描绘大自然的美丽风光。其中最引人注目的是飞天。壁画上的飞天，有的臂挎花篮，采摘鲜花；有的反弹琵琶⑦，轻拨银弦⑧；有的倒悬身子，自天而降；有的彩带飘拂，漫天遨游⑨；有的舒展着双臂，翩翩起舞。看着这些精美动人的壁画，就像走进了灿烂辉煌的艺术殿堂。

莫高窟里还有一个面积⑩不大的洞窟——藏经洞。洞里曾藏有我国古代的各种经卷、文书、帛画⑪、刺绣、铜像等共六万多件。由于清朝政府腐败无能，大量珍贵的文物被外国强盗掠⑫走。仅存的部分经卷，现在陈列于北京故宫等处。

莫高窟是举世闻名的艺术宝库。这里的每一尊彩塑、每一幅壁画、每一件文物，都是中国古代人民智慧的结晶。

节选自小学《语文》第六册中《莫高窟》

语音提示：

① 敦煌　　dūnhuáng
② 莫高窟　　mògāokū

③麓　　lù
④塑像　　sùxiàng
⑤菩萨　　púsà
⑥凛凛　　lǐnlǐn
⑦琵琶　　pípá
⑧弦　　xián
⑨遨游　　áoyóu
⑩面积　　miànjī
⑪帛画　　bóhuà
⑫掠　　lüè

作品30号

其实你在很久以前并不喜欢牡丹①，因为②它总被人作为富贵膜拜。后来你目睹了一次牡丹的落花，你相信所有的人都会为之感动：一阵清风徐来，娇艳鲜嫩的盛期牡丹忽然整朵整朵地坠落，铺撒一地绚丽的花瓣。那花瓣落地时依然鲜艳夺目，如同一只奉上祭坛③的大鸟脱落的羽毛，低吟着壮烈的悲歌离去。

牡丹没有花谢花败之时，要么烁于枝头，要么归于泥土，它跨越萎顿④和衰老，由青春而死亡，由美丽而消遁。它虽美却不吝惜生命，即使⑤告别也要展示给人最后一次的惊心动魄。

所以在这阴冷的四月里，奇迹不会发生。任凭游人扫兴和诅咒，牡丹依然安之若素。它不苟且、不俯就、不妥协、不媚俗，甘愿自己冷落自己。它遵循自己的花期自己的规律，它有权利为自己选择每年一度的盛大节日。它为什么不拒绝寒冷？

天南海北的看花人，依然络绎不绝地涌入洛阳城。人们不会因牡丹的拒绝而拒绝它的美。如果它再被贬谪⑥十次，也许它就会繁衍⑦出十个洛阳牡丹城。

于是你在无言的遗憾中感悟到，富贵与高贵只是一字之差。同人一样，花儿也是有灵性的，更有品位之高低。品位这东西为气为魂为筋骨为神韵，只可意会。你叹服牡丹卓⑧而不群之姿，方知品位是多么容易被世人忽略或是漠视的美。

节选自张抗抗《牡丹的拒绝》

语音提示：
①牡丹　　mǔdān
②因为　　yīnwei
③祭坛　　jìtán
④萎顿　　wěidùn
⑤即使　　jíshǐ
⑥贬谪　　biǎnzhé
⑦繁衍　　fányǎn
⑧卓　　zhuó

作品31号

森林涵养水源，保持水土，防止水旱灾害的作用非常大。据专家测算①，一片十万亩面积的森林,相当于一个两百万立方米的水库,这正如农谚所说的:"山上多栽树,等于修水库。雨多它能吞,雨少它能吐。"

说起森林的功劳,那还多得很。它除了为人类提供木材及许多种生产、生活的原料之外,在维护生态环境方面也是功劳卓著②,它用另一种"能吞能吐"的特殊功能孕育了人类。因为地球在形成之初,大气中的二氧化碳含量很高,氧气很少,气温也高,生物是难以生存的。大约在四亿年之前,陆地才产生了森林。森林慢慢将大气中的二氧化碳吸收,同时吐出新鲜氧气,调节气温:这才具备了人类生存的条件,地球上才最终有了人类。

森林,是地球生态系统的主体,是大自然的总调度室,是地球的绿色之肺。森林维护地球生态环境的这种"能吞能吐"的特殊功能是其他任何物体都不能取代的。然而,由于地球上的燃烧物增多,二氧化碳的排放量急剧增加,使得地球生态环境急剧恶化,主要表现为全球气候变暖,水分蒸发加快,改变了气流的循环,使气候变化加剧,从而引发热浪、飓风③、暴雨、洪涝及干旱。

为了使地球的这个"能吞能吐"的绿色之肺恢复健壮,以改善生态环境,抑制④全球变暖,减少水旱等自然灾害,我们应该大力造林、护林,使每一座荒山都绿起来。

节选自《中考语文课外阅读试题精选》中《"能吞能吐"的森林》

语音提示:
①测算　cèsuàn　　　　②卓著　zhuōzhù
③飓风　jùfēng　　　　④抑制　yìzhì

作品32号

朋友即将①远行。

春节时节,又邀了几位朋友在家小聚。虽然都是极熟的朋友,却是终年难得一见,偶尔电话里相遇,也无非是几句寻常话。一锅小米稀饭,一碟大头菜,一盘自家酿制②的泡菜,一只巷口买回的烤鸭,简简单单,不像请客,倒像家人团聚。

其实,朋友也好,爱情也好,久而久之都会转化为亲情。

说也奇怪,和新朋友会谈文学、谈哲学、谈人生道理等,和老朋友却只话家常,柴米油盐,细细碎碎,种种琐事。很多时候,心灵的契合③已经不需要太多的言语来表达。

朋友新烫了个头,不敢回家见母亲,恐怕惊骇了老人家,却欢天喜地来见我们,老朋友颇能以一种趣味性的眼光欣赏这个改变。

年少的时候,我们差不多都在为别人而活,为苦口婆心的父母活,为循循善诱的师长活，为许多观念、许多传统的约束力而活。年岁逐增，渐渐挣脱外在的限制与束缚，开始懂得为自己活，照自己的方式做一些自己喜欢的事，不在乎别人的批评意见，不在乎别人的诋毁④流言，只在乎那一份随心所欲的舒坦⑤自然。偶尔，也能够纵容自己放浪一下，并且有一种恶作剧的窃喜。

就让生命顺其自然，水到渠成吧，犹如窗前的乌桕⑥，自生自落之间，自有一份圆融丰满的喜悦。春雨轻轻落着，没有诗，没有酒，有的只是一份相知相属的自在自得。

夜色在笑语中渐渐沉落，朋友起身告辞，没有挽留，没有送别，甚至也没有问归期。

已经过了大喜大悲的岁月，已经过了伤感流泪的年华，知道了聚散原来是这样的自然和顺理成章，懂得这点，便懂得珍惜每一次相聚的温馨，离别便也欢喜。

节选自〔中国台湾〕杏林子《朋友和其他》

语音提示：

①即将　jíjiāng　　　　②酿制　niàngzhì
③契合　qìhé　　　　　④诋毁　dǐhuǐ
⑤舒坦　shūtan　　　　⑥乌桕　wūjiù

作品33号

我们在田野散步：我，我的母亲，我的妻子和儿子。

母亲本不愿出来的。她老了，身体不好，走远一点儿就觉得很累。我说，正因为如此，才应该多走走。母亲信服地点点头，便去拿外套。她现在很听我的话，就像我小时候很听她的话一样。

这南方初春的田野，大块小块的新绿随意地铺着①，有的浓，有的淡，树上的嫩芽也密了，田里的冬水也咕咕地起着水泡。这一切都使人想着一样东西——生命。

我和母亲走在前面，我的妻子和儿子走在后面。小家伙突然叫起来："前面是妈妈和儿子，后面也是妈妈和儿子。"我们都笑了。

后来发生了分歧：母亲要走大路，大路平顺；我的儿子要走小路，小路有意思。不过，一切都取决于我。我的母亲老了，她早已习惯听从她强壮的儿子；我的儿子还小，他还习惯听从他高大的父亲；妻子呢，在外面，她总是听我的。一霎时②我感到了责任的重大。我想找一个两全的办法，找不出；我想拆散③一家人，分成两路，各得其所，终不愿意。我决定委屈儿子，因为我伴同他的时日还长。我说："走大路。"

但是母亲摸摸孙儿的小脑瓜，变了主意："还是走小路吧。"她的眼随小路望去：那里有金色的菜花，两行整齐的桑树，尽头一口水波粼粼④的鱼塘。"我走不过去的方,你就背着我。"母亲对我说。

　　这样,我们在阳光下,向着那菜花、桑树和鱼塘走去。到了一处,我蹲下来,背起了母亲;妻子也蹲下来,背起了儿子。我和妻子都是慢慢地,稳稳地,走得很仔细,好像我背上的同她背上的加起来,就是整个世界。

节选自莫怀戚《散步》

语音提示:
①铺着　　pūzhe　　　　②霎时　　shàshí
③拆散　　chāisàn　　　　④粼粼　　línlín

作品34号

　　地球上是否真的存在"无底洞"?按说地球是圆的,由地壳①、地幔②和地核三层组成,真正的"无底洞"是不应存在的,我们所看到的各种山洞、裂缝,甚至火山口也都只是地壳浅部的一种现象。然而中国一些古籍却多次提到海外有个深奥莫测的无底洞。事实上地球上确实有这样一个"无底洞"。

　　它位于希腊亚各斯③古城的海滨。由于濒临大海,大涨潮时,汹涌的海水便会排山倒海般地涌入洞中,形成一股湍湍④的急流。据测,每天流入洞内的海水量达三万多吨。奇怪的是,如此大量的海水灌入洞中,却从来没有把洞灌满。曾有人怀疑,这个"无底洞",会不会就像石灰岩地区的漏斗、竖井、落水洞一类的地形。然而从二十世纪三十年代以来,人们就做了多种努力企图寻找它的出口,却都是枉费心机。

　　为了揭开这个秘密,一九五八年美国地理学会派出一支考察队,他们把一种经久不变的带色染料溶解在海水中,观察染料是如何随着海水一起沉下去。接着又察看了附近海面以及岛上的各条河、湖,满怀希望地寻找这种带颜色的水,结果令人失望。难道是海水量太大把有色水稀释得太淡,以致无法发现?

　　至今谁也不知道为什么这里的海水会没完没了地"漏"下去,这个"无底洞"的出口又在哪里,每天大量的海水究竟都流到哪里去了?

节选自罗伯特·罗威尔《神秘的"无底洞"》

语音提示:
①地壳　　dìqiào　　　　②地幔　　dìmàn
③亚各斯　yàgèsī　　　　④湍湍　　tuāntuān

作品35号

我在俄国见到的景物再没有比托尔斯泰墓更宏伟、更感人的。

完全按照托尔斯泰的愿望,他的坟墓成了世间最美的,给人印象最深刻的坟墓。它只是树林中的一个小小的长方形土丘,上面开满鲜花——没有十字架,没有墓碑,没有墓志铭,连托尔斯泰这个名字也没有。

这位比谁都感到受自己的声名所累的伟人,却像偶尔被发现的流浪汉,不为人知的士兵,不留名姓地被人埋葬了。谁①都可以踏进他最后的安息地,围在四周稀疏的木栅栏②是不关闭的——保护列夫·托尔斯泰得以安息的没有任何别的东西,唯有人们的敬意;而通常,人们却总是怀着好奇,去破坏伟人墓地的宁静。

这里,逼人的朴素禁锢③住任何一种观赏的闲情,并且不容许你大声说话。风儿俯临,在这座无名者之墓的树木之间飒飒④响着,和暖的阳光在坟头嬉戏;冬天,白雪温柔地覆盖这片幽暗的圭⑤土地。无论你在夏天或冬天经过这儿,你都想象不到,这个小小的、隆起的长方体里安放着一位当代最伟大的人物。

然而,恰恰是这座不留姓名的坟墓,比所有挖空心思用大理石和奢华⑥装饰建造的坟墓更扣人心弦。在今天这个特殊的日子里,到他的安息地来的成百上千人中间,没有一个有勇气,哪怕仅仅从这幽暗的土丘上摘下一朵花留作纪念。人们重新感到,世界上再没有比托尔斯泰最后留下的、这座纪念碑式的朴素坟墓,更打动人心的了。

节选自〔奥〕茨威格《世间最美的坟墓》,张厚仁译

语音提示:

① 谁　shéi 　　② 栅栏　zhàlan
③ 禁锢　jìngù 　④ 飒飒　sàsà
⑤ 圭　guī 　　⑥ 奢华　shēhuá

作品36号

我国的建筑,从古代的宫殿到近代的一般住房,绝大部分是对称的,左边怎么样,右边怎么样。苏州园林可绝不讲究对称,好像故意避免似的。东边有了一个亭子或者一道回廊,西边决不会来一个同样的亭子或者一道同样的回廊。这是为什么?我想,用图画来比方①,对称的建筑是图案画,不是美术画,而园林是美术画,美术画要求自然之趣,是不讲究对称的。

苏州园林里都有假山和池沼②。

假山的堆叠,可以说是一项艺术而不仅是技术。或者是重峦叠嶂,或者是几座小山配合着竹子花木,全在乎③设计者和匠师们生平多阅历,胸中有丘壑④,才能使游览者攀

登的时候忘却苏州城市，只觉得身在山间。

至于池沼，大多引用活水。有些园林池沼宽敞，就把池沼作为全园的中心，其他景物配合着布置。水面假如成河道模样，往往安排桥梁。假如安排两座以上的桥梁，那就一座一个样，决不雷同。

池沼或河道的边沿很少砌齐整的石岸，总是高低屈曲任其自然。还在那儿布置几块玲珑的石头，或者种些花草。这也是为了取得从各个角度看都成一幅画的效果。池沼里养着金鱼或各色鲤鱼，夏秋季节荷花或睡莲开放，游览者看"鱼戏莲叶间"，又是入画的一景。

节选自叶圣陶《苏州园林》

语音提示：
①比方　bǐfang　　　　　②池沼　chízhǎo
③在乎　zàihu　　　　　 ④丘壑　qiūhè

作品37号

一位访美中国女作家，在纽约遇到一位卖花的老太太。老太太穿着①破旧，身体虚弱，但脸上的神情却是那样祥和兴奋。女作家挑了一朵花说："看起来，你很高兴。"老太太面带微笑地说："是的，一切都这么美好，我为什么不高兴呢？""对烦恼，你倒真能看得开②。"女作家又说了一句。没料到，老太太的回答更令女作家大吃一惊："耶稣在星期五被钉上十字架时，是全世界最糟糕的一天，可三天后就是复活节。所以，当我遇到不幸时，就会等待三天，这样一切就恢复正常了。"

"等待三天"，多么富于哲理的话语，多么乐观的生活方式。它把烦恼和痛苦抛下，全力去收获快乐。

沈从文在"文革"期间，陷入了非人的境地。可他毫不在意，他在咸宁时给他的表侄、画家黄永玉写信说："这里的荷花真好，你若来……"身陷苦难却仍③为荷花的盛开欣喜赞叹不已，这是一种趋于澄明的境界，一种旷达洒脱的胸襟，一种面临磨难坦荡从容的气度，一种对生活童子般的热爱和对美好事物无限向往的生命情感。

由此可见，影响一个人快乐的，有时并不是困境及磨难，而是一个人的心态。如果把自己浸泡④在积极、乐观、向上的心态中，快乐必然会占据你的每一天。

节选自《态度创造快乐》

语音提示：
①穿着　chuānzhuó　　　②看得开　kàndekāi
③仍　réng　　　　　　　④浸泡　jìnpào

作品38号

　　泰山极顶看日出，历来被描绘成十分壮观的奇景。有人说：登泰山而看不到日出，就像一出大戏没有戏眼，味儿终究有点①寡淡。

　　我去爬山那天，正赶上个难得的好天，万里长空，云彩丝儿②都不见。素常，烟雾腾腾的山头，显得眉目分明。同伴们都欣喜地说："明天早晨准可以看见日出了。"我也是抱着这种想头③，爬上山去。

　　一路从山脚往上爬，细看山景，我觉得挂在眼前的不是五岳独尊的泰山，却像一幅规模惊人的青绿山水画，从下面倒展开来。在画卷中最先露出的是山根④底那座明朝建筑岱宗坊，慢慢地便现出王母池、斗母宫⑤、经石峪。山是一层比一层深，一叠比一叠奇，层层叠叠，不知还会有多深多奇。万山丛中，时而点染着极其工细的人物。王母池旁的吕祖殿里有不少尊明塑，塑着吕洞宾等一些人，姿态神情是那样有生气，你看了，不禁会脱口赞叹说："活啦。"

　　画卷继续展开，绿阴森森的柏洞露面不太久，便来到对松山。两面奇峰对峙⑥着，满山峰都是奇形怪状的老松，年纪怕都有上千岁了，颜色竟那么浓，浓得好像要流下来似的。来到这儿，你不妨权当一次画里的写意人物，坐在路旁的对松亭里，看看山色，听听流水和松涛。

　　一时间，我又觉得自己不仅是在看画卷，却又像是在零零乱乱翻着一卷历史稿本。

　　　　　　　　　　　　　　节选自杨朔《泰山极顶》

语音提示：

①有点　　yǒudiǎnr　　　　②丝儿　　sīr
③想头　　xiǎngtou　　　　④山根　　shāngēnr
⑤斗母宫　dǒumǔgōng　　　⑥对峙　　duìzhì

作品39号

　　育才小学校长陶行知在校园看到学生王友用泥块砸自己班上的同学，陶行知当即①喝②止了他，并令他放学后到校长室去。无疑，陶行知是要好好教育这个"顽皮"的学生。那么他是如何教育的呢？

　　放学后，陶行知来到校长室，王友已经等在门口准备挨③训了。可一见面，陶行知却掏出一块糖果送给王友，并说："这是奖给你的，因为你按时来到这里，而我却迟到了。"王友惊疑地接过糖果。

　　随后，陶行知又掏出一块糖果放到他手里，说："这第二块糖果也是奖给你的，因为当我不让你再打人时,你立即就住手了,这说明你很尊重我,我应该奖你。"王友更惊疑了,他眼睛睁得大大的。

陶行知又掏出第三块糖果塞到王友手里,说:"我调查过了,你用泥块砸那些男生,是因为他们不守游戏规则,欺负女生;你砸他们,说明你很正直善良,且有批评不良行为的勇气,应该奖励你啊④!"王友感动极了,他流着眼泪后悔地喊道:"陶……陶校长你打我两下吧!我砸的不是坏人,而是自己的同学啊……"

陶行知满意地笑了,他随即掏出第四块糖果递给王友,说:"为你正确地认识错误,我再奖给你一块糖果,只可惜我只有这一块糖果了。我的糖果没有了,我看我们的谈话也该结束了吧!"说完,就走出了校长室。

节选自《教师博览·百期精华》中《陶行知的"四块糖果"》

语音提示:
① 当即　dāngjí　　　　　② 喝　hè
③ 挨　ái　　　　　　　　④ 啊　yā

作品40号

享受①幸福是需要学习的,当它即将来临的时刻需要提醒。人可以自然而然地学会感官的享乐,却无法天生地掌握幸福的韵律。灵魂的快意同器官的舒适像一对孪生兄弟,时而相傍相依,时而南辕北辙。

幸福是一种心灵的震颤。它像会倾听音乐的耳朵一样,需要不断地训练。

简而言之,幸福就是没有痛苦的时刻。它出现的频率并不像我们想象的那样少。人们常常只是在幸福的金马车已经驶过去很远时,才拣起地上的金鬃毛②说,原来我见过它。

人们喜爱回味幸福的标本,却忽略它披着露水散发清香的时刻。那时候我们往往步履匆匆,瞻前顾后不知在忙着什么。

世上有预报台风的,有预报蝗灾的,有预报瘟疫的,有预报地震的。没有人预报幸福。

其实幸福和世界万物一样,有它的征兆③。

幸福常常是朦胧的,很有节制地向我们喷洒甘霖。你不要总希望轰轰烈烈的幸福,它多半只是悄悄地扑面而来。你也不要企图把水龙头④拧得更大,那样它会很快地流失。你需要静静地以平和之心,体验它的真谛⑤。

幸福绝大多数是朴素的。它不会像信号弹似的,在很高的天际闪烁红色的光芒。它披着本色的外衣,亲切温暖地包裹起我们。

幸福不喜欢喧嚣浮华,它常常在暗淡中降临。贫困中相濡以沫的一块糕饼,患难中心心相印的一个眼神，父亲一次粗糙的抚摸，女友一张温馨的字条……这都是千金难买的幸福啊。像一粒粒缀在旧绸子上的红宝石，在凄凉中愈发熠熠⑥夺目。

节选自毕淑敏《提醒幸福》

语音提示：

① 享受　xiǎngshòu　　② 金鬃毛　jīnzōngmáo
③ 征兆　zhēngzhào　　④ 水龙头　shuǐlóngtou
⑤ 真谛　zhēndì　　　　⑥ 熠熠　yìyì

作品41号

在里约热内卢的一个贫民窟里，有一个男孩子，他非常喜欢足球，可是又买不起，于是就踢塑料盒，踢汽水瓶，踢从垃圾①箱里拣来的椰子壳。他在胡同里踢，在能找到的任何一片空地上踢。

有一天，当他在一处干涸②的水塘里猛踢一个猪膀胱时，被一位足球教练看见了。他发现这个男孩儿踢得很像是那么回事，就主动提出要送给他一个足球。小男孩儿得到足球后踢得更卖劲了。不久，他就能准确地把球踢进远处随意摆放的一个水桶里。

圣诞节到了，孩子的妈妈说："我们没有钱买圣诞礼物送给我们的恩人，就让我们为他祈祷③吧。"

小男孩儿跟随妈妈祈祷完毕，向妈妈要了一把铲子便跑了出去。他来到一座别墅前的花园里，开始挖坑。

就在他快要挖好坑的时候，从别墅④里走出一个人来，问小孩儿在干什么，孩子抬起满是汗珠的脸蛋儿，说："教练，圣诞节到了，我没有礼物送给您，我愿给您的圣诞树挖一个树坑。"

教练把小男孩儿从树坑里拉上来，说，我今天得到了世界上最好的礼物。明天你就到我的训练场去吧。

三年后，这位十七岁的男孩儿在第六届足球锦标赛上独进二十一球，为巴西第一次捧回了金杯。一个原来不为世人所知的名字——贝利，随之传遍世界。

节选自刘燕敏《天才的造就》

语音提示：

① 垃圾　lājī　　　　　② 干涸　gānhé
③ 祈祷　qídǎo　　　　④ 别墅　biéshù

作品42号

记得我十三岁时，和母亲住在法国东南部的耐斯城。母亲没有丈夫①，也没有亲戚，够清苦的，但她经常能拿出令人吃惊的东西，摆在我面前。她从来不吃肉，一再说自己是素食者。然而有一天，我发现母亲正仔细地用一小块碎面包擦那给我煎牛排用的油锅。我明白了她称自己为素食者的真正原因。

我十六岁时，母亲成了耐斯市美蒙旅馆的女经理。这时，她更忙碌了。一天，她瘫在椅子上，脸色苍白，嘴唇发灰。马上找来医生，做出诊断：她摄取了过多的胰岛素。直到这时我才知道母亲多年一直对我隐瞒的疾痛②——糖尿病。

她的头歪向枕头一边，痛苦地用手抓挠③胸口。床架上方，则挂着一枚我一九三二年赢得耐斯市少年乒乓球冠军的银质奖章。

啊，是对我的美好前途的憧憬支撑着她活下去，为了给她那荒唐的梦至少加一点真实的色彩，我只能继续努力，与时间竞争，直至一九三八年我被征入空军。巴黎很快失陷，我辗转调到英国皇家空军。刚到英国就接到了母亲的来信。这些信是由在瑞士的一个朋友秘密地转到伦敦，送到我手中的。

现在我要回家了，胸前佩带着醒目的绿黑两色的解放十字绶④带，上面挂着五六枚我终身难忘的勋章，肩上还佩带着军官肩章。到达旅馆时，没有一个人跟我打招呼。原来，我母亲在三年半以前就已经离开人间了。

在她死前的几天中，她写了近二百五十封信，把这些信交给她在瑞士的朋友，请这个朋友定时寄给我。就这样，在母亲死后的三年半的时间里，我一直从她身上吸取着力量和勇气——这使我能够继续战斗到胜利那一天。

节选自〔法〕罗曼·加里《我的母亲独一无二》

语音提示：
①丈夫　zhàngfu　　　　②疾痛　jítòng
③抓挠　zhuānáo　　　　④绶　shòu

作品43号

生活对于任何人都非易事，我们必须有坚韧不拔的精神①。最要紧的，还是我们自己要有信心。我们必须相信，我们对每一件事情②都具有天赋的才能，并且，无论付出任何代价，都要把这件事完成。当事情结束③的时候，你要能问心无愧地说："我已经尽我所能了。"

有一年的春天，我因病被迫在家里休息数周。我注视着我的女儿们所养的蚕正在结茧④,这使我很感兴趣。望着这些蚕执著地、勤奋地工作,我感到我和它们非常相似。像它们一样,我总是耐心地把自己的努力集中在一个目标上。我之所以如此,或许是因为有某种力量在鞭策⑤着我——正如蚕被鞭策着去结茧一般。

近五十年来,我致力于科学研究,而研究,就是对真理的探讨。我有许多美好快乐的记忆。少女时期我在巴黎大学,孤独地过着求学的岁月;在后来献身科学的整个时期,我丈夫和我专心致志,像在梦幻中一般,坐在简陋的书房里艰辛地研究,后来我们就在那里发现了镭。

我永远追求安静的工作和简单的家庭生活。为了实现这个理想,我竭力保持宁静的环境,以免受人事的干扰和盛名的拖累⑥。

我深信,在科学方面我们有对事业而不是对财富的兴趣。我的唯一奢望是在一个自由国家中,以一个自由学者的身份从事研究工作。

我一直沉醉于世界的优美之中,我所热爱的科学也不断增加它崭新的远景。我认定科学本身就具有伟大的美。

节选自〔波兰〕玛丽·居里《我的信念》,剑捷译

语音提示:

①精神　　jīngshén　　　　②事情　　shìqíng
③结束　　jiéshù　　　　　④结茧　　jiéjiǎn
⑤鞭策　　biāncè　　　　　⑥拖累　　tuōlěi

作品44号

我为什么非要教书不可?是因为①我喜欢当教师的时间安排表和生活节奏。七、八、九三个月给我提供②了进行回顾、研究、写作的良机,并将三者有机融合,而善于回顾、研究和总结正是优秀教师素质中不可缺少的成分。

干这行给了我多种多样的"甘泉"去品尝,找优秀的书籍去研读,到"象牙塔"和实际世界里去发现。教学工作给我提供了继续学习的时间保证,以及多种途径、机遇和挑战。

然而,我爱这一行的真正原因,是爱我的学生。学生们③在我的眼前成长、变化。当教师意味着亲历"创造"过程的发生——恰似亲手赋予④一团泥土以生命,没有什么比目睹它开始呼吸更激动人心的了。

权利我也有了:我有权利去启发诱导,去激发智慧的火花,去问费心思考的问题,去赞扬回答的尝试,去推荐书籍,去指点迷津。还有什么别的权利能与之相比呢?

而且,教书还给我金钱和权利之外的东西,那就是爱心。不仅有对学生的爱,对书籍的爱,对知识的爱,还有教师才能感受到的对"特别"学生的爱。这些学生,有如冥

顽不灵⑤的泥块，由于接受了老师的炽⑥爱才勃发了生机。

所以，我爱教书，还因为，在那些勃发生机的"特别"学生身上，我有时发现自己和他们呼吸相通，忧乐与共。

节选自〔美〕彼得·基·贝得勒《我为什么当教师》

语音提示：

①因为　　yīnwèi　　　　②提供　　tígōng
③学生们　xuéshēngmen　　④赋予　　fùyǔ
⑤冥顽不灵　míngwán-bùlíng　⑥炽　　chì

作品45号

中国西部我们通常是指黄河与秦岭相连一线以西，包括西北和西南的十二个省、市、自治区。这块广袤①的土地面积为五百四十六万平方公里，占国土总面积的百分之五十七；人口二点八亿，占全国总人口的百分之二十三。

西部是华夏文明的源头。华夏祖先的脚步是顺着水边走的：长江上游出土过元谋人②牙齿化石，距今约一百七十万年；黄河中游出土过蓝田人头盖骨，距今约七十万年。这两处古人类都比距今约五十万年的北京猿人资格更老。

西部地区是华夏文明的重要发源地。秦皇汉武以后，东西方文化在这里交汇融合，从而有了丝绸之路的驼铃声声，佛院深寺的暮鼓晨钟③。敦煌莫高窟是世界文化史上的一个奇迹，它在继承汉晋艺术传统的基础上，形成了自己兼收并蓄的恢宏气度，展现出精美绝伦的艺术形式和博大精深的文化内涵。秦始皇兵马俑、西夏王陵、楼兰古国、布达拉宫、三星堆、大足石刻等历史文化遗产，同样为世界所瞩目，成为中华文化重要的象征。

西部地区又是少数民族及其文化的集萃④地，几乎包括了我国所有的少数民族。在一些偏远的少数民族地区，仍保留了一些久远时代的艺术品种，成为珍贵的"活化石"如纳西古乐、戏曲、剪纸、刺绣、岩画等民间艺术和宗教艺术。特色鲜明、丰富多彩，犹如一个巨大的民族民间文化艺术宝库。

我们要充分重视和利用这些得天独厚的资源优势，建立良好的民族民间文化生态环境，为西部大开发做出贡献。

节选自《中考语文课外阅读试题精选》中《西部文化和西部开发》

语音提示：

①广袤　　guǎngmào　　　　②元谋人　yuánmóurén
③暮鼓晨钟　mùgǔ-chénzhōng　　④集萃　　jícuì

作品46号

　　高兴，这是一种具体的被看得到①摸得着的事物所唤起的情绪。它是心理的，更是生理的。它容易来也容易去，谁也不应该对它视而不见失之交臂，谁也不应该总是做那些使自己不高兴也使旁人不高兴的事。让我们说一件最容易做也最令人高兴的事吧，尊重你自己，也尊重别人，这是每一个人的权利，我还要说这是每个人的义务。

　　快乐，它是一种富有概括性的生存状态、工作状态。它几乎是先验的，它来自生命本身的活力，来自宇宙、地球和人间的吸引，它是世界的丰富、绚丽②、阔大、悠久的体现。快乐还是一种力量，是埋在地下的根脉。消灭一个人的快乐比挖掘掉一棵大树的根要难得多。

　　欢欣，这是一种青春的、诗意的情感。它来自面向着未来伸开双臂奔跑的冲力，它来自一种轻松而又神秘、朦胧而又隐秘的激动，它是激情即将到来的预兆③，它又是大雨过后的比下雨还要美妙得多也久远得多的回味……

　　喜悦，它是一种带有形而上色彩的修养和境界。与其说它是一种情绪，不如说它是一种智慧、一种超拔、一种悲天悯④人的宽容和理解，一种饱经沧桑的充实和自信，一种光明的理性，一种坚定的成熟，一种战胜烦恼和庸俗的清明澄澈⑤。它是一潭清水，它是一抹朝霞，它是无边的平原，它是沉默的地平线。多一点儿、再多一点儿喜悦吧，它是翅膀，也是归巢⑥。它是一杯美酒，也是一朵永远开不败的莲花。

节选自王蒙《喜悦》

语音提示：

①看得到　　kàndedào　　　　②绚丽　　xuànlì
③预兆　　yùzhào　　　　　　④悯　　　mǐn
⑤澄澈　　chéngchè　　　　　⑥归巢　　guīcháo

作品47号

　　在湾仔①，香港最热闹的地方，有一棵榕树，它是最贵的一棵树，不光在香港，在全世界，都是最贵的。

　　树，活的树，又不卖何言其贵？只因它老，它粗，是香港百年沧桑的活见证，香港人不忍看着它被砍伐，或者被移走，便跟要占用这片山坡的建筑者谈条件：可以在这儿建大楼盖商厦，但一不准砍树，二不准挪树，必须把它原地精心养起来，成为香港闹市中的一景。太古大厦的建设者最后签了合同，占用这个大山坡建豪华商厦的先决条件是同意保护这棵老树。

树长在半山坡上,计划将树下面的成千上万吨山石全部掏空取走,腾出地方来盖楼,把树架在大楼上面,仿佛它原本是长在楼顶上似的。建设者就地造了一个直径十八米、深十米的大花盆,先固定好这棵老树,再在大花盆底下盖楼。光这一项就花了两千三百八十九万港币,堪称是最昂贵的保护措施了。

太古大厦落成之后,人们可以乘滚动扶梯一次到位,来到太古大厦的顶层,出后门,那儿是一片自然景色。一棵大树出现在人们面前,树干有一米半粗,树冠②直径足有二十多米,独木成林,非常壮观,形成一座以它为中心的小公园,取名叫"榕圃③"。树前面插着④铜牌,说明原由。此情此景,如不看铜牌的说明,绝对想不到巨树根底下还有一座宏伟的现代大楼。

节选自舒乙《香港:最贵的一棵树》

语音提示:

①湾仔　wānzǎi　　　②树冠　shùguān
③榕圃　róngpǔ　　　④插着　chāzhe

作品48号

我们的船渐渐地逼近榕树了。我有机会看清它的真面目:是一棵大树,有数不清的丫枝,枝上又生根,有许多根一直垂到地上,伸进泥土里。一部分树枝垂到水面,从远处看,就像一棵大树斜躺在水面上一样。

现在正是枝繁叶茂的时节。这棵榕树好像在把它的全部生命力展示给我们看。那么多的绿叶,一簇①堆在另一簇的上面,不留一点儿缝隙②。翠绿的颜色明亮地在我们的眼前闪耀,似乎③每一片树叶上都有一个新的生命在颤动④,这美丽的南国的树!

船在树下泊了片刻,岸上很湿,我们没有上去。朋友说这里是"鸟的天堂",有许多鸟在这棵树上做窝,农民不许人去捉它们。我仿佛听见几只鸟扑翅的声音,但是等到我的眼睛注意地看那里时,我却看不见一只鸟的影子。只有无数的树根立在地上,像许多根木桩。地是湿的,大概涨潮时河水常常冲上岸去。"鸟的天堂"里没有一只鸟,我这样想到。船开了,一个朋友拨⑤着船,缓缓地流到河中间去。

第二天,我们划着船到一个朋友的家乡去,就是那个有山有塔的地方。从学校出发,我们又经过那"鸟的天堂"。

这一次是在早晨,阳光照在水面上,也照在树梢上。一切都显得非常光明。我们的船也在树下泊了片刻。

起初四周围非常清静。后来忽然起了一声鸟叫。我们把手一拍,便看见一只大鸟飞了起来，接着又看见第二只，第三只。我们继续拍掌⑥，很快地这个树林就变得很热闹了。到处都是鸟声，到处都是鸟影。大的，小的，花的，黑的，有的站在枝上叫，有的飞起来，在扑翅膀。

节选自巴金《小鸟的天堂》

语音提示：
①簇　　cù　　　　　　②颤动　　chàndòng
③缝隙　　fèngxì　　　　④似乎　　sìhū
⑤拨　　bō　　　　　　⑥拍掌　　pāizhǎng

作品49号

有这样一个故事。

有人问：世界上什么东西的气力最大？回答纷纭得很①，有的说"象"，有的说"狮"，有人开玩笑似的说：是"金刚"，金刚有多少气力，当然大家全不知道。

结果，这一切答案完全不对，世界上气力最大的，是植物的种子②。一粒种子所可以显现出来的力，简直是超越一切。

人的头盖骨，结合得非常致密与坚固，生理学家和解剖③学者用尽了一切的方法，要把它完整地分出来，都没有这种力气。后来忽然有人发明了一个方法，就是把一些植物的种子放在要剖析的头盖骨里，给它以温度与湿度，使它发芽。一发芽，这些种子便以可怕的力量，将一切机械力所不能分开的骨骼④，完整地分开了。植物种子的力量之大，如此如此。

这，也许特殊了一点儿，常人不容易理解。那么，你看见过笋的成长吗？你看见过被压在瓦砾和石块下面的一棵小草的生长吗？它为着向往阳光，为着达成它的生之意志，不管上面的石块如何重，石与石之间如何狭，它必定要曲曲折折地，但是顽强不屈地透到地面上来。它的根往土壤钻，它的芽往地面挺，这是一种不可抗拒的力，阻止它的石块，结果也被它掀翻，一粒种子的力量之大，如此如此。

没有一个人将小草叫做"大力士"，但是它的力量之大，的确是世界无比。这种力是一般人看不见的生命力。只要生命存在，这种力就要显现。上面的石块，丝毫不足以阻挡。因为它是一种"长期抗战"的力；有弹性，能屈能伸的力；有韧性，不达目的不止的力。

节选自夏衍《野草》

语音提示：
①纷纭得很　　fēnyúndehěn　　　②种子　　zhǒngzi

③解剖　jiěpōu　　　　　　　　④骨骼　gǔgé

作品50号

　　著名教育家班杰明曾经接到一个青年人的求救电话，并与那个向往成功、渴望指点的青年人约好了见面的时间和地点。

　　待那个青年如约而至时，班杰明的房门敞开着，眼前的景象却令青年人颇感意外——班杰明的房间里乱七八糟、狼藉①一片。

　　没等青年人开口，班杰明就招呼道："你看我这房间，太不整洁了，请你在门外等候一分钟，我收拾一下，你再进来吧。"一边说着，班杰明就轻轻地关上了房门。

　　不到一分钟的时间，班杰明就又打开了房门并热情地把青年人让进客厅。这时，青年人的眼前展现出另一番景象——房间内的一切已变得井然有序，而且有两杯刚刚倒好的红酒，在淡淡的香水气息里还漾②着微波。

　　可是，没等青年人把满腹的有关人生和事业的疑难问题向班杰明讲出来，班杰明就非常客气地说道："干杯。你可以走了。"

　　青年人手持酒杯一下子愣住了，既尴尬③又非常遗憾地说："可是，我……我还没向您请教呢……"

　　"这些……难道还不够吗？"班杰明一边微笑着，一边扫视④着自己的房间，轻言细语地说，"你进来又有一分钟了。"

　　"一分钟……一分钟……"青年人若有所思地说："我懂了，您让我明白了一分钟的时间可以做许多事情，可以改变许多事情的深刻道理。"

　　班杰明舒心地笑了。青年人把杯里的红酒一饮而尽，向班杰明连连道谢后，开心地走了。

　　其实，只要把握好生命的每一分钟，也就把握了理想的人生。

节选自纪广洋《一分钟》

语音提示：

①狼藉　lángjí　　　　　　　　②漾　yàng
③尴尬　gāngà　　　　　　　　④扫视　sǎoshì

作品51号

　　有个塌鼻子①的小男孩儿，因为两岁时得过脑炎，智力受损，学习起来很吃力。打个比方②，别人写作文能写二三百字，他却只能写三五行。但即便③这样的作文，他同样能写得很动人。

那是一次作文课,题目是《愿望》。他极其认真地想了半天,然后极认真地写,那作文极短。只有三句话:我有两个愿望,第一个是,妈妈天天笑眯眯地看着我说:"你真聪明",第二个是,老师天天笑眯眯地看着我说:"你一点儿也不笨。"

于是,就是这篇作文,深深地打动了他的老师,那位妈妈式的老师不仅给了他最高分,在班上带感情地朗读了这篇作文,还一笔一画④地批道:你很聪明,你的作文写得非常感人,请放心,妈妈肯定会格外喜欢你的,老师肯定会格外喜欢你的,大家肯定会格外喜欢你的。

捧着作文本,他笑了,蹦蹦跳跳地回家了,像只喜鹊。但他并没有把作文本拿给妈妈看,他是在等待,等待着一个美好的时刻。

那个时刻终于到了,是妈妈的生日——一个阳光灿烂的星期天:那天,他起得特别早,把作文本装在一个亲手做的美丽的大信封里,等着妈妈醒来。妈妈刚刚睁眼醒来,他就笑眯眯地走到妈妈跟前说:"妈妈,今天是您的生日,我要送给您一件礼物。"

果然,看着这篇作文,妈妈甜甜地涌出了两行热泪,一把搂住小男孩儿,搂得很紧很紧。

是的,智力可以受损,但爱永远不会。

节选自张玉庭《一个美丽的故事》

语音提示:
① 鼻子 bízi　　　　　② 比方 bǐfang
③ 即便 jíbiàn　　　　④ 画 huà

作品52号

小学的时候①,有一次我们去海边远足,妈妈没有做便饭,给了我十块钱买午餐。好像走了很久,很久,终于到海边了,大家坐下来便吃饭,荒凉的海边没有商店,我一个人跑到防风林外面去,级任老师要大家把吃剩的饭菜分给我一点儿。有两三个男生留下一点儿给我,还有一个女生,她的米饭拌了酱油,很香。我吃完的时候,她笑眯眯地看着我,短头发②,脸圆的。

她的名字③叫翁香玉。

每天放学的时候,她走的是经过我们家的一条小路,带着一位比她小的男孩儿,可能是弟弟④。小路边是一条清澈见底的小溪,两旁竹荫覆盖,我总是远远地跟在她后面,夏日的午后特别炎热,走到半路她会停下来,拿手帕在溪水里浸湿,为小男孩儿擦脸。我也在后面停下来,把肮脏的手帕弄湿了擦脸,再一路远远跟着她回家。

后来我们家搬到镇上去了，过几年我也上了中学。有一天放学回家，在火车上，看见斜对面一位短头发、圆脸的女孩儿，一身素净的白衣黑裙。我想她一定不认识⑤我了。火车很快到站了，我随着人群挤向门口，她也走近了，叫我的名字。这是她第一次和我说话。

她笑眯眯的，和我一起走过月台。以后就没有再见过她了。

这篇文章收在我出版的《少年心事》这本书里。

书出版后半年，有一天我忽然收到出版社转来的一封信，信封上是陌生的字迹，但清楚⑥地写着我的本名。

信里面说她看到了这篇文章心里非常激动，没想到在离开家乡，漂泊异地这么久之后，会看见自己仍然在一个人的记忆里，她自己也深深记得这其中的每一幕，只是没想到越过遥远的时空，竟然另一个人也深深记得。

节选自苦伶《永远的记忆》

语音提示：

①时候　shíhòu　　　　②头发　tóufɑ
③名字　míngzi　　　　④弟弟　dìdi
⑤认识　rènshi　　　　⑥清楚　qīngchǔ

作品53号

在繁华的巴黎大街的路旁，站着一个衣衫褴褛①、头发斑白、双目失明的老人。他不像其他乞丐那样伸手向过路行人乞讨，而是在身旁立一块木牌，上面写着："我什么也看不见！"街上过往的行人很多，看了木牌上的字都无动于衷，有的还淡淡一笑，便姗姗②而去了。

这天中午，法国著名诗人让·彼浩勒③也经过这里。他看看木牌上的字，问盲老人："老人家，今天上午有人给你钱吗？"

盲老人叹息着回答："我，我什么也没有得到。"说着，脸上的神情非常悲伤。

让·彼浩勒听了，拿起笔悄悄地在那行字的前面添上了"春天到了，可是"几个字，就匆匆地离开了。

晚上，让·彼浩勒又经过这里，问那个盲老人下午的情况。盲老人笑着回答说："先生④，不知为什么，下午给我钱的人多极了！"让·彼浩勒听了，摸着胡子⑤满意地笑了。

"春天到了，可是我什么也看不见！"这富有诗意的语言，产生这么大的作用，就在于它有非常浓厚的感情色彩。是的，春天是美好的，那蓝天白云，那绿树红花，那莺歌燕舞，那流水人家，怎么⑥不叫人陶醉呢？但这良辰美景，对于一个双目失明的人来说，只是一片漆黑。当人们⑦想到这个盲老人，一生中竟连万紫千红的春天都不曾看到，怎能不对他产生同情之心呢？

节选自小学《语文》第六册中《语言的魅力》

语音提示：

① 褴褛　　lánlǚ　　　　② 姗姗　　shānshān
③ 彼浩勒　　bǐ hào lè　　④ 先生　　xiānsheng
⑤ 胡子　　húzi　　　　　⑥ 怎么　　zěnme
⑦ 人们　　rénmen

作品54号

有一次，苏东坡的朋友张鹗①拿着一张宣纸来求他写一幅②字，而且希望他写一点儿关于养生方面的内容。苏东坡思索了一会儿，点点头说："我得到了一个养生长寿古方，药只有四味，今天就赠给你吧。"于是，东坡的狼毫在纸上挥洒起来，上面写着："一曰③无事以当④贵，二曰早寝以当富，三曰安步以当车，四曰晚食以当肉。"

这哪里有药？张鹗一脸茫然地问。苏东坡笑着解释说，养生长寿的要诀，全在这四句里面。

所谓"无事以当贵"，是指人不要把功名利禄、荣辱过失考虑得太多，如能在情志上潇洒大度，随遇而安，无事以求，这比富贵更能使人终其天年。

"早寝以当富"，指吃好穿好、财货充足，并非就能使你长寿。对老年人来说，养成良好的起居习惯，尤其是早睡早起，比获得任何财富更加宝贵。

"安步以当车"，指人不要过于讲求安逸、肢体不劳，而应多以步行来替代骑马乘车⑤，多运动才可以强健体魄，通畅气血⑥。

"晚食以当肉"，意思⑦是人应该用已饥方食、未饱先止代替对美味佳肴的贪吃无厌。他进一步解释，饿了以后才进食，虽然是粗茶淡饭，但其香甜可口会胜过山珍；如果饱了还要勉强⑧吃，即使美味佳肴摆在眼前也难以下咽。

苏东坡的四味"长寿药"，实际上是强调了情志、睡眠、运动、饮食四个方面对养生长寿的重要性，这种养生观点即使在今天仍然值得⑨借鉴。

节选自蒲昭和《赠你四味长寿药》

语音提示：

① 鹗　　è　　　　　　　② 幅　　fú

③曰　　yuē　　　　　　　　④当　　dàng
⑤乘车　chéngchē　　　　　⑥血　　xuè
⑦意思　yìsi　　　　　　　⑧勉强　miǎnqiǎng
⑨值得　zhídé

作品55号

　　人活着，最要紧的是寻觅到那片代表着生命绿色和人类希望的丛林，然后选一高高的枝头站在那里观览人生，消化痛苦，孕育歌声，愉悦世界！

　　这可真是一种潇洒的人生态度，这可真是一种心境爽朗的情感风貌。

　　站在历史的枝头微笑，可以减免许多烦恼。在那里，你可以从众生相所包含的甜酸苦辣、百味人生中寻找你自己；你境遇中的那点儿苦痛，也许相比之下，再也难以占据一席之地；你会较容易地获得从不悦中解脱灵魂的力量，使之不致变得灰色。

　　人站得高些，不但能有幸早些领略到希望的曙光，还能有幸发现生命的立体的诗篇。每一个人的人生，都是这诗篇中的一个词、一个句子①或者一个标点。你可能没有成为一个美丽的词，一个引人注目的句子，一个惊叹号，但你依然是这生命的立体诗篇中的一个音节、一个停顿、一个必不可少的组成部分②。这足以使你放弃前嫌，萌生为③人类孕育新的歌声的兴致，为世界带来更多的诗意。

　　最可怕的人生见解，是把多维的生存图景看成平面。因为那平面上刻下的大多是凝固了的历史——过去的遗迹；但活着的人们，活得④却是充满着新生智慧的，由不断逝去的"现在"组成的未来。人生不能像某些鱼类躺着游，人生也不能像某些兽类爬着走，而应该站着向前行，这才是人类应有的生存姿态。

节选自〔美〕本杰明·拉什《站在历史的枝头微笑》

语音提示：
①句子　jùzi　　　　　　　②部分　bùfēn
③为　　wèi　　　　　　　④活得　huóde

作品56号

　　中国的第一大岛、台湾省的主岛台湾，位于中国大陆架的东南方，地处①东海和南海之间，隔着台湾海峡和大陆相望。天气晴朗的时候，站在福建沿海较高的地方②，就可以隐隐约约地望见岛上的高山和云朵。

　　台湾岛形状狭长，从东到西，最宽处只有一百四十多公里；由南至北，最长的地方约有三百九十多公里。地形像一个纺织用的梭子③。

台湾岛上的山脉纵贯南北，中间的中央山脉犹如全岛的脊梁④。西部为海拔近四千米的玉山山脉，是中国东部的最高峰。全岛约有三分之一的地方是平地，其余为山地。岛内有缎带般的瀑布，蓝宝石似的湖泊⑤，四季常青的森林和果园，自然景色十分优美。西南部的阿里山和日月潭，台北市郊的大屯山风景区，都是闻名世界的游览胜地。

台湾岛地处热带和温带之间，四面环海，雨水充足，气温受到海洋的调剂，冬暖夏凉，四季如春，这给水稻和果木生长提供了优越的条件。水稻、甘蔗⑥、樟脑是台湾的"三宝"。岛上还盛产鲜果和鱼虾。

台湾岛还是一个闻名世界的"蝴蝶王国"。岛上的蝴蝶共有四百多个品种，其中有不少是世界稀有的珍贵品种。岛上还有不少鸟语花香的蝴蝶谷，岛上居民利用蝴蝶制作的标本和艺术品，远销许多国家。

节选自《中国的宝岛——台湾》

语音提示：

①地处　dìchǔ　　　　②地方　dìfāng
③梭子　suōzi　　　　④脊梁　jǐliáng
⑤湖泊　húpō　　　　⑥甘蔗　gānzhe

作品57号

对于中国的牛，我有着一种特别尊敬的感情。

留给我印象最深的，要算在田垄上的一次"相遇"。

一群朋友郊游，我领头在狭窄的阡陌①上走，怎料迎面来了几头耕牛，狭道容不下人和牛，终有一方要让路。它们还没有走近，我们已经预计斗不过畜牲②，恐怕难免踩到田地泥水里，弄得鞋袜又泥又湿了。正踟蹰③的时候，带头的一头牛，在离我们不远的地方停下来，抬起头看看，稍迟疑一下，就自动走下田去。一队耕牛，全跟着它离开阡陌，从我们身边经过。

我们都呆了，回过头来，看着深褐色的牛队，在路的尽头消失，忽然觉得自己受了很大的恩惠。

中国的牛，永远沉默地为人做着沉重的工作。在大地上，在晨光或烈日下，它拖着沉重的犁，低头一步又一步，拖出身后一列又一列松土，好让人们下种。等到满地金黄或农闲时候，它可能还得④担当搬运负重的工作；或终日绕着石磨，朝同一方向，走不计程的路。

在它沉默的劳动中,人便得到应得的收成⑤。

那时候,也许,它可以松一肩重担,站在树下,吃几口嫩草。偶尔摇摇尾巴,摆摆耳朵,赶走飞附身上的苍蝇⑥,已经算是它最闲适的生活了。

中国的牛,没有成群奔跑的习惯,永远沉沉实实的,默默地工作,平心静气。这就是中国的牛!

节选自小思《中国的牛》

语音提示:

①阡陌　qiānmò　　　　②畜牲　chùshēng
③踟蹰　chíchú　　　　　④得　děi
⑤收成　shōuchéng　　　⑥苍蝇　cāngyíng

作品58号

不管我的梦想能否成为事实,说出来总是好玩儿的:

春天,我将要住在杭州。二十年前,旧历的二月初,在西湖我看见了嫩柳与菜花,碧浪与翠竹。由我看到的那点儿春光,已经可以断定,杭州的春天必定会教人整天生活在诗与图画之中。所以,春天我的家应当是在杭州。

夏天,我想青城山应当算作最理想的地方。在那里,我虽然只住过十天,可是它的幽静已拴住了我的心灵。在我所看见过的山水中,只有这里没有使我失望。到处都是绿,目之所及,那片淡而光润的绿色都在轻轻地颤动,仿佛要流入空中与心中似的。这个绿色会像音乐,涤清了心中的万虑。

秋天一定要住北平。天堂是什么样子,我不知道,但是从我的生活经验去判断,北平之秋便是天堂。论天气,不冷不热。论吃的,苹果、梨、柿子、枣儿、葡萄,每样都有若干种。论花草,菊花种类之多,花式之奇,可以甲天下。西山有红叶可见,北海可以划船——虽然荷花已残,荷叶可还有一片清香。衣食住行,在北平的秋天,是没有一项不使人满意的。

冬天,我还没有打好主意①,成都或者相当得合适,虽然并不怎样和暖②,可是为了水仙,素心腊梅,各色的茶花,仿佛就受一点儿寒冷,也颇③值得去了。昆明的花也多,而且天气比成都好,可是旧书铺与精美而便宜④的小吃远不及成都那么多。好吧,就暂这么规定:冬天不住成都便住昆明吧。

在抗战中,我没能发国难财。我想,抗战胜利以后,我必能阔起来。那时候,假若飞机减价,一二百元就能买一架的话,我就自备一架,择黄道吉日慢慢地飞行。

节选自老舍《住的梦》

语音提示：

①主意　zhǔyi　　　　②和暖　hénuǎn
③颇　　pō　　　　　④便宜　piányi

作品59号

我不由得停住了脚步。

从未见过开得这样盛的藤萝，只见一片辉煌的淡紫色，像一条瀑布，从空中垂下，不见其发端，也不见其终极，只是深深浅浅的紫，仿佛在流动，在欢笑，在不停地生长。紫色的大条幅上，泛着点点银光，就像迸溅①的水花。仔细看时，才知那是每一朵紫花中的最浅淡的部分，在和阳光互相挑逗。

这里除了光彩，还有淡淡的芳香。香气似乎也是浅紫色的，梦幻一般轻轻地笼罩着我。忽然记起十多年前，家门外也曾有过一大株紫藤萝，它依傍一株枯槐爬得很高，但花朵从来都稀落，东一穗西一串伶仃②地挂在树梢，好像在察言观色，试探什么。后来索性连那稀零的花串也没有了。园中别的紫藤花架也都拆掉，改种了果树。那时的说法是，花和生活腐化有什么必然关系。我曾遗憾地想：这里再看不见藤萝花了。

过了这么多年，藤萝又开花了，而且开得这样盛，这样密，紫色的瀑布遮住了粗壮的盘虬③卧龙般的枝干，不断地流着，流着，流向人的心底。

花和人都会遇到各种各样的不幸，但是生命的长河是无止境的。我抚摸了一下那小小的紫色的花舱，那里满装了生命的酒酿④，它张满了帆，在这闪光的花的河流上航行。它是万花中的一朵，也正是由每一个一朵，组成了万花灿烂的流动的瀑布。

在这浅紫色的光辉和浅紫色的芳香中，我不觉加快了脚步。

节选自宗璞《紫藤萝瀑布》

语音提示：

①迸溅　bèngjiàn　　②伶仃　língdīng
③盘虬　pánqiú　　　④酒酿　jiǔniàng

作品60号

在一次名人访问中，被问及上个世纪最重要的发明是什么时，有人说是电脑，有人说是汽车，等等。但新加坡的一位知名人士却说是冷气机。他解释，如果没有冷气，热带地区如东南亚国家，就不可能有很高的生产力，就不可能达到今天的生活水准。他的回答实事求是，有理有据。

看了上述报道，我突发奇想：为什么没有记者问："二十世纪最糟糕的发明是什么？"其实二〇〇二年十月中旬，英国的一家报纸就评出了"人类最糟糕的发明"。获此"殊荣"的，就是人们每天大量使用的塑料①袋。

诞生于上个世纪三十年代的塑料袋，其家族包括用塑料制成的快餐饭盒、包装纸、餐用杯盘、饮料瓶、酸奶杯、雪糕杯等等。这些废弃物形成的垃圾，数量多、体积②大、重量轻、不降解，给治理工作带来很多技术难题和社会问题。

比如，散落③在田间、路边及草丛中的塑料餐盒，一旦被牲畜吞食，就会危及健康甚至导致死亡。填④埋废弃塑料袋、塑料餐盒的土地，不能生长庄稼和树木，造成土地板结，而焚烧⑤处理⑥这些塑料垃圾，则会释放出多种化学有毒气体，其中一种称为二噁英的化合物，毒性极大。

此外，在生产塑料袋、塑料餐盒的过程中使用的氟利昂，对人体免疫系统和生态环境造成的破坏也极为严重。

节选自林光如《最糟糕的发明》

语音提示：

①塑料　sùliào　　　②体积　tǐjī
③散落　sànluò　　　④填　tián
⑤焚烧　fénshāo　　　⑥处理　chǔlǐ

附录C 普通话水平测试模拟训练试题

普通话水平测试模拟训练（一）

一、读单音节字词（100个音节，共10分，限时3.5分钟）

琼	染	装	鸟	零	土	颇
跨	均	泡	退	悬	到	俩
娟	于	征	略	金	抢	合
锅	藤	扯	段	陪	赛	钻
痛	苗	获	才	攻	南	份
擦	笋	捆	双	展	编	随
拆	贼	税	草	竟	沿	嘴
册	赃	挑	秀	藏	乳	命
走	善	乖	日	总	川	上
马	歪	性	说	扭	评	敲
停	软	约	耍	掉	冯	灭
拨	薰	崖	需	林	酿	抠
部	刚	后	跌	拟	真	尺
反	仍	票	且	面	村	求
长	列					

注：

1. 读音错误，每个音节扣0.1分；

2. 语音缺陷，每个音节扣0.05分；

3. 超时1分钟以内扣0.5分，超时1分钟以上（含1分钟）扣1分。

二、读多音节字词（100个音节，共20分，限时2.5分钟）

品种	塑料	扭转	收摊儿	通病	耦合
进步	剥削	盆地	而且	怀孕	采购
裙带	封锁	画面	锄头	内乱	显然
唢呐	桥梁	任何	乖巧	春节	胸怀
创伤	错觉	农民	顶事儿	权利	顺序
磕打	见识	困境	野餐	个头儿	粉末
烹饪	选举	素描	保险	丈夫	夸奖
雄伟	烟嘴儿	自由	打靶场	龙卷风	自始至终

注：
1. 读音错误，每个音节扣0.2分；
2. 语音缺陷，每个音节扣0.1分；
3. 超时1分钟以内扣0.5分，超时1分钟以上（含1分钟）扣1分。

三、朗读短文（共30分，限时4分钟）

作品6号

　　我常想读书人是世间幸福人，因为他除了拥有现实的世界之外，还拥有另一个更为浩瀚也更为丰富的世界。现实的世界是人人都有的，而后一个世界却为读书人所独有。由此我想，那些失去或不能阅读的人是多么的不幸，他们的丧失是不可补偿的。世间有诸多的不平等，财富的不平等，权力的不平等，而阅读能力的拥有或丧失却体现为精神的不平等。

　　一个人的一生，只能经历自己拥有的那一份欣悦，那一份苦难，也许再加上他亲自闻知的那一些关于自身以外的经历和经验。然而，人们通过阅读，却能进入不同时空的诸多他人的世界。这样，具有阅读能力的人，无形间获得了超越有限生命的无限可能性。阅读不仅使他多识了草木虫鱼之名，而且可以上溯远古下及未来，饱览存在的与非存在的奇风异俗。

　　更为重要的是，读书加惠于人们的不仅是知识的增广，而且还在于精神的感化与陶冶。人们从读书学做人，从那些往哲先贤以及当代才俊的著述中学得他们的人格。人们从《论语》中学得智慧的思考，从《史记》中学得严肃的历史精神；从《正气歌》中学得人格的刚烈，从马克思学得人世//的激情，从鲁迅学得批判精神，从托尔斯泰学得道德的执着。歌德的诗句刻写着睿智的人生，拜伦的诗句呼唤着奋斗的热情。一个读书人，一个有机会拥有超乎个人生命体验的幸运人。

节选自谢冕《读书人是幸福人》

注:

1. 错读、漏读、增读，每个音节扣0.1分；
2. 声母或韵母的系列性语音缺陷，视程度扣0.5分、1分；
3. 语调偏误，视程度扣0.5分、1分、2分；
4. 停连不当，视程度扣0.5分、1分、2分；
5. 朗读不流畅（包括回读），视程度扣0.5分、1分、2分；
6. 超时，扣1分。

四、命题说话——任选其一（共40分，时间不少于3分钟）

（一）我尊敬的人

（二）我和体育

注:

1. 语音标准程度共25分。分六档：

（1）语音标准，极少有失误（扣0分、1分、2分）。

（2）语音错误在10次以下，有方音，但不明显（扣3分、4分）。

（3）语音错误在10次以下，方音比较明显；或语音错误在10～15次，方音不明显（扣5分、6分）。

（4）语音错误在10～15次，方音明显（扣7分、8分）。

（5）语音错误超过15次，方音明显（扣9分、10分、11分）。

（6）语音错误多，方音重（扣12分、13分、14分）。

2. 词汇、语法规范程度共10分。分三档：

（1）词汇、语法规范（扣0分）。

（2）词汇、语法偶有不规范情况（扣1分、2分）。

（3）词汇、语法屡有不规范情况（扣3分、4分）。

3. 自然流畅程度共5分。分三档：

（1）语言自然流畅（扣0分）。

（2）语言基本流畅，口语化较差，有背稿子的表现（扣0.5分、1分）。

（3）语言不连贯，语调生硬（扣2分、3分）。

4. 说话不足3分钟，酌情扣分。分三档：

（1）缺时1分钟以内（含1分钟）（扣1分、2分、3分）。

（2）缺时1分钟以上（扣4分、5分、6分）。

（3）时间不满30秒（含30秒），本测试项成绩记为0分。

普通话水平测试模拟训练（二）

一、读单音节字词（100个音节，共10分，限时3.5分钟）

颇	耸	林	拽	切	秒	强
说	挂	车	云	先	倦	虾
若	局	月	琴	酿	铺	塔
低	葬	班	税	兰	跳	吨
给	薄	酒	鹏	奏	合	巩
梦	藏	对	埋	这	闯	害
牛	肯	算	贼	丁	促	饶
盛	九	蝉	次	沙	骗	拆
层	抽	上	春	错	凡	鸟
天	怪	千	草	出	六	崔
型	灭	仍	晒	永	波	垮
军	璇	俩	需	瘸	突	软
吞	炒	镇	你	荒	座	炳
副	烟	罚	业	山	掉	边
从	口					

二、读多音节字词（100个音节，共20分，限时2.5分钟）

位置	发源	军刀	牙碜	风姿	召开
喜欢	侦查	钢管	措辞	麦苗儿	休闲
润滑	模样	痊愈	居心	破碎	变化
骆驼	努力	美满	安家	旦角儿	魔术
首都	探矿	残存	遭受	支撑	牛蝇
苤蓝	始祖	逃窜	踝骨	腰板儿	二胡
掐算	懒散	班级	白痴	错误	坎坷
接班	印染	打杂儿	螺旋桨	集装箱	周而复始

三、朗读短文（共30分，限时4分钟）

（略）

四、命题说话——任选其一（共40分，时间不少于3分钟）

（一）我喜爱的书刊

（二）我所在的集体

普通话水平测试模拟训练（三）

一、读单音节字词（100个音节，共10分，限时3.5分钟）

波	平	剁	京	娘	丁	跨
军	岁	搓	璇	陆	家	嫩
雨	抗	瘸	办	缓	帅	拍
斗	如	考	踏	蛇	电	转
合	掰	罚	者	听	骗	吃
更	年	陀	广	镇	迷	怪
冯	顺	少	灭	损	雷	秒
接	掉	秋	查	草	秀	成
座	潮	仓	病	粗	葬	醒
药	攒	翁	鸟	车	条	扭
票	擦	永	颇	化	哥	需
您	抢	肉	庄	耸	增	幅
趁	灾	刘	抽	分	拆	聊
运	穴	让	总	清	层	猪
秦	模					

二、读多音节字词（50个音节，共20分，限时2.5分钟）

全面	总督	残疾	扫除	味道	狠心
老头儿	运动	匪徒	选派	原因	斗篷
传染	失业	双方	哪里	被窝儿	垦荒
柔软	结婚	吹牛	小姐	改装	奶娘
检举	外婆	磨蹭	耳光	踢球儿	怀表
唆使	下放	杂质	旅行	彻底	自学
俊秀	钥匙	敏锐	美学	鼻梁儿	据说
园地	发展	可能	甲骨文	穆斯林	与日俱增

三、朗读短文（共30分，限时4分钟）

（略）

四、命题说话——任选其一（共40分，时间不少于3分钟）

（一）我喜爱的动物（或植物）

（二）学习普通话的体会

普通话水平测试模拟训练（四）

一、读单音节字词（100个音节，共10分，限时3.5分钟）

抹	赃	困	方	嘴	刮	建
丢	耸	追	群	崔	逮	掐
倦	俩	据	约	仅	梁	真
洪	刚	怒	门	揍	谈	拐
得	批	染	必	他	省	缩
绕	喘	佩	周	评	陶	腮
状	傻	窜	笋	先	快	尊
九	扛	冲	别	溜	拧	遭
言	庙	总	成	腰	罚	并
巧	面	肥	听	潮	款	票
仍	掉	切	嚷	臭	挑	若
勇	拨	划	薰	犬	略	您
猜	目	合	等	谢	浊	双
空	贼	列	拆	鸟	吹	语
酿	帮					

二、读多音节字词（50个音节，共20分，限时2.5分钟）

朗读	马匹	晕厥	忍耐	粉条	水彩
闰月	追逐	品位	呢绒	陈醋	衔接
玩意儿	适当	液体	压迫	挫折	憎恨
摄影	爱好	罢课	郊区	单弦儿	发胖
座次	扫帚	政策	儿童	纽扣儿	诉讼
宇航	裤兜儿	擅自	倾销	观摩	散装
开花	处理	勉强	山峦	亚洲	飞驰
深渊	回来	衰弱	教科书	霓虹灯	一丝不苟

三、朗读短文（共30分，限时4分钟）

（略）

四、命题说话——任选其一（共40分，时间不少于3分钟）

（一）我的学习生活

（二）我喜爱的职业

普通话水平测试模拟训练（五）

一、读单音节字词（100个音节，共10分，限时3.5分钟）

坡	来	租	盆	跳	悬	摧
您	烧	略	拍	娘	瓦	菌
权	俩	俱	芹	秀	兰	卸
首	物	否	缠	帅	考	舵
及	购	肮	跑	蹭	扭	扎
动	扯	拴	陈	魂	免	该
克	眉	宙	暖	春	且	贵
荣	占	双	笨	招	火	深
马	吃	绕	藏	松	扶	得
救	海	庙	歪	软	从	闹
盒	态	涌	波	跨	云	掐
绝	枪	逃	限	孔	吨	国
邦	主	方	扫	泽	需	缩
桑	虽	额	而	暗	娃	翁
云	月					

二、读多音节字词（50个音节，共20分，限时2.5分钟）

归侨	抑郁	粗粮	石榴	帝国	转动
秋收	装运	黑夜	入选	分成儿	平均
拷问	办法	唱片	取消	跑步	嗤笑
牙口儿	年代	攀登	旅行	错怪	感慨
每天	挂彩	黯然	细碎	本土	菠菜
锻炼	遭退	光明	在乎	纳闷儿	混乱
任用	倔强	渴望	张贴	散酒	或者
盟约	检索	铜子儿	牛仔裤	金丝猴	一帆风顺

三、朗读短文（共30分，限时4分钟）

（略）

四、命题说话——任选其一（共40分，时间不少于3分钟）

（一）我知道的风俗

（二）谈谈卫生与健康

普通话水平测试模拟训练（六）

一、读单音节字词（100个音节，共10分，限时3.5分钟）

晨　嫁　骑　溜　碾　覆　驳
雌　不　滋　绩　展　阿　骤
棉　品　沼　旱　虱　愣　剔
瞄　摄　牢　该　赤　坦　廊
裤　殖　畔　磋　鱼　板　逢
尼　园　费　呆　妹　雹　走
默　膝　畅　忖　成　且　礁
凉　索　凸　奥　虽　陵　鸠
妥　效　赃　蛀　嵌　说　仅
瓜　涎　护　吞　画　请　捍
祥　曙　坏　窥　涯　乳　衰
谒　昆　贡　筐　赢　区　决
乌　嘴　菌　雪　全　酸　绒
宛　逊　聪　妄　凶　纳　坯
佣　德

二、读多音节字词（50个音节，共20分，限时2.5分钟）

腊月　久仰　夫人　舞曲　军事　挂号
外面　破题　朋友　团圆　靠近　恰当
尺度　撒嘴　词牌　创新　冰棍儿　火车
选择　少年　贫穷　玫瑰　女儿　虐待
婚礼　一点儿　迅速　否定　率领　雷雨
红茶　雄壮　仍然　绕远儿　方案　凉快
挖掘　治丧　作业　顽强　骄傲　轮船
战局　草场　面条儿　进行曲　判决书　刻不容缓

三、朗读短文（共30分，限时4分钟）

（略）

四、命题说话——任选其一（共40分，时间不少于3分钟）

（一）我的假日生活
（二）谈谈对环境保护的认识

普通话水平测试模拟训练（七）

一、读单音节字词（100个音节，共10分，限时3.5分钟）

捐	让	舟	旅	她	断	拉
穷	摸	垮	君	哥	擦	怀
优	叠	抓	捆	压	床	堆
蓄	催	勤	向	扔	放	酸
鸟	被	暖	现	丧	前	拆
迷	松	震	轰	停	仗	飘
报	说	骨	脱	残	扫	射
粗	乘	伤	臭	揍	折	霜
攒	稍	从	水	存	追	犬
兄	云	拽	揪	列	准	怯
音	酿	燃	封	散	叮	费
冰	配	奇	土	公	趁	抬
冲	砸	某	缸	曾	播	晃
越	翻	碎	款	喷	胡	糟
鬼	（储）藏					

二、读多音节字词（50个音节，共20分，限时2.5分钟）

窘迫	内地	恰好	中用	寡妇	留学
群体	洒脱	森林	干活儿	衰退	当选
你们	嘴巴	受制	本领	晚婚	常数
袜子	老头儿	作怪	政法	结合	抢修
宰割	章法	区别	深入	彩色	差点儿
专心	生字	产品	比价	光亮	遵循
轻快	元旦	农民	一会儿	表示	关注
厕所	进化	冗长	计算机	自然界	目不转睛

三、朗读短文（共30分，限时4分钟）

（略）

四、命题说话——任选其一（共40分，时间不少于3分钟）

（一）我的业余生活

（二）谈谈科技发展与社会生活

参考文献

[1] 辽宁省语言文字应用中心. 普通话水平测试指导用书[M]. 大连：辽宁师范大学出版社，2016.

[2] 苏濛. 普通话水平测试实用教程[M]. 南京：南京大学出版社，2016.

[3] 姜爽. 普通话训练教程[M]. 吉林：吉林人民出版社，2007.

[4] 蒋红梅，张晶，罗纯. 演讲与口才实训教程[M]. 北京：清华大学出版社，2017.

[5] 卢志鹏，康青. 普通话学习训练与测试教程[M]. 北京：北京理工大学出版社，2011.

[6] 张旭，卢意，杜青. 空乘服务礼仪[M]. 北京：国防工业出版社，2017.

[7] 高蓉. 城市轨道交通服务礼仪[M]. 北京：人民交通出版社股份有限公司，2018.

[8] 赵文静，詹荣菊. 普通话口语交际[M]. 大连：大连理工大学出版社，2015.

[9] 国家语言文字工作委员会普通话测试中心. 普通话水平测试纲要[M]. 北京：商务印书馆，2004.

[10] 钟友循. 外国演讲辞珍品赏析[M]. 长沙：湖南出版社，1999.

[11] 戴尔·卡耐基. 卡耐基演讲训练教程[M]. 北京：中国物资出版社，1999.

[12] 张子泉. 普通话教程[M]. 4版. 北京：清华大学出版社，2018.

[13] 李珉. 普通话口语交际[M]. 3版. 北京：高等教育出版社，2010.

[14] 辽宁省语言文字应用中心. 普通话水平测试指南[M]. 大连：辽宁师范大学出版社，2009.

[15] 郭千水. 实用口才训练教程[M]. 2版. 北京：清华大学出版社，2008.

[16] 陈兴焱. 普通话口语教程[M]. 北京：清华大学出版社，2010.

[17] 钱维亚，游小微. 普通话语音教程[M]. 杭州：杭州出版社，1998.

[18] 国家语言文字工作委员会普通话培训测试中心语言文字应用编辑部. 普通话水平测试的理论与实践[M]. 北京：商务印书馆，1998.

[19] 吴秋蓉.普通话水平测试指要[M].大连：辽宁师范大学出版社，2001.
[20] 宋欣桥.普通话语音训练教程[M].吉林：吉林人民出版社，1993.
[21] 于全有，张华.普通话概论[M].吉林：吉林人民出版社，2006.
[22] 李军.普通话水平测试训练教程[M].吉林：吉林大学出版社，2001.
[23] 孟庆荣，姜爽.大学语文教程[M].沈阳：辽宁大学出版社，2006.
[24] 晨曦.大学生求职面试与口才技巧[M].北京：中国物资出版社，2000.
[25] 宋欣.普通话水平测试员实用手册[M].北京：商务印书馆，2004.
[26] 王昭.播音员主持人训练手册[M].北京：北京广播学院出版社，2002.
[27] 王沪宁.狮城舌战[M].上海：复旦大学出版社，2003.
[28] 李平收.青年演讲能力训练教程[M].北京：知识出版社，2005.
[29] 伍景玉.国家公务员录用考试教材——面试[M].北京：京华出版社，2006.
[30] 吴月芹，李素琴.新编普通话水平测试教程[M].江苏：南京大学出版社，2013.